Arbeitsgemeinschaft Medizinrecht im
Deutschen Anwaltverein, Berlin
Institut für Rechtsfragen der Medizin, Düsseldorf (Hrsg.)

Aktuelle Entwicklungen im Medizinstrafrecht

9. Düsseldorfer Medizinstrafrechtstag

 Nomos

Die Deutsche Nationalbibliothek verzeichnet diese Publikation in
der Deutschen Nationalbibliografie; detaillierte bibliografische
Daten sind im Internet über http://dnb.d-nb.de abrufbar.

ISBN 978-3-8487-6152-4 (Print)
ISBN 978-3-7489-0274-4 (ePDF)

1. Auflage 2019
© Nomos Verlagsgesellschaft, Baden-Baden 2019. Gedruckt in Deutschland. Alle Rechte,
auch die des Nachdrucks von Auszügen, der fotomechanischen Wiedergabe und der
Übersetzung, vorbehalten. Gedruckt auf alterungsbeständigem Papier.

Vorwort

Am 10. November 2018 veranstalteten das Dr. med. Micheline Radzyner-Institut für Rechtsfragen der Medizin (IMR) der Heinrich-Heine-Universität Düsseldorf und die Arbeitsgemeinschaft Medizinrecht im Deutschen AnwaltVerein (DAV) zum neunten Mal den Düsseldorfer Medizinstrafrechtstag. Die Referate werden auch diesmal wieder in einem Tagungsband dokumentiert und damit der Fachöffentlichkeit zugänglich gemacht.

Zu Beginn gibt *Hillenkamp* mit seinem Beitrag unter dem Titel „*Update im Medizinstrafrecht – Entscheidungen, Tendenzen*" einen aktuellen Überblick über strafrechtlich relevante Neuerungen in Gesetzgebung und Rechtsprechung aus dem Bereich des Gesundheitswesens. Im ersten Themenkreis nimmt der Autor die Strafbarkeit der Verletzung von Privatgeheimnissen gemäß § 203 StGB in den Blick und erläutert die jüngsten Neuerungen der Vorschrift in Hinsicht auf den Patientengeheimnisschutz. Nach kritischer Würdigung der neugefassten Strafnorm untersucht *Hillenkamp* die Auswirkungen jener Neuerung im StGB auf andere Rechtsbereiche, namentlich den Patientengeheimnisschutz in § 9 MBO-Ä sowie das Zeugnisverweigerungsrecht der Normadressaten des § 203 StGB im Strafprozess gemäß §§ 53, 53a StPO. Im zweiten Themenkreis geht der Autor auf die Strafbarkeit der Werbung für den Schwangerschaftsabbruch nach § 219a StGB ein, indem er zunächst den viel diskutierten Fall der verurteilten Allgemeinmedizinerin *Hänel* nachzeichnet. Anschließend diskutiert *Hillenkamp* verschiedene mögliche Wege, auf denen in solchen Fällen eine – in der öffentlichen Diskussion offenbar verbreitet als unbillig aufgefasste – Verurteilung von Ärztinnen und Ärzten vermieden werden könnte. Anstelle eines Einschreitens des Gesetzgebers oder des Bundesverfassungsgerichts sei eine restriktive Auslegung des § 219a StGB (a.F.) zu befürworten, unter deren Zugrundelegung das bloße Anbieten eines Schwangerschaftsabbruchs ohne werbenden Charakter keine Strafbarkeit begründen könne. Im dritten Themenkreis wendet sich der Autor schließlich dem „Chaosfeld" der Strafbarkeit ärztlicher Suizidhilfe zu. Hierbei analysiert er zunächst aktuelle Entwicklungen in der Rechtsprechung zur Strafbarkeit der unterlassenen Rettung von Suizidenten. Weiterhin stellt der Autor die Verfassungsmäßigkeit des § 217 StGB in Frage und befürwortet auch hier zumindest eine restriktive Auslegung des Straftatbestands, um insbesondere Strafbarkeitsrisiken im Falle ärztlicher Sterbebegleitung einzudämmen. Der Strafnorm des § 217 StGB stellt *Hillenkamp* abschließend die Entscheidung des BVerwG zum Anspruch eines Schwerstkranken auf Abgabe eines todbringenden Medikaments sowie deren Rezeption beim Bundesministerium für Gesundheit bzw. beim BfArM gegenüber. Auch hier sei bestehenden Spannungsfeldern mit einer restriktiven Auslegung des § 217 StGB zu begegnen.

Als nächstes erörtert *Hille* das Thema „*Interne Ermittlungen in medizinischen Einrichtungen*". Im Ausgangspunkt erläutert die Autorin den Begriff Compliance und dessen konkrete Bedeutung für medizinische Einrichtungen. Gerade auch aufgrund der neugeschaffenen §§ 299a, b StGB bestehe im Bereich der medizinischen Einrichtungen eine Anfälligkeit für Gesetzesverstöße. Wichtige Maßnahmen zur Aufklärung unternehmensinternen Fehlverhaltens seien insofern die Internal Investigations. *Hille* erläutert deren üblichen Ablauf, um sich dann mit verschiedenen rechtlichen Fragestellungen im Rahmen von Internal Investigations auseinanderzusetzen. Dabei nimmt die Autorin zunächst das Mitarbeiterinterview, welches sich als ein bedeutsames Element interner Ermittlungen gestaltet, in den Blick. Sie leitet die rechtliche Grundlage entsprechender Auskunftpflichten der Mitarbeiter her und erklärt die Sanktions- und Durchsetzungsmöglichkeiten, welche dem Unternehmen zur Verfügung stehen. Die Autorin erkennt hierbei ein Spannungsfeld bei einer selbstbelastenden Auskunft des Mitarbeiters: Die Verpflichtung zur Auskunft im Rahmen interner Ermittlungen könne im Falle einer Beschlagnahme der Interviewprotokolle oder einer Kooperation des Unternehmens mit den Ermittlungsbehörden die strafprozessuale Selbstbelastungsfreiheit aushebeln. Zur Lösung dieses Problems zeigt *Hille* verschiedene Möglichkeiten auf und befürwortet letztlich die Annahme eines strafprozessualen Beweisverwertungsverbots im Falle selbstbelastender Auskünfte. Nach einem Exkurs zur Rechtmäßigkeit der Beschlagnahme von Unterlagen aus internen Ermittlungen wendet sie sich abschließend dem Datenschutz- sowie Telekommunikationsrecht bei internen Ermittlungen zu. Hierbei werden die relevanten Vorschriften der DSGVO sowie des BDSG erläutert und Besonderheiten hervorgehoben, die sich aus dem Umgang mit patientenbezogenen Daten medizinischer Einrichtungen ergeben. *Hille* zeigt außerdem auf, wie in der Praxis interner Ermittlungen in medizinischen Einrichtungen Strafbarkeiten nach § 203 StGB zu vermeiden sind. Abschließend wendet sie sich der Frage zu, inwiefern die Durchführung interner Ermittlungen das Risiko einer Verletzung des Fernmeldegeheimnisses gemäß § 88 TKG durch den Arbeitgeber und ggfs. einer Strafbarkeit nach § 206 StGB begründen könnte und gibt schließlich praktische Empfehlungen, wie sich mögliche Risiken dieser Art vermeiden lassen.

Vorwort

In seinem Beitrag zum Thema „*Arztstrafverfahren und Approbationsrecht*" setzt *Warntjen* sich mit der Frage auseinander, inwieweit Strafverfahren gegen Ärzte auch approbationsrechtliche Konsequenzen nach sich ziehen können. Da die ärztliche Approbation Voraussetzung für die Berufsausübung und damit wirtschaftliche Existenzgrundlage sei, handle es sich bei deren Entzug in der Praxis um eine äußerst harte Konsequenz für berufliche oder außerberufliche Fehltritte eines Arztes. Zunächst gibt *Warntjen* einen Überblick über die relevanten approbationsrechtlichen Regelungen und hebt § 5 Abs. 2 S. 1 BÄO hervor, nach dem die Approbation zu widerrufen ist, wenn der Arzt sich eines Verhaltens schuldig gemacht hat, aus dem sich seine Unwürdigkeit oder Unzuverlässigkeit zur Ausübung des ärztlichen Berufs ergibt (§ 3 Abs. 1 S. 1 Nr. 2 BÄO). Im Folgenden untersucht der Autor unter Einbeziehung einschlägiger Rechtsprechung die Voraussetzungen eines Approbationswiderrufs. Für die Annahme der Unwürdigkeit sei ein schwerwiegendes Fehlverhalten, das die weitere Berufsausübung untragbar mache, zu verlangen. Zur Bestimmung von Leitlinien und Kriterien zur Frage, in welchen Fällen ein bestimmter Ausgang eines Strafverfahrens die Annahme der Unwürdigkeit begründen kann, untersucht *Warntjen* verschiedene Entscheidungen aus der Rechtsprechung. Besondere Aufmerksamkeit richtet er dabei auf das in den jeweiligen Verfahren ergangene Strafmaß sowie die Frage des Berufsbezugs des Fehlverhaltens. Weiterhin erläutert der Autor die Unzuverlässigkeit als weiteren Grund für den Widerruf der Approbation. Für deren Feststellung müsse eine Prognose aufgrund der Gesamtumstände ergeben, dass in der Zukunft schwerwiegende Verstöße des Arztes gegen seine Berufspflichten ernsthaft zu besorgen seien. Schließlich beurteilt *Warntjen*, inwiefern sich die Gefahr approbationsrechtlicher Konsequenzen auf die optimale Verteidigungsstrategie eines Strafverteidigers im Arztstrafverfahren auswirken sollte. Dazu nimmt er zunächst in den Blick, auf welchem Wege die Approbationsbehörde von dem dem Verfahren zugrundeliegenden Sachverhalt Kenntnis erlangen kann und welche im Strafverfahren gewonnenen Erkenntnisse sie für ihre Ermittlungen verwerten darf. Auf dieser Grundlage erläutert der Autor Handlungsmöglichkeiten des Strafverteidigers im Verfahren und im Umgang mit der Approbationsbehörde, um den Entzug der Approbation, der regelmäßig den absoluten worst case darstelle, als Folge des Arztstrafverfahrens abzuwenden.

Es folgt der Beitrag von *Sternberg-Lieben* zur „*Beschränkung der strafrechtlichen Haftung auf eine schwerwiegende Verletzung der ärztlichen Aufklärungspflicht*", in dem der Autor dafür plädiert, das Rechtsinstitut der hypothetischen Einwilligung im Strafrecht abzuschaffen und einer ausufernden Strafbarkeit ärztlicher Aufklärungsfehler stattdessen mit einer Beschrän-

7

Vorwort

kung der strafrechtlichen Haftung auf schwerwiegende Verletzungen zu begegnen. Dazu erörtert er zunächst die Bedeutung der hypothetischen Einwilligung im zivilrechtlichen Arzthaftungsprozess, wo gegen den Arzt oftmals der Vorwurf einer Aufklärungspflichtverletzung erhoben werde. Der Arzt könne sich dann zur Abwendung des Anspruchs gegen ihn auf Schadensersatz darauf berufen, dass der Patient auch bei ordnungsgemäßer Aufklärung in die Behandlung eingewilligt hätte. *Sternberg-Lieben* zeigt auf, inwieweit die hypothetische Einwilligung insbesondere durch die Rechtsprechung in das Strafrecht übernommen wurde, und führt diesbezüglich Bedenken aus. Schwierigkeiten sieht der Autor nicht nur in der dogmatischen Einordnung der Rechtsfigur im Deliktsaufbau, sondern auch bei ihrer Übertragbarkeit auf Fälle außerhalb ärztlicher Tätigkeit. Aufgrund des Zweifelssatzes „in dubio pro reo" verbunden mit dem (praktischen) Problem, ex post Feststellungen zum hypothetischen Patientenwillen zu treffen, drohe die Rechtsfigur der hypothetischen Einwilligung im Strafrecht das Selbstbestimmungsrecht des Patienten zu unterlaufen. Eine bessere Lösung sieht *Sternberg-Lieben* deshalb in der Reduzierung ärztlicher Aufklärungslasten im Strafrecht, deren Zulässigkeit er im Weiteren untersucht. In der „Einheit der Rechtsordnung" erkennt er dabei kein Hindernis, da das Strafrecht aufgrund seiner unterschiedlichen Funktion nur limitiert akzessorisch zum Zivilrecht sei. Vielmehr sprächen das ultima-ratio-Prinzip sowie das Bestimmtheitsgebot aus Art. 103 Abs. 2 GG für die vorgeschlagene Beschränkung der Aufklärungspflichten im Strafrecht. Schließlich arbeitet der Autor am Beispiel der Risikoaufklärung heraus, wie sich eine Reduzierung der ärztlichen Aufklärungslasten im Strafrecht konkret gestalten ließe. In einem ersten „Filter" fordert *Sternberg-Lieben* für die Beachtlichkeit einer Aufklärungspflichtverletzung, dass sie grundsätzlich rechtsgutsbezogen sein müsse. Im zweiten „Filter" will er die Reichweite der Aufklärungspflicht durch das Erfordernis eines „evidenten Aufklärungsmangels" einschränken und schlägt vor, sich dabei der Kriterien aus der zivilrechtlichen Judikatur zum „groben Behandlungsfehler" zu bedienen.

Der Tagungsband schließt mit dem Beitrag von *Penner* zum Thema „*Wann ist die Zuführung von Patienten nach den §§ 299a, b StGB strafbar?*". Einleitend weist der Autor auf die immer noch bestehenden Unsicherheiten bei der Auslegung der neugeschaffenen Korruptionstatbestände hin, um im ersten Teil des Beitrags das Verhältnis dieser Straftatbestände zu gesundheitsrechtlichen Vorschriften zu beleuchten. Insbesondere die Voraussetzung der Unlauterkeit könne nur im Hinblick auf gesundheitsrechtliche Wettbewerbsregelungen beurteilt werden. *Penner* erkennt im „Wettbewerb im Gesundheitswesen" allerdings ein begriffliches Spannungsverhältnis, das zu Schwierigkeiten bei der Bestimmung von Unlauterkeit führe. Einen exemplarischen Problemfall verortet der Autor bei der Gewinnverteilung innerhalb einer Berufsausübungsgemeinschaft (BAG). *Penner* untersucht anhand der einschlägigen Vergütungsbestimmungen, inwieweit die Zuführung von Patienten innerhalb der BAG zum Gegenstand der §§ 299a, b StGB werden kann. Anschließend nimmt er in den Blick, inwiefern unterschiedliche Formen ärztlicher Kooperation mit Strafbarkeitsrisiken behaftet sein können. In seiner Schlussbetrachtung stellt der Autor ein Prüfprogramm für die Tatbestände der §§ 299a, b StGB auf. Ein besonderes Augenmerk legt er dabei auf die Frage, inwiefern verschiedene Schutzzwecke gesundheitsrechtlicher Vorschriften auch von den §§ 299a, b StGB gedeckt werden.

Düsseldorf, im August 2019

Prof. Dr. Helmut Frister   *Prof. Dr. Karl-Heinz Möller*   *Dr. Rudolf Ratzel*

Inhalt

Update im Medizinstrafrecht – Entscheidungen und Tendenzen   13
Thomas Hillenkamp

Interne Ermittlungen in medizinischen Einrichtungen   39
Annika Hille

Arztstrafverfahren und Approbationsrecht   77
Maximilian Warntjen

Beschränkung der strafrechtlichen Haftung auf eine schwerwiegende Verletzung der ärztlichen Aufklärungspflicht   95
Detlev Sternberg-Lieben

Wann ist die Zuführung von Patienten nach den §§ 299a, b StGB strafbar? Aspekte gesundheitsrechtlicher Verunsicherung   119
Andreas Penner

Autorenverzeichnis   153

Update im Medizinstrafrecht – Entscheidungen und Tendenzen[*]

Prof. Dr. Dr. h.c. Thomas Hillenkamp

I. Einleitung

Auch mit 75 gibt es noch schöne Premieren! Ich bedanke mich, lieber Herr *Frister*, sehr herzlich für die Einladung zum Düsseldorfer Medizinstrafrechtstag, an dem ich nun erstmalig, mit dem Auftrag eines Updates, teilnehme. Vor 14 Tagen konnte ich schon einmal üben. Die AG Medizinrecht im DAV hatte mir die ehrenvolle Aufgabe zugedacht, zu ihrer beeindruckenden Jubiläumstagung in Salzburg[1] einen Vortrag über Sterbehilfe zu halten. Ich habe ihn „Sterbehilfe zwischen Rechtssicherheit und Chaos" genannt. Ich werde mir erlauben, auf die drei von mir ausgelesenen aktuellen Chaosproduzenten auch heute hier noch einmal einzugehen, mit etwas anderen Akzenten als in der Mozartstadt. Bevor wir dort ankommen, will ich aber zwei andere Themenkreise ansprechen. Das ist zum einen die am 9. November 2017 in Kraft getretene „Neuregelung des Schutzes von Geheimnissen bei der Mitwirkung Dritter an der Berufsausübung schweigepflichtiger Personen", so heißt das Gesetz.[2] Zum anderen möchte ich zu der Gießener Berufungsentscheidung gegen die Allgemeinärztin *Hänel* in Sachen Werbung für den Schwangerschaftsabbruch, *päpstlich* gesprochen, für Auftragsmord, wenige Fragen aufwerfen, die sich methodisch ähnlich auch zu § 217 StGB n.F. stellen und deshalb zu unserem dritten Komplex „Chaos in der Sterbehilfe" den Faden anspinnen.

---

[*] Der Text gibt die nur wenig geänderte Vortragsfassung – ergänzt um Fußnoten – wieder. Nach dem 10. 11. 2018 – dem Datum des 9. Düsseldorfer Medizinstrafrechtstages – eingetretene Entwicklungen namentlich zu den Themenkreisen 2 und 3 sind bewusst nicht mehr berücksichtigt worden.
[1] Sie fand vom 25. – 27. Oktober 2018 im Hotel *Pitter* in Salzburg statt. Die mit Fußnoten versehene Fassung meines dortigen Vortrags findet sich in *Hillenkamp*, ZMGR 2018, 289 ff.
[2] BGBl 2017 Teil I Nr. 71, S. 3618 v. 8. November 2017.

II. Themenkreis 1: Das Geheimnisschutz-Neuregelungsgesetz

1. Neue Fassung des § 203 StGB

Wer im Vierbettkrankenhauszimmer bei der Visite die Erörterung seines Gesundheitszustandes erlebt[3] oder mit *Thomas Fischer* „beim Internisten (…) die vorläufigen Ergebnisse von Stuhlprobentests durch die (Rezeptions-)Räume gerufen" gehört hat,[4] könnte eine Verschärfung des Geheimnisschutzes erwarten. Stattdessen hat der Gesetzgeber Handlungsbedarf gesehen, *Strafbarkeitsrisiken* nach § 203 StGB namentlich auch mit Blick auf den *medizinischen Bereich* zu *minimieren*.[5] In seiner Neufassung geschieht das aber auf zwei durchaus nachvollziehbare Weisen. Zum *einen* wird schon das tatbestandskonstitutive „Offenbaren" ausgeschlossen, wenn ein Arzt den bei ihm „berufsmäßig tätigen Gehilfen oder den bei (ihm) zur Vorbereitung auf den Beruf tätigen Personen" Patientengeheimnisse „zugänglich macht" (§ 203 Abs. 3 S. 1 StGB). Das schreibt die schon bisher h.L. fest, schafft insoweit Rechtssicherheit und schmälert den Geheimnisschutz nicht, da die *internen Hilfspersonen* nach § 203 Abs. 4 S. 1 StGB selbst *Normadressaten* bleiben. Nach dem Willen des Gesetzgebers sollen unter die berufsmäßig tätigen Gehilfen – was strittig ist – auch gelegentlich mithelfende Familienangehörige, Bekannte oder Praktikanten fallen. Der Gehilfe müsse *nicht selbst berufsmäßig* tätig sein, sondern nur die berufliche Tätigkeit des Berufsgeheimnisträgers unterstützen.[6] Das ergibt zwar Sinn und mag gerade noch eine mögliche Wortlautdeutung sein, hätte aber etwa durch das Wort *berufsbezogen* statt *berufsmäßig* tätige(n) Gehilfen klarer ausgedrückt werden können und sollen. Mit „*berufsmäßig*" endet der dazu bestehende Streit leider nicht.[7] Man sollte ihn aber i.S. des gegenwärtigen Gesetzgebers entscheiden.

Als zweites „*dürfen*" nach § 203 Abs. 3 S. 2 StGB Ärzte und Ärztinnen „fremde Geheimnisse" nun auch „gegenüber sonstigen Personen offenba-

---

3 S. dazu *Franck*, Die Visite im Mehrbettzimmer - Zur sozialadäquaten Einschränkung der ärztlichen Schweigepflicht, NStZ 2015, 322 ff.
4 „(…) als handele es sich um etwas Allgemeinkundiges", s. *Fischer*, medstra 2017, 321, 322.
5 S. Gesetzentwurf der BReg, BT-Ds 18/11936, S. 1 f. und 19.
6 BT-Ds 18/11936, S. 21.
7 Übereinstimmend und mit differenzierter Begründung *Braun/Willkomm*, medstra 2018, 195, 196 f., die eine Legaldefinition des Gehilfen vermissen; *Eisele*, JR 2018, 79, 81; *Fischer*, StGB, 65. Aufl. 2018, § 203 Rn. 40; auch nach der Neufassung a.A. MüKo-StGB/*Cierniak/Niehaus*, 3. Aufl. 2017, § 203 Rn. 123.

ren, die an ihrer beruflichen (...) Tätigkeit mitwirken, soweit dies für die Inanspruchnahme" von deren Tätigkeit „erforderlich ist." Hier geht es dann zwar doch um „Offenbaren", es ist aber „gedurft", also „befugt", und deshalb *gerechtfertigt*. Dieser Unterschied zum internen Personal kann strafrechtlich *bei Irrtumsfragen* relevant werden. Dass die Novellierung gerade auch im medizinischen Bereich aus wirtschaftlichen wie aus Kompetenzgründen geradezu zwingend war, ist wohl unbestritten. Kritisiert wird, dass das Merkmal der „Erforderlichkeit" *zu unbestimmt* sei.[8] Dabei geht es nicht darum, ob das Outsourcen selbst erforderlich ist. Darin, das zu entscheiden, ist jeder Arzt frei.[9] Vielmehr geht es darum, inwieweit die Geheimnisoffenbarung für die Bewältigung der in Anspruch genommenen Tätigkeit erforderlich ist. Das ist namentlich im IT- Bereich für die meisten Normadressaten nicht leicht abzuschätzen. Es kann aber sicher nicht auf kompetenzabhängige subjektive Beurteilung,[10] sondern muss auf die objektiv notwendigen Informationen ankommen, die wie in anderen Regelungszusammenhängen auch, gegebenenfalls durch die Rechtsprechung festzulegen sind. Das ist kein ungewöhnlicher und auch kein verfassungsrechtlich bedenklicher Vorgang.[11] Es wird um quantitative, aber auch qualitative Begrenzungen gehen. Wird dagegen *im Einzelfall* z.B. ein Konsiliararzt einbezogen, ist das schon von vornherein kein Fall des Abs. 3 S. 2. Hier bedarf es nach wie vor der *Einwilligung* des Patienten.[12] Dass die Erforderlichkeit zu den berufsmäßigen Gehilfen in S. 1 als Einschränkung fehlt, darf zudem nicht zu dem Umkehrschluss verleiten, *Offenbarungsexzesse* seien dort erlaubt. Auch insoweit muss ein *funktionaler Zusammenhang* mit der Aufgabenbewältigung bestehen.[13]

§ 203 Abs. 4 StGB begegnet den namentlich durch das erlaubte Outsourcen eröffneten Gefahren für den Geheimnisschutz auf zweierlei Weise. Zum einen werden *alle* mitwirkenden Personen, also neben den internen Gehilfen auch die *externen* Dienstleister zu *Normadressaten* erklärt, machen

---

8   S. dazu genauer *Braun/Willkomm*, medstra 2018, 195,197 ff.; *Eisele*, JR 2018, 79, 84 f.; auch schon *Kargl*, StV 2017, 482, 486.
9   *Eisele*, JR 2018, 79, 84.
10 Weder des Arztes – anders Stellungnahme der BÄK v. 9. 5. 2017, S. 2. 4 - noch des Dienstleistenden, s. zu beidem *Braun/Willkomm*, medstra 2018, 195, 198
11 A.A. *Braun/Willkomm*, medstra 2018, 195, 199. Die „Keule" der Verfassungswidrigkeit wegen Unbestimmtheit erschlägt einen so eingeführten Rechtsbegriff wie die Erforderlichkeit sicher nicht; erste Beispiele gibt die Gesetzesbegründung BT-Ds 18/11936, S. 28.
12 *Eisele*, JR 2018, 79, 84. S. dazu auch § 43e Abs. 5 BRAO (dazu BT-Ds 18/11936, S. 36), § 39c Abs. 5 PAO in der Fassung des Reformgesetzes.
13 *Eisele*, JR 2018, 79, 81.

sich also bei unbefugter Offenbarung *selbst strafbar* (§ 203 Abs. 4 S. 1 StGB). Zum anderen macht sich der *Berufsgeheimnisträger* strafbar, der eine mitwirkende Person nicht zur Geheimhaltung verpflichtet. Objektive Bedingung dieser Strafbarkeit ist allerdings, dass die mitwirkende Person vorsätzlich oder fahrlässig, also nicht unbedingt selbst strafbar, das Geheimnis offenbart. Bedenken gegen das schuldgelöste Institut der objektiven Strafbarkeitsbedingung und die Strafwürdigkeit solchen Geschehens überhaupt lassen nach Einschränkungen dieser eher kritikwürdigen Strafbarkeitserweiterung suchen, die ausbaufähig erscheinen.[14]

2. *Konvergenzverfahren zur MBO-Ä*

Für Rechtsanwälte, Patentanwälte, Steuerberater und Wirtschaftsprüfer ergänzt das Geheimnisschutz-Neuregelungsgesetz die einschlägigen Bundesgesetze (BRAO, PAO etc.) um Vorschriften, die ihnen eine Verschwiegenheitsverpflichtung gegenüber den *internen Gehilfen* auferlegen. Zudem wird ihnen in einer *beruflichen Befugnisnorm* eingeräumt, das von § 203 StGB n.F. ja nur *straflos* gestellte Outsourcen unter Einhaltung bestimmter Pflichten – z.B. sorgfältiger Auswahl des Dienstleisters, seiner Verpflichtung zur Verschwiegenheit etc. (s. z.B. § 43e BRAO) - vorzunehmen. Die Vorschriften zum *Schutz personenbezogener Daten* bleiben nach diesen Vorschriften *unberührt* (s. z.B. § 43e Abs. 8 BRAO). Für die *Ärzteschaft* fehlen aufgrund mangelnder Bundeskompetenz die entsprechenden Ergänzungen. Sie werden zurzeit in einem von der BÄK angestoßenen Konvergenzverfahren für die Musterberufsordnung in den Kammern diskutiert.[15] § 9 MBO-Ä soll Ärzten und Ärztinnen eine *Pflicht zur Belehrung* der *intern* berührten Personen über die Verschwiegenheitspflicht ausdrücklich auferlegen. Ein neuer Abs. 4 erstreckt die Pflicht auf die Verpflichtung zur Geheimhaltung durch den Berufsgeheimnisträger auf *externe* Dienstleister. Dass die Befugnis besteht, sie einzubeziehen, findet sich dort – für mich überraschend - nicht, nur die aus § 203 Abs. 3 StGB wiederholte Befugnis, ihnen gegenüber, soweit erforderlich, Geheimnisse zu offenbaren. In § 12

---

14 *Fischer*, StGB, 65. Aufl. 2018, § 203 Rn. 57 verlangt zwischen dem tatbestandlichen „Nicht-Sorge-Tragen" und dem Ausbleiben der Verpflichtung Ursachenzusammenhang. *Eisele*, JR 2018, 79, 87 will zurecht Strafbarkeit ausschließen, wenn der Dienstleister die Schweigepflicht aus anderweitiger Tätigkeit positiv kannte. S. auch die krit. Einwände bei *Braun/Willkomm*, medstra 2018, 195, 199 f.
15 Für nähere Hinweise darauf danke ich dem Kollegen *Scholz*, Justitiar der Ärztekammer Niedersachsen.

soll als neuer Abs. 2 eingefügt werden, dass eine Datenübermittlung an Dritte zum *Zweck der Abrechnung* nach wie vor nur bei *Einwilligung* des Patienten zulässig sein soll, wobei noch ungeklärt ist, ob das auch für Kassenpatienten gilt. In diesem Zusammenhang zu erwähnen ist, dass bisher auch unklar ist, in welchem Umfang nach der *EU-DSGVO* v. 25. 5. 2018 das Einwilligungserfordernis für die datenschutzrechtliche Rechtmäßigkeit der Datenverarbeitung notwendig ist. Das zu beurteilen, fehlt mir die Kompetenz.[16] Ergibt sich mangels Einwilligung datenschutzrechtliche Rechtswidrigkeit, begründet das *Strafbarkeit* aber – und das immerhin kann ich sicher sagen - nicht. Für die Befreiung von Strafbarkeit ist allein § 203 Abs. 3 S. 2 StGB maßgeblich, der ja gerade zur Erleichterung des Outsourcens auf das Einholen von Einwilligungen verzichtet.[17]

3. Neue Fassung des § 53a StPO

In der Strafprozessordnung sind die §§ 53a, 97 und 160a StPO der materiellen Neuregelung angepasst. Den nach § 53 StPO zeugnisverweigerungsberechtigten Berufsgeheimnisträgern stehen nach § 53a StPO n.F. *alle* nach neuer Terminologie „mitwirkenden Personen" gleich, also die berufsmäßig tätigen Gehilfen, zu denen nach der Begründung auch hier wieder Familienangehörige und Praktikanten zählen sollen,[18] sowie nun auch die vom Arzt hinzugezogenen externen Dienstleister. Damit sind jetzt auch die „Angehörigen (…) einer privatärztlichen Verrechnungsstelle" verweigerungsberechtigt, deren Einbezug in § 203 StGB (durch Abs. 1 Nr. 7) bisher kein Zeugnisverweigerungsrecht entsprach.[19] Ihr Zeugnisverweigerungsrecht leitet sich aus dem des originären Berufsgeheimnisträgers ab und ist zu ihm akzessorisch. So entscheidet über die Ausübung des Verweigerungsrechts jedenfalls bei zeitnaher Erreichbarkeit die Ärztin/der Arzt.

---

16 S. dazu *Braun/Willkomm*, medstra 2018, 195, 200 f. unter Verweis auf *Fechtner/Haßdenteufel*, CR 2017, 355 ff. und *Spranger*, MedR 2017, 864.
17 Zurecht weist *Eisele*, JR 2018, 79, 82 daraufhin, dass sonst für unterschiedliche Berufsgruppen, namentlich Ärzte, unterschiedliche Strafbarkeitsvoraussetzungen gelten würden.
18 S. dazu die Begründung zum Entwurf eines Gesetzes zur Umsetzung der Berufsanerkennungsrichtlinie und zur Änderung weiterer Vorschriften im Bereich rechtsberatender Berufe in BT-Ds 18/9521 v. 5. 9. 2016, S. 234.
19 S. *Rössner/Safferling*, 30 Probleme aus dem Strafprozessrecht, 3. Aufl. 2017, S. 110; zum Wechselspiel zwischen Aufnahme in § 203 StGB und der begehrten Einräumung eines Zeugnisverweigerungsrechts s. *Hillenkamp*, Vorsatztat und Opferverhalten, 1981, S. 75 f.

Auch gilt *ihre Entbindung* von der Verpflichtung zur Verschwiegenheit *für alle* mitwirkenden Personen.

4. *Neubewertung eines Klassikers*

Die Erweiterung potentieller Gefährder des Geheimnisschutzes könnte Anlass zu einer Neubewertung eines *Klassikers* aus dem Bereich der Beweisverwertungsverbote geben. Ihn hat der BGH am 16. 7. 2017 in begründungsloser Bausteinmanier - noch auf der Grundlage des vormaligen Rechts - wieder einmal wie gewohnt entschieden.[20] Darauf lassen Sie mich *zum Abschluss* meines ersten Teils noch kurz eingehen. Im Fall hatte das Landgericht einen Beweisantrag des Angeklagten auf Vernehmung zweier Ärzte nach § 244 Abs. 2 S. 1 StPO abgelehnt, die das Opfer des ihm vorgeworfenen sexuellen Missbrauchs behandelt hatten. Das Gericht hielt die Erhebung des Beweises für unzulässig, weil die kindliche Nebenklägerin durch Ihre Vertreterin hatte erklären lassen, dass sie die Ärzte von ihrer Verschwiegenheitspflicht nicht entbinde.[21] Das rügt der BGH mit folgenden Worten: „Steht einem Arzt (…) ein Zeugnisverweigerungsrecht zu, so obliegt es ausschließlich seiner freien Entscheidung, ob er sich nach Abwägung der widerstreitenden Interessen zu einer Zeugenaussage entschließt. Lehnt der Patient es ab, den Arzt von der Schweigepflicht zu entbinden (…), so hat er keinen strafprozessualen Anspruch darauf, dass der Arzt die Aussage verweigert (…). Das gilt auch dann, wenn sich dieser durch seine Angaben nach § 203 Abs. 1 Nr. 1 StGB strafbar macht (…). Auch dann bleibt die Aussage grundsätzlich verwertbar (…). Für das Tatgericht kommt es somit nicht darauf an, ob der Berufsgeheimnisträger befugt oder unbefugt handelt, sondern nur darauf, ob er sein Zeugnis verweigert oder nicht (…)." Die Strafkammer durfte hiernach „nicht allein wegen der (…) verweigerten Schweigepflichtentbindung von einem Beweismittelverbot und damit von der Unzulässigkeit der begehrten Zeugenvernehmungen ausgehen. Vielmehr war die Strafkammer (…) gehalten, die beiden Ärzte zu laden und ihre Entscheidung über das Zeugnisverweigerungsrecht herbei zu führen."[22]

---

20 BGH NStZ 2018, 362 mit Bespr. *Jäger*, JA 2018, 632.
21 Zur Vertretung in der Entbindungsentscheidung auch bei kindlichen Zeugen s. *Frister*, FS für Rogall, 2018, S. 473, 481 f.
22 BGHSt NStZ 2018, 362, 363. Das ist seit BGHSt 9, 59 – einen Anwalt betreffend – ständige Rechtsprechung. Für Ärzte z.B. BGHSt 15, 200; 18, 147; 42, 73.

Diese Auffassung überzeugt jedenfalls *für die Konstellation* nicht, in der sich der aussagende Arzt *strafbar* macht. Man mag ihn vorladen, um ihn zu befragen, ob er trotz verweigerter Entbindung aussagen will, und seine Aussage zulassen und verwerten, wenn er sich auf einen Rechtfertigungsgrund berufen kann.[23] Wenn das aber für das Gericht *ersichtlich* nicht so ist, ist es keinem Patienten zu vermitteln, dass er nicht nur einen vom Gericht mitveranlassten strafbaren Vertrauensbruch hinnehmen müssen soll, sondern gegebenenfalls auch noch die durch ihn eintretende beweismäßige Belastung. Das schwächt das Vertrauen in den Arzt, aber auch in ein rechtsstaatlich faires Verfahren.[24] Das wird potenziert, wenn sich nun auch *mitwirkende externe Personen* auch insoweit der Entscheidung des Berufsgeheimnisträgers unterwerfen und folglich selbst in strafbarer Weise aussagen müssten. Dass das so ist, legt die Kommentierung des § 53a StPO, der die Entscheidung zu Hilfspersonen schon bisher in die Hand des Berufsgeheimnisträgers legt, jedenfalls nahe.[25] Wenn ein Urteil gegen einen Mandanten hierauf beruht, sollte einmal das BVerfG angerufen werden. Denn wenn nach ihm das „allgemeine Persönlichkeitsrecht (…) grundsätzlich vor der Erhebung und Weitergabe von Befunden über den Gesundheitszustand (…), die seelische Verfassung und den Charakter des Betreuten" schützt und wenn „wer sich in ärztliche Behandlung begibt, erwarten muss und darf, dass alles, was der Arzt im Rahmen seiner Berufsausübung erfährt, geheim bleibt und nicht zur Kenntnis Unberufener gelangt," dann dürfte die BGH-Rechtsprechung eigentlich keinen Bestand haben. Denn nur, wo das Geheimnis hält, „kann zwischen Arzt und Patient jenes Vertrauen entstehen, das zu den Grundvoraussetzungen ärztlichen Wirkens zählt," sagt das Gericht.[26] Also sollte man es einmal mit einer Verfassungsbeschwerde versuchen.

---

23 Z.B. auf § 34 StGB in Fällen von Kindesmisshandlung, s. dazu *Vitkas*, JR 2015, 353 ff. oder im Germanwings- Fall, s. dazu *Tsambikakis*, medstra 2015, 193. Allein das strafprozessuale Aufklärungsinteresse ist kein Rechtfertigungsgrund, s. *Frister*, FS für Rogall, 2018, S. 473, 481. Nach RGSt 57, 63 soll allerdings niemand im Verfahren das Recht zustehen, das zu überprüfen. Dass das Gericht das *in actu* gar nicht könne, ist ein von vielen angeführter praktischer Einwand, s. z.B. *Roxin/Schünemann*, Strafverfahrensrecht, 29. Aufl. 2017, § 24 Rn. 45.
24 S. *Beulke/Swoboda*, Strafprozessrecht, 14. Aufl. 2018, Rn. 462; wie der BGH *Kleinknecht/Schmitt*, StPO, 61. Aufl. 2018, § 53 Rn. 6; diff. LR-StPO/*Ignor/Bertheau*, 27. Aufl. 2017, § 53 Rn. 12 f. Überblick über den Streitstand bei *Rössner/Safferling*, 30 Probleme aus dem Strafprozessrecht, 3. Aufl. 2017, 20. Problem.
25 S. nur LR-StPO/*Ignor/Bertheau*, 27. Aufl. 2017, § 53a Rn. 8 ff.
26 BVerfG medstra 2015, 292 Rn. 40 m. Nachw. zur vorangegangenen Rechtsprechung. Richter begeben sich in Gefahr, bei Veran- und Geschehenlassen einer evi-

III. Themenkreis 2: § 219a StGB – Werbung für den Abbruch der Schwangerschaft

Ich komme zu meinem zweiten Themenkreis, der aktuellen Lage zu § 219a StGB, der laut amtlicher Überschrift „Werbung für den Abbruch der Schwangerschaft" verbietet.

1. Zum aktuellen Anlass der Debatte

Es ging durch die Presse, dass die Allgemeinmedizinerin *Kristina Hänel* mit ihrer Berufung gegen ein Urteil des AG Gießen vom 24. 11. 2017[27] bei der Kleinen Strafkammer des Landgerichts Gießen am 12. 10. 2018 gegen 12.00 Uhr – selbst in der FAZ klang das nach *High noon*[28] – gescheitert ist. Das AG hatte sie zu einer Geldstrafe von 40 Tagessätzen zu je 150 € verurteilt, weil sie auf ihrer Webseite darüber informierte, dass in ihrer Praxis Schwangerschaftsabbrüche durchgeführt werden. Nach dem Hinweis darauf, welche Bescheinigungen für einen Abbruch nach Konfliktberatung und einen aufgrund einer Indikation benötigt werden und der Darstellung der verschiedenen Möglichkeiten eines Abbruchs mit seinen Nebenwirkungen und Komplikationen folgt am Schluss unter der Frage „Was müssen Sie mitbringen?" u.a. der Hinweis auf eine „Kostenübernahmebescheinigung oder Bargeld". Dazu ist zuvor erläutert, welche Kosten die Kassen übernehmen, welche nicht. Das hat in diesem Fall nicht Herrn *Annen*, wohl aber einen Studenten aus Kleve, einen „Abtreibungsgegner", zu einer Anzeige bewegt.[29] Das AG hat darin das in § 219a StGB unter Strafe gestellte „Anbieten" eigener Dienste zur Vornahme des Abbruchs gesehen, „eindeutig" ihres „Vermögensvorteils wegen", weil sie die Leistung gegen ärztliches Honorar anbot und mit Unrechtsbewusstsein, da die Staatsan-

---

dent nach § 203 StGB strafbaren Aussage zu Beteiligten zu werden; auch daran sollte die Verwertbarkeit - ähnlich wie im Liechtensteiner Steuer-CD-Fall (s. dazu BVerfG JZ 2011, 249 mit Anm. *Wohlers* und krit. *Roxin/Schünemann*, Strafverfahrensrecht, 29. Aufl. 2017, § 24 Rn 54; *Beulke/Swoboda*, Strafprozessrecht, 14. Aufl. 2018, Rn. 481), scheitern.

27 AG Gießen medstra 2018, 126 = ZfL 2018, 38 = NStZ 2018, 416 mit Anm. *Wörner*.
28 FAZ v. 13. 10 2018, S. 2.
29 Mitteilung von *Wiebke Ramm* in einem online-Artikel bei Panorama, Nachrichten Justiz. Der Begriff *Abtreibungsgegner* ist eingeführt, aber wenig glücklich. Einen Abtreibungsbefürworter oder -anhänger als Gegensatz wird man kaum finden; zur Aktivität *Annens* u.a. s. *Frommel*, FS für Th. Fischer, 2018, S. 1049, 1055 f.

waltschaft bei einer früheren Einstellung eines Ermittlungsverfahrens gegen sie nach § 170 Abs. 2 StPO die Konzession eines unvermeidbaren Verbotsirrtums mit einer unmissverständlichen Aufklärung über die Strafbarkeit verbunden habe. Der Vorsitzende Richter der Kleinen Strafkammer namens *Nink* sah, obwohl er das Gesetz als Bürger gerne geändert sähe, mitsamt seinen beiden Schöffinnen keinen Weg zur Abhilfe und empfahl der Angeklagten, „das Urteil wie einen Ehrentitel im Kampf für ein besseres Gesetz zu tragen."[30] Statt solcher Ordensverleihung hätte er besser sein methodisches Rüstzeug lege artis genutzt und freigesprochen.

2. Drei Wege aus dem Dilemma

Bevor ich darauf etwas genauer eingehe, möchte ich kurz die *zwei anderen Wege* aufzeigen, die aus dem Dilemma einer Verurteilung von Ärzten und Ärztinnen wegen solchen Verhaltens herausführen könnten, das nach dem AG Gießen „sachlich und seriös informiert"[31] und gleichwohl, weil es „anbietet", strafbar sein soll.

a) Eingriff des Gesetzgebers

Als *erstes* hat das Urteil des AG – für Frau *Künast* eins aus *Absurdistan* – bekanntlich umgehend politische Initiativen zunächst zur *Abschaffung* des § 219a StGB hervorgebracht. In zeitlich dichter Folge haben *Gesetzesentwürfe* der Fraktion Die Linke, der Länder Berlin, Brandenburg, Hamburg und Thüringen, von Bündnis 90/Die Grünen und der SPD die Aufhebung des § 219a StGB gefordert.[32] Nach einem Entwurf der FDP soll § 219a StGB beibehalten, aber modifiziert werden. Es wird nur noch bestraft, wer „in grob anstößiger Weise (...) wirbt", „seines Vermögensvorteils wegen" also gestrichen und das „Anbieten, Ankündigen und Anpreisen" im Wort „werben" zusammengefasst.[33] Die CDU/CSU gehört zu den *Remainern*, will es also belassen, wie es ist. Die SPD hat um des Koalitionsfriedens wil-

---

30 Zitiert nach FAZ v. 13. 10. 2018, S. 2 im Artikel „Applaus im Gerichtssaal".
31 AG Gießen medstra 2018, 126 Rn. 28 berücksichtigt das in der Strafzumessung.
32 E Die Linke BT-Ds 19/93 v. 22.11. 2017; E Länder BR-Ds 761/17 v. 12. 12. 2017; E Bündnis 90/Die Grünen BT-Ds 19/630 v. 2. 2. 2018; E SPD BT-Ds 19/1046 v. 2. 3. 2018.
33 E FDP BT-Ds 19/820 v. 20. 2. 2018; krit. hierzu mit einem Alternativvorschlag *Kaiser/Eidam*, medstra 2018, 273, 276.

len ihren Entwurf vorläufig zurückgestellt. Der Deutsche Bundestag hat folglich am 22. Mai 2018 in einer 45minütigen Sitzung nur über die drei restlichen Fraktionsentwürfe debattiert und sie zur weiteren Beratung an den Ausschuss für Recht und Verbraucherschutz verwiesen. Dort hat es am 27. 6. 2018 eine Anhörung gegeben. Wie die Debatte ausgeht, kann heute niemand sagen. *Kevin Kühnert* hat vor zehn Tagen im ZDF bei *Lanz* neben der Rente § 219a StGB als Punkt benannt, über den innerhalb kurzer Frist eine Einigung mit dem Koalitionspartner, möglichst im Sinne der SPD, herbeigeführt werden müsse. Durch das Berufungsurteil Gießen und in Kassel anhängige weitere Verfahren wird dieser Druck vermutlich erhöht.

Ich kann diese politischen Reaktionen hier nicht im Einzelnen würdigen. Die politische Aufregung erstaunt, weil eine gleichlautende Entscheidung des LG Bayreuth zu einem vergleichbaren Fall 2006 kaum Aufsehen erregt und in der Kommentarliteratur – was ich beklage – unkritische Zustimmung gefunden hat.[34] Nur so viel: Gegen eine *Abschaffung* im *Schnellschussverfahren* sprechen für mich alle Einwände, die man *fallanlassbezogenen Reflexgesetzen* seit den 1876 ins RStGB eingefügten *Duchesne-* und *Arnim*-Paragraphen dem Gesetzgeber – freilich, wie die *Lex Böhmermann* und auch § 217 StGB n.F. zeigen, annähernd wirkungslos - entgegengehalten hat.[35] Für die *Beibehaltung* eines *Kernwerbeverbots* auch für Ärzte spricht zudem nicht nur die auch in der MBO-Ä ausgedrückte Übereinstimmung mit ärztlichem Ethos. Vielmehr muss man auch sehen, dass das Werbeverbot ein kaum verzichtbarer Baustein des Lebensschutzkonzepts ist, das der durch das BVerfG 1993 diktierten Beratungslösung zugrunde liegt.[36] Zieht man den Baustein heraus, droht Gefahr, dass der mühsam errungene, im Ganzen aber gut akzeptable Kompromiss wieder aufgebrochen wird. Das aber kann sich niemand, der von (kriminal-) politischem Verstand ist, wünschen.[37] Eine *lex Hänel* sollte es deshalb nicht geben. Den Tatbestand zu *modifizieren*, wie es die FDP will, wäre dagegen ein in der Sache für mich sinnvoller Schritt, der Ärzten den Hinweis auf die Kostenpflichtig-

---

34 LG Bayreuth ZfL 2007, 16 mit Anm. *Goldbeck*, ZfL 2007, 14; s. dazu und zum Folgenden *Hillenkamp*, HessÄrzteBl. 2018, 92 ff.
35 Ausführlich dazu *Hillenkamp*, Der Einzelfall als Strafgesetzgebungsmotiv, FS für Eisenberg II, 2019, S. 655 ff.
36 Dazu ist allerdings einzuräumen, dass § 219a StGB in beiden großen BVerfG-Entscheidungen zu §§ 218 ff. – BVerfGE 39, 1 und BVerfGE 88, 203 - keine Erwähnung gefunden hat.
37 *Hillenkamp*, HessÄrzteBl. 2018, 92, 93; dort auch zur Einbettung in das Lebensschutzkonzept. S. dazu auch *Berghäuser*, JZ 2018, 497, 499 ff.; *dies.*, KriPoZ 2018, 210 ff.; *Kaiser/Eidam*, medstra 2018, 273, 274 ff.

keit des Eingriffs erlaubt und das Werbeverbot unmissverständlich auf eben wirklich *werbendes* Verhalten beschränkt. Das käme wohl auch der Forderung des 121. Deutschen Ärztetags 2018 nach „maßvollen Änderungen" entgegen, die die Straflosigkeit der Information über die Bereitschaft von Ärzten, zulässige Abbrüche vorzunehmen, absichern sollen. Um das zu erreichen, ist allerdings, wie gleich noch zu zeigen ist, auch eine Text*änderung entbehrlich*.

b) Eingriff des Bundesverfassungsgerichts

Abhilfe versprechen sich mit Frau *Hänel* auch und als *zweites* manche durch das *Bundesverfassungsgericht*, zu dem der Weg frei würde, wenn auch das OLG Frankfurt dem Gießener Spruch folgt. Auch wenn ich selbst vorhin diesen Weg einmal empfohlen habe, sollte die sehr geringe Erfolgsquote beim Angehen gegen ein *Strafgesetz* den damit zumeist zu Unrecht verbundenen Optimismus dämpfen.[38] Auch in der Sache überzeugt zudem die Behauptung der Verfassungswidrigkeit nicht. Zunächst geht es bei § 219a StGB nicht um *unheilbar NS-kontaminiertes* Recht, auch wenn die Nazis bei seiner Einführung 1933 ihm den Zweck gaben, die „Lebenskraft des deutschen Volkes" zu erhalten. Der Text selbst stammt, was vielfach unterschlagen wird, aus Entwürfen des Kaiserreichs und der Weimarer Republik.[39] Allein das Unterschieben eines ideologisch anrüchigen Zwecks macht einen Text, der das nicht ausdrückt, aber nicht schon rechtsstaatswidrig.[40] Auch kann man werdendes Leben, selbstbestimmtes Entscheiden der Schwangeren und möglicherweise auch ihre Gesundheit durch *wirkliches Werben* als *Rechtsgüter* gefährdet sehen, die den vielleicht verfassungsrechtlich zu allgemeinen „Klima- und Wertebewusstseinsschutz" auf einen

---

38 Das gilt namentlich nach der Niederlage des in *Hassemer* verkörperten strafrechtlichen Sachverstands in der Inzest-Entscheidung BVerfGE 120, 224, 239 ff. mit abw. Meinung *Hassemer*; auch der „Sieg" zu § 266 StGB ist sehr bescheiden ausgefallen, s. dazu BVerfGE 126, 170 ff. und dazu *Wessels/Hillenkamp/Schuhr*, Strafrecht BT Teil 2, Straftaten gegen Vermögenswerte, 41. Aufl. 2018, Rn. 778.
39 Nachweise dazu bei *Zier*, Die strafbaren Vorbereitungshandlungen der Abtreibung nach §§ 219, 220 R.St.G.B., Diss. Erlangen, 1935, S. 13 ff. Das Anbieten taucht zum ersten Mal in § 287 E 1919 auf; s. auch Entstehungsgeschichte des § 219a StGB, *Wiss. Dienste des Deutschen Bundestags*, WD 7 – 3000 - 159/17, S. 4.
40 Er ist daher im Zuge der Bereinigung von NS-Recht mit Recht nicht beanstandet worden, s. 3. StÄG v. 4.8.1953, BGBl. I, S. 735; *Dreher/Maassen*, StGB, 1954, § 219 Rn. 1; Hinweise zur Geschichte auch bei LK-StGB/*Kröger*, 11. Aufl. 2005, § 219a Entstehungsgeschichte; SK-StGB/*Rogall*, 9. Aufl. 2017, § 219a Rn. 2.

fassbaren Kern zurückführen.⁴¹ Die *Berufsausübungsfreiheit* der Ärzte ist nach Art. 12 Abs. 1 S. 2 GG einschränkbar und bei verfassungskonformer Auslegung des § 219a StGB, wie gleich zu zeigen ist, auch nicht grundrechtswidrig beschränkt. Das dürfte bei gleicher Voraussetzung auch für die Einschränkung des *Informationsrechts* betroffener Frauen gelten. Schließlich hat das BVerfG bereits 1993 entschieden, dass der Gesetzgeber *gerechtfertigte und nicht gerechtfertigte* Abbrüche (wie er es faktisch durch § 219a StGB tut) *gleich behandeln* darf, wo das „Schutzkonzept" des neu gestalteten Rechts es „erfordert".⁴² Ich gebe – auch wenn das hier notwendig sehr kursorisch bleibt - einer Verfassungsbeschwerde daher keine wirkliche Chance,⁴³ auch wenn sie, substantiiert vorgetragen, eine umfangreiche schriftliche Anhörung ausgelöst hat.

c) Eingriff der Fachgerichte

Wenn man so einen § 219a StGB ganz zu Fall bringenden Rechtsgang zum Freispruch Frau *Hänels* nicht sieht und auch dem Gesetzgeber nicht empfiehlt, kann man *als drittes* nur auf eine *Auslegung der Norm* setzen, mit der der geschilderte Lebenssachverhalt nicht unter den Tatbestand fällt. Darauf sollte eine seriöse Revision zum OLG, die sich nicht nach dem Ratschlag Herrn *Ninks* gleich zum Kampf um ein besseres Recht überhöht, noch einmal ausdrücklich dringen. *Methodisch* ist dazu das Arsenal der Auslegung zu nutzen. Der *Wortlaut* lässt zwar scheinbar ein bloßes „Anbieten" wie das Frau *Hänels* genügen. Schon der Abgleich mit der *amtlichen Überschrift* als Auslegungshilfe⁴⁴ drängt aber auf einengende Korrektur. *Werbendes* Anbieten ist zu verlangen. Wer einen Schwangerschaftsabbruch in seinem Leistungskatalog schlicht anbietet, wirbt aber ebenso wenig für ihn wie ein Chirurg für eine bei ihm mögliche Amputation. Wer das an-

---

41 Nur das allgemeinere Rechtsgut geschützt sieht z.B. NK-StGB/*Merkel*, 5. Aufl. 2017, Rn. 2; ähnlich Schönke/Schröder/*Eser*, StGB, 29. Aufl. 2014, § 219a Rn. 1; als abstraktes Gefährdungsdelikt zum „Schutz ungeborener Menschen" sieht die Vorschrift MüKo-StGB/*Gropp*, 3. Aufl. 2017, § 219a Rn. 1; s. auch Arzt/Weber/ *Hilgendorf*, Strafrecht BT, 3. Aufl. 2015, § 5 Rn. 38 f. und *Kaiser/Eidam*, medstra 2018, 273, 274 ff.
42 BVerfGE 88, 203, 280.
43 Näher *Hillenkamp*, HessÄrzteBl. 2018, 92 f.
44 S. dazu BeckOK-StGB/*v.Heintschel-Heinegg*, 39. Ed. 1. 8. 2018, § 1 Rn. 20; BMJ (Hrsg.), Handbuch der Rechtsförmlichkeit, 3. Aufl. 2008, Teil C – Stammgesetze, Rn. 372 und – mit Beispielen auch aus dem Strafrecht – *Stieper*, GRUR 2003, 398 f.

ders sieht, ist für mich nicht von dieser Welt. Auch die *systematische* Auslegung drängt zur Restriktion. *Normimmanent* muss der Unrechtsgehalt alternativer Handlungen bei identischer Strafdrohung annähernd gleich sein, also einem werbenden Ankündigen oder Anpreisen nahekommen. *Auch das* ist hier nicht zu sehen. Im *Gesamtsystem* der Beratungslösung, in das sich § 219a StGB ja einfindet, tritt hinzu, dass das Werben, soll es strafbar sein, das Lebensschutzkonzept der §§ 218 ff. StGB schwächen muss. Nun ist es aber so, dass das BVerfG der Ärzteschaft 1993 einerseits zugunsten abbruchswilliger Frauen einen *Sicherstellungsauftrag* erteilt hat und sie zum Angebot gerade der *ärztlichen* Dienstleistung „Schwangerschaftsabbruch" zwingt.[45] Andererseits macht es die *Mitwirkung eines Arztes* zur Straffreiheitsbedingung, weil es vom ärztlichen Stand Werbung für das Austragen von Leben erwartet und bei gegenteiliger Letztentscheidung deren human vertretbaren, schonenden und sicheren Vollzug für die Frau und die Frucht nur in professioneller Hand gewährleistet sieht.[46] Dann aber ist ein Anbieten ohne Werbeeffekt nicht nur nicht strafbar, sondern *geboten*. Die in dieser Aussage steckende *Verbindung systematischer* und *teleologischer* Gründe in *verfassungskonformer* Sicht verstärkt ein 2006 in einem Beschluss des BVerfG zu findender Satz. Er besagt, dass „wenn die Rechtsordnung Wege zur Durchführung von Schwangerschaftsabbrüchen durch Ärzte eröffnet, (…) es dem Arzt auch ohne negative Folgen für ihn möglich sein (muss), darauf hinzuweisen, dass Patienten seine Dienste in Anspruch nehmen können."[47] Hierzu ein Angebot zu machen, kann also *ohne werbende Girlande* nicht strafbar sein. Wer *dagegen* den immer wieder zitierten Satz anführt, § 219a StGB solle „verhindern, dass der Schwangerschaftsabbruch in der Öffentlichkeit als etwas Normales dargestellt und kommerzialisiert wird" und dazu sagt, eben das könne doch schon durch schlichtes Anbieten gegen Honorar geschehen, geht schließlich mit einem *historischen* Zitat am historischen Wandel vorbei. Es stammt zwar nicht aus den Entwürfen vor 1933, die Werbung für Pfuschaborte und Ausbeutung von Frauen in Not bei nahezu uneingeschränkter Strafbarkeit der „Abtrei-

---

45 BVerfGE 88, 203, 328.
46 BVerfGE 88, 203, 289 ff., 314, 328 ff.; näher zum Sicherstellungsauftrag und zur Funktion des Arztvorbehalts *Hillenkamp*, FS für Schöch, 2010, S. 511, 514 – 517. BVerfGE 98, 265, 297 bezeichnet die Tätigkeit des Arztes als „notwendigen Bestandteil des Schutzkonzepts" und unterstellt deshalb die Mitwirkung selbst „an rechtswidrigen" Beratungsabbrüchen dem Schutz des Art. 12 Abs. 1 GG.
47 BVerfG ZfL 2006, 135, 138. Dort ging es um die Abwehr eines „Abtreibungsgegners", der den anbietenden Arzt an den Pranger gestellt hatte.

bung" verbieten wollten.⁴⁸ Wohl aber sollte der zitierte Satz Bedenken gegen eine *reine Fristenlösung* abmildern, die die sozialliberale Koalition zu Beginn der 70ger Jahre einführen wollte. Aus deren Entwurf stammt das Zitat.⁴⁹ Niemand hat es zur heute geltenden Beratungslösung, die den honorierten Abbruch in ca. 100.000 Fällen jährlich zur medizinischen Alltagsnormalität macht, so wiederholt. Zwar betont auch die 1993 ergangene zweite § 218-Entscheidung des BVerfG, es sei „staatliche Pflicht, den rechtlichen Schutzanspruch des ungeborenen Lebens im allgemeinen Bewusstsein zu erhalten und zu beleben".⁵⁰ Und folglich muss auch für das Gericht der Staat dem Eindruck entgegentreten, es handle sich beim Abbruch um einen „alltäglichen, der Normalität entsprechenden Vorgang", der „von der Rechtsordnung (...) gutgeheißen werde." ⁵¹ Das verbietet Verharmlosung und Werbung und soll bekanntlich die Kennzeichnung des beratenen Abbruchs als *rechtwidrig* gebieten.⁵² Es kann aber, wenn das BVerfG zugleich die Mitwirkung der Ärzteschaft im Lebensschutzkonzept wie beschrieben vorschreibt und will, das ärztlich gemachte Angebot der Leistung nicht bei Strafe verbieten. Ich setze darauf, dass es noch Richter am OLG Frankfurt gibt, die das erkennen und freisprechen und damit zwar einer Klarstellung im Gesetz nichts entgegenstellen, sie aber auch eben nicht zwingend machen. Dazu trüge schließlich auch bei, wenn man bei sich seriös anbietenden Ärzten auch die für Strafbarkeit verlangte *Bereicherungsabsicht* verneinte. Denn dass Ärzte und Ärztinnen Frauen im Schwangerschaftskonflikt helfen, weil sie - zumindest als *notwendiges und erwünschtes Zwischenziel* - den Vermögensvorteil *anstreben*,⁵³ mag mal so sein, ist aber als unwiderlegbare Generalvermutung für mich degoutant.⁵⁴

---

48 Bis dahin war nur die medizinische Indikation als übergesetzlicher Notstand infolge RGSt 61, 242 anerkannt.
49 Nämlich aus der Begründung des Entwurfs eines Fünften Gesetzes zur Reform des Strafrechts (5. StrRG) – Drucksache 7/375 -, nachzulesen in BT-Ds 7/1981 (neu) v. 24. 4. 74, S. 17; zur Beratung s. Deutscher Bundestag, Stenographischer Dienst 7. WP, S. 1629 ff. - 30. Sitzung des Sonderausschusses für die Strafrechtsreform v. 27. 3. 1974. Dieser Vorstoß wurde 1975 von BVerfGE 39, 1 verworfen.
50 BVerfGE 88, 203 LS 10 und S. 267.
51 BVerfGE 88, 203, 319, 320.
52 BVerfGE 88, 203 LSe 4 und 15.
53 S. dazu BGHSt 16, 1, 5 ff. Hier ist ausdrücklich erklärt, dass Absicht für jeden Tatbestand gesondert ausgelegt werden muss. Für § 219a StGB sollte man verlangen, dass es dem Anbietenden gerade auf das Geldverdienen als Primärziel *ankommt*.
54 In dieser Richtung aber AG Gießen medstra 2018, 126, 127, das bei Frau *Hänel* von der „klassischen Form der Patientenakquise" spricht. Einzuräumen ist freilich, dass der Hinweis, es sei gegebenenfalls Bargeld mitzubringen, für die Widerlegung einer Bereicherungsabsicht nicht eben hilfreich ist. Dass sich über die Aus-

IV. Themenkreis 3: Dreifachchaos in der Suizidhilfe

Wir kommen zu unserem *dritten* und *letzten* Themenkreis, zu drei ineinandergreifenden Ereignissen, die für ein momentanes *Chaos in der ärztlichen Suizidhilfe* sorgen. Die Zeit, die ich mir in Salzburg hierfür nehmen konnte, haben wir heute nicht. Im *Handout* habe ich aber die Salzburger Version angehängt, damit Sie hierzu ein paar Informationen mehr mitnehmen können, als ich sie heute hier in gestraffter Form bieten kann.

1. Strafbarkeitsrisiken ärztlicher Suizidbegleitung

Bevor ich auf den zentralen Chaosproduzenten, § 217 StGB n.F. eingehe, dessen Problematik strukturell – ist die Vorschrift verfassungswidrig? Kann man sie „ärzteschonend" auslegen? – der des § 219a StGB ähnelt, ist über eine Rebellion gegen die Dogmen des *Wittig*-Urteils aus dem Jahr 1984[55] zu berichten, die gerade stattfindet. Wie sie ausgeht, ist noch nicht entschieden. Deshalb hängt bis heute, woran *ich* in den letzten Jahren nach dem freundlich überhöhenden Urteil *Gunnar Duttges* mehrfach „geradezu prophetisch" erinnert habe,[56] das Fallbeil der Strafbarkeit über Ärzten, die Suizidbeihilfe leisten. Das beruht auf zwei Thesen. Zum einen sagt das *Wittig*-Urteil, dass ein Hausarzt, der es unterlässt, einen von ihm aufgrund eines eingeleiteten Suizids bewusstlos angetroffenen Patienten zu retten, wegen einer täterschaftlichen Tötung auf Verlangen durch Unterlassen (§§ 216, 13 StGB) strafbar ist, und zwar auch dann, wenn der Arzt aus Respekt davor handelt, dass sich der Patient bei wachem Verstand zuvor jede Rettungsaktion ausdrücklich verboten hat. Das gelte, weil der *suizidale Wille* sitten- oder rechtswidrig und daher gegenüber der Lebenserhaltungspflicht *unbeachtlich* sei.[57] Dem berühmten *argumentum ad absurdum*, dass

---

legung des § 219a StGB naturgemäß streiten lässt, belegen die Artikel von *Frommel, Gärditz, Satzger, Sowada* und *Walter* sowie die Stellungnahme des *Kriminalpolitischen Kreises*, sämtlich abgedruckt in ZfL 2018, Heft 1; s. auch *Berghäuser*, JZ 2018, 497 ff.; *Duttge*, medstra 2018, 129 ff.; *Kaiser/Eidam*, medstra 2018, 273 ff.; *Kubiciel*, ZRP 2018, 13 ff.

55 BGHSt 32, 367; immer noch lesenswert dazu *Sowada*, Jura 1985, 75 ff.; zu diesem Teil ausführlicher *Hillenkamp*, ZMGR 2018, 289, 292 ff.
56 Zuletzt in FS für Kühl, 2014, S. 521, 527 ff., 530 f.; s. dazu *Duttge*, MedR 2017, 145, 146 Fn. 16. In der Fachwelt ist das Strafbarkeitsrisiko kaum noch erwähnt worden, wohl weil man die Dogmen des Urteils für überholt hält.
57 Auf Sittenwidrigkeit stellte noch BGHSt 6, 147, 153 ab; für rechtswidrig erklärt die Selbsttötung BGHSt 46, 279, 285.

man danach, weil nach deutschem Strafrecht die Beihilfe zum Suizid straflos ist, einem Suizidenten straflos den Strick reichen dürfe, ihn aber abschneiden müsse, sobald er an ihm hängt,[58] begegnet das *Wittig*-Urteil mit seiner zweiten, vielfach übersehenen These. Sie besagt, dass jedermann nach § 323c StGB verpflichtet sei, „das ihm Mögliche und Zumutbare zur Verhinderung eines Selbstmords *auch schon vor* Eintritt der Bewusstlosigkeit des Opfers zu tun", und zwar dann, „wenn durch die erkannte Selbsttötungsabsicht eine unmittelbare, als Unglücksfall zu bewertende Gefahrenlage für den Selbstmörder entstanden ist."[59] Dann aber darf in dieser Situation schon niemand den Strick reichen.[60] Und das gilt für den BGH bis heute unabhängig davon so, ob es sich um eine unfreie oder eine eigenverantwortete Selbsttötung handelt. *Beide* sind für ihn „Unglücksfall i.S. des § 323c StGB.[61]

Ob das heute noch gilt, wird der 5. Strafsenat des BGH in zwei bei ihm anhängigen Verfahren nun entscheiden müssen. Es geht um staatsanwaltschaftliche Revisionen gegen freisprechende Urteile des LG Hamburg und des LG Berlin,[62] zwei Fälle, in denen zwei Ärzte, wie *Dr. Wittig* zuvor, bewusstlos gewordene Suizidentinnen aus Achtung vor deren ausdrücklichem Verbot, sie ins Leben zurückzuholen, haben sterben lassen. In beiden Fällen ist die Eröffnung des Hauptverfahrens erst auf Beschwerde der Staatsanwaltschaft erfolgt (§ 210 Abs. 2, 3 StPO). Im Hamburger Fall ist die Absicht des dort angeklagten *Dr. Spittler* und des eröffnenden HansOLG, dem BGH Gelegenheit zu geben, „über die Fortgeltung seiner (Wit-

---

58 Dass das kein realitätsfernes Beispiel ist, zeigen die Sachverhalte in RGSt 70, 313 und BGHSt 2, 151.
59 BGHSt 32, 367, 375 f.
60 S. dazu auf den Arzt bezogen *Lipp/Simon*, DÄBl. 2011, A – 212-6 und *Dölling*, NJW 1986, 1011, 1016; vgl. auch VG Karlsruhe, NJW 1988, 1536 ff.
61 Die in BGHSt 2, 150 f. für den freiverantworteten Suizid noch vertretene Gegenposition ist durch BGHSt 6, 147 - bestätigt in BGHSt 32, 367, 375 f. – aufgegeben. Zur wiedergegebenen Gesamtargumentation s. krit. *Hillenkamp*, in: Anderheiden/Eckart (Hrsg.), Handbuch Sterben und Menschenwürde, Bd. 2, 2012, S. 1046 ff.; *ders.*, FS für Kühl, 2014, S. 521, 527 ff.; *ders.*, MedR 2018, 379, 330 f.; *Sowada*, Jura 1985, 75 ff. sowie monografisch *Feldmann*, Die Strafbarkeit der Mitwirkungshandlungen beim Suizid, 2009, S. 254 ff.; *Gavela*, Ärztlich assistierter Suizid und organisierte Sterbehilfe, 2013, S. 84 f.
62 LG Hamburg MedR 2018, 421 mit Bespr. *Hillenkamp*, MedR 2018, 379 = NStZ 2018, 281 mit Anm. *Hoven* = ZfL 2018, 81 mit Bespr. *Kraatz*, ZfL 2018, 46; LG Berlin NStZ-RR 2018, 246 mit Anm. *Miebach*.

tig-)Rechtsprechung zu entscheiden," verlässlich dokumentiert.[63] Dort hatte *Dr. Spittler* zwei betagten Hamburger Damen zwar nicht nachweisbar die tödlichen Medikamente besorgt, war auch nicht der behandelnde Arzt, hatte aber die Freiverantwortlichkeit für den Hamburger Sterbehilfeverein *Roger Kuschs* begutachtet und sich bereit erklärt, die beiden Frauen beim Suizid zu begleiten. Das Vorverhalten, aus dem das OLG die Garantenstellung ableitet, soll nach Auffassung des Senats wie erforderlich *pflichtwidrig* sein, weil es einen Verstoß gegen § 16 MBO-Ä (!) bedeute.[64] Im Berliner Fall ist die Zuspitzung auf die Dogmen des *Wittig*-Urteils durch den Eröffnungsbeschluss des KG[65] weniger deutlich, weil die Richter dort den Arzt schon für einen aktiv tätigen Täter halten. Er hatte der Suizidentin eine prophylaktische Spritze gegen Erbrechen verabreicht und später besorgte Personen von einem Einschreiten verbal abgebracht. Da beides kaum Täterschaft begründen kann, wird es letzlich aber auch dort auf die beiden *Wittig*-Dogmen hinauslaufen.

Wie der 5. Senat entscheiden wird, ist natürlich nicht sicher zu sagen. Die Garantenhaftung des *Wittig*-Urteils aber wird er, so meine Prognose, aufgeben. Im Hamburger Fall bleibt zwar der Ausweg, schon *Spittlers* Garantenstellung zu verneinen und die eigentliche Frage dann offen zu lassen. Ein Verstoß gegen Standesrecht – zumal das der MBO-Ä - kann sie ja sicher nicht begründen. Aus § 217 StGB, den *Spittler* erfüllt, lässt sie sich nicht ableiten, weil er zur Tatzeit noch nicht galt. Auch stünde dem der richtige Satz entgegen, dass „der Täter, der vorsätzlich oder bedingt vorsätzlich einen Erfolg anstrebt oder billigend in Kauf nimmt, (...) nicht zugleich verpflichtet (ist), ihn abzuwenden." Das ist auch für einen Gehilfen nicht anders.[66] Recht sicher ist dagegen die Garantenstellung des Berliner Arztes zu begründen, und spätestens dann ist über die Garantenthese zu entscheiden. Zu ihr aber gilt, dass der Senat an § 1901a BGB, der seit dem

---

63 Das Zitat steht am Ende des Beschlusses des HansOLG MedR 2017, 139 mit Anm. *Duttge*; *Kraatz*, JR 2017, 299 ff.; *Rosenau*, medstra 2017, 54 ff.; *Wilhelm*, HRRS 2017, 68 ff. Im Langtext des Beschlusses v. 8. 6. 2016 - 1 Ws 13/16 bei *juris* ist die Motivation beider in Rn. 70 und 90 zu finden. S. dazu auch LG Hamburg BeckRS 17, 137315 Rn. 130 und *Hillenkamp*, MedR 2018, 422 (Problemstellung); zu Spittlers Begutachtungspraxis s. *Spittler*, Nervenheilkunde 2017, 416 ff.
64 Dazu, dass weder die MBO noch geltendes Kammerrecht das hergibt, s. *Hillenkamp*, MedR 2018, 379, 382.
65 KG Berlin medstra 2017, 180 mit lesenswerter Anm. *Eidam* = StV 2018, 304 mit Anm. *Vogel*.
66 BGH NStZ-RR 1996, 131; s. dazu *Hillenkamp*, FS für Otto, 2007, S. 287 ff; die Frage wirft auch *Hoven* in ihrer Anm. zu LG Hamburg NStZ 2018, 281 auf.

Putz-Urteil auch das Strafrecht bindet,[67] nicht vorbeikommt. Er zwingt die Rechtsprechung, den in RG-Tagen begründeten und vom BGH durch das Myom-Urteil schon 1957 eindrücklich bekräftigten Vorrang des Selbstbestimmungsrechts vor der ärztlichen Lebenserhaltungspflicht zu beachten.[68] Und das muss auch in *suizidalem* Zusammenhang geschehen, weil ein Suizid nicht rechtswidrig[69] und eine *Unterscheidung* zwischen *Normal- und Suizidpatient* bei freiverantworteter Selbsttötung in einem säkularen Staat nicht zulässig ist.[70] Jedenfalls dazu kann man sich mit beiden freisprechenden Landgerichten auf einen „gesellschaftlichen Wertewandel"[71] beziehen, der durch die gleich noch zu besprechende Entscheidung des BVerwG zur Ausreichung eines tödlichen Medikaments an eine Suizidentin[72] sichtbar und durch § 217 StGB n.F. nicht konterkariert wird. Denn dieser Tatbestand diskreditiert nicht den suizidalen Willen. Vielmehr will er ihn nur als *selbstbestimmt* gegen die Gefahren geschäftsmäßiger Verbiegung schützen. Auch das *Behandlungsveto* einer Suizidentin ist folglich verbindlich. Wer es missachtet, ist einer Zwangsbehandlung schuldig. Wichtig ist: es geht nicht um eine Tötungslizenz, sondern um die Aufkündigung des Behandlungsrechts. Der Arzt ist nicht erst aus der Garanten*pflicht*, er ist schon aus der *Lebens*garantenstellung entlassen. Er unterlässt tatbestandslos.[73]

Dass der BGH auch die These zu § 323c StGB revidiert, ist weniger sicher. Sein im *Wittig*-Fall vorgetragenes Argument, kaum jemand könne „innerhalb der kurzen Zeitspanne, die für die (…) lebensrettende Entscheidung zur Verfügung steht, (…) zuverlässig beurteilen, um welche Art des Suizids es tatsächlich geht" und deshalb sei Hilfe *immer* geboten,[74] hat

---

67 BGHSt 55, 191.
68 BGHSt 11, 111; s. auch BVerfG NJW 2017, 53 Rn. 74 f., das eine „Vernunfthoheit staatlicher Organe" verneint und „eine medizinische Zwangsbehandlung gegen den freien Willen eines Menschen" verbietet.
69 Rechtswidrigkeit setzte eine Pflicht zum Leben voraus, die es rechtlich nicht gibt, s. dazu *Hillenkamp*, in: Anderheiden/Eckart (Fn. 61), S. 1046 ff.; *ders.*, FS für Kühl, 2014, S. 521, 527 ff.; *ders.*, MedR 2018, 379, 380; *Sowada*, Jura 1985, 75, 82 f.
70 Das hat *Klaus Kutzer*, der als Berichterstatter im *Wittig*-Fall diesen *Unterschied* als für den Senat seinerzeit maßgeblich angegeben hat – s. *Kutzer* MDR 1986, 710 ff. – später selbst so gesehen und sich hiervon distanziert, s. *Kutzer*, FS für Schöch, 2010, S. 481 ff.; *ders.*, ZRP 2012, 135 ff.
71 Zu Unrecht zurückgewiesen durch OLG Hamburg MedR 2017, 139.
72 BVerwGE 158, 142 = BeckRS 2017, 110075; das ausgesprochene Gebot wäre mit einer Diskreditierung des suizidalen Willens nicht vereinbar.
73 Näher dazu *Hillenkamp*, MedR 2018, 379, 382; der BGH wird voraussichtlich eher von der Begrenzung der Garanten*pflicht* sprechen.
74 BGHSt 32, 367, 375 f.

sicher Gewicht. Es verlegt aber die Durchsetzung des Selbstbestimmungsrechts auch bei freiverantwortetem Geschehen. Vielleicht lässt sich der Senat deshalb auf den Vorschlag des LG Hamburg ein, § 323c StGB „jedenfalls" in Fällen nicht anzuwenden, in denen „dem anwesenden Dritten der freiverantwortliche Suizidwille bekannt ist und keine Anhaltspunkte für eine Willensänderung" bestehen.[75] So hat es in beiden Fällen gelegen.[76] Auf eine denkbare Strafbarkeit nach §§ 29 Abs 1 Nr. 7 BtMG muss der BGH nach der Beweislage nicht eingehen.[77] Zu einer Kritik am standesrechtlichen Flickenteppich zum ärztlichen Suizid fehlt ihm das Zuständigkeitsforum.[78] Gleichwohl kann man auf die Entscheidung gespannt sein.

2. *Strafbarkeitsrisiken nach § 217 StGB n.F. namentlich für Ärzte/Ärztinnen*

Das gilt natürlich auch zu § 217 StGB n.F., dem eigentlichen Chaoszentrum. Zu ihm steht immer noch die Entscheidung des BVerfG zu mehreren Verfassungsbeschwerden aus.[79] Solange wir sie nicht haben, ist alles unsicher. Meine Neigung als Strafrechtler ist gering, mich in die verfassungsrechtliche Debatte einzubringen.[80] Dass für den *sozialethischen Tadel*

---

[75] LG Hamburg MedR 2018, 425 f.; ähnlich schon *Dölling*, NJW 1986, 1011 ff.; richtiger erschiene mir eine Rückkehr zu BGHSt 2, 150 f., s. *Hillenkamp*, MedR 2018, 379, 381.

[76] Im Berliner Fall hatte das KG allerdings Zweifel an der Freiverantwortlichkeit geäußert; diese sind aber im freisprechenden LG-Urteil nicht bestätigt worden.

[77] BGHSt 46, 279, 285 ff. hat hierzu angedeutet, im Fall einer „Gewissensentscheidung" den Arzt/die Ärztin wie im Wittig-Fall – BGHSt 32, 367, 380 f. – von Strafe freizustellen; für Strafbarkeit OLG Hamburg bei *Wasserburg/Meller*, NStZ 2018, 640, 641.

[78] S. dazu *Hillenkamp*, FS für Kühl, 2014, S. 521, 531 ff.; der von der SAMW hierzu für die *Schweizer* Ärzteschaft in den medizin-ethischen Richtlinien >Umgang mit Sterben und Tod< ,1. Aufl. 2018, unter 6.2.1. erarbeitete Vorschlag, der ähnlich wie das BVerwG an einen *unerträglichen Leidenszustand* anknüpft, ist überraschend am 25. 10. 2018 von der FMH (vor allem aus diesem Grund) zurückgewiesen und nicht in den Anhang der Berufsordnung aufgenommen worden.

[79] Nach Frau *Künast* auch deshalb, weil die CDU mit der Nachfolge *Ferdinand Kirchhof* nicht „aus der Schürze kommt". Auch das Verfahren, mit dem *Peter Müller* für befangen erklärt worden ist, hat, wie die Einforderung von über 40 Stellungnahmen, Zeit gekostet.

[80] S. dazu zuletzt aus unserem „Lager" *Sternberg-Lieben*, FS für Rengier, 2018, S. 341 ff.; ausführlich *Saliger*, Selbstbestimmung bis zuletzt, 2015, S. 22 ff. Wenige Gedanken dazu auch bei *Hillenkamp*, KriPoz 2016, 3, 9 f., auch mit Blick auf den EGMR.

der Kriminalstrafe hinreichende Strafwürdigkeit und Strafbedürftigkeit einer weit im Vorfeld angesiedelten Förderung tatbestandslosen Tuns gegeben sein sollen, obwohl dieses Tun als freiverantworteter Suizid nicht einmal ansatzweise vollzogen werden muss, ist mehr als zweifelhaft. Der Gesetzgeber will das mit dem *Verdacht* manipulativen Vorgehens geschäftsmäßiger Sterbehelfer und mit gesellschaftlich vermutlich entstehendem Druck, von der wohlfeilen Hilfe doch bitte auch Gebrauch zu machen, belegen.[81] Mich überzeugen dergleichen empiriefreie Verdachtsgründe nicht.[82] Ich sehe aber nach dem schon gefällten Kammerbeschluss, der die Gefahrspekulationen als bare Münze übernimmt,[83] und der Niederlage *Hassemers* im Inzestbeschluss,[84] mit der das Gericht jedes strafnormbändige Potential des Rechtsgutsbegriffs[85] verabschiedet hat, keine reale Aussicht, dass der 2. Senat das Urteil >verfassungswidrig< fällt. Er wird auch kaum, wie es der ausgeschiedene Richter *Landau* zu immer abstrakteren Vorfelddelikten empfiehlt, einmal das Schwert des *Ultima-Ratio-Prinzips* niedergehen lassen.[86] Am ehesten ist noch zu erwarten, dass das BVerfG die vom wissenschaftlichen Dienst des Bundestages monierte Unbestimmtheit der Norm namentlich im Hinblick auf *ärztliches Tun* aufgreift[87] und den Fachgerichten hierzu eine verfassungskonform-restriktive Auslegung auferlegt,

---

81 S. dazu die Begr. des Gesetz gewordenen *Brand/Griese u.a.*-Entwurfs in BT-Ds 18/5373.
82 S. dazu *Hillenkamp*, KriPoZ 2016, S. 3, 7; *ders.*, ZMGR 2018, 289, 295; vgl. auch *Hoven*, MedR 2018, 741, 742 f. mit Verweis auf *Eidam*, medstra 2016, 17, 19, *Saliger*, Selbstbestimmung bis zuletzt, 2015, S. 185 und *Schöch*, FS für Kühl, 2014, S. 585, 599. Die spekulativen Gefahrvermutungen waren von Beginn an das treibende Motiv für das in seinem Anfang typische *Reflexgesetz*, s. dazu die Begr. des als Reaktion auf die von *Dignitas* angekündigte Zweigniederlassung in Hannover abgegebenen Schnellschusses der Länder Saarland, Thüringen und Hessen in BR-Ds 230/06; dazu *Hillenkamp*, KriPoZ 2016, 3, 4 und *Saliger*, Selbstbestimmung bis zuletzt, 2015, S. 11, 156 f.
83 BVerfG NJW 2016, 559.
84 BVerfGE 120, 665, 668 mit abw. Meinung *Hassemer*.
85 S. dazu nur *Roxin*, Strafrecht AT, Bd. 1, 4. Aufl. 2006, § 2 Rn. 1 ff.; dass nach ihm – s. *Roxin*, NStZ 2016, 185 ff. – das Unrecht für eine Ordnungswidrigkeit ausreichen soll, relativiert leider den „strafbarkeitsbegrenzenden, liberalen Gehalt" (Rn. 4, 6) der Rechtsgutslehre. S. zu ihm auch *Hillenkamp*, FS für Kirchhof, Bd. II, 2013, S. 1349, 1356 ff.
86 *Landau*, NStZ 2015, 665, 668. Er war allerdings selbst noch am Kammerbeschluss beteiligt.
87 S. WD 3 – 3000 – 188/15 zum *Brand/Griese u.a.*-Entwurf BT-Ds 18/5373.

die die für den RegE 2012 nicht zu rechtfertigenden Strafbarkeitsrisiken[88] für die „Ärztin einer Intensiv- oder Schwerstkrankenstation oder ein(en) Hausarzt" ausschließt, die „mehr als einmal" eine Suizidhilfe gewähren.[89]

Für mich liegt das größte Restriktionspotential im Wort *geschäftsmäßig*, wenn man sich auf die ihm vom RG gegebene Bedeutung zurückbesinnt.[90] Nach ihr handelt es sich bei der Geschäftsmäßigkeit um eine *objektiv-subjektive Sinneinheit*, die der tatbestandsmäßig geforderten Förderungsabsicht eine *zweite Absicht* hinzufügt, nämlich die, die Gelegenheit *wiederholt* zu gewähren. Auch hierauf muss es dem Arzt also *ankommen*. Sicheres (Erfahrungs-)Wissen, dass er die Förderung wiederholen wird, reicht demnach *nicht* aus. Anderseits ist eine *Manifestation* dieser Absicht verlangt. Die Hilfe muss objektiv „zu einem wiederkehrenden und dauernden Bestandteil", zu einem „Vermitteln (…) aufgrund darauf gerichteter Tätigkeit (…) aus Anlass des entsprechenden Geschäftsbetriebs" gemacht und als solche *nach außen erkennbar* werden. Nur dann macht, wie das RG sagt, „der geschäftsmäßige Betrieb" die Geschäftsmäßigkeit zu einem „verhältnismäßig leicht erkennbar(en) und beweisbar(en)"[91] und deshalb, wie *Brand/Griese u.a.* mit ihrem Entwurf meinen, „relativ einfach handhabbaren formalen Kriterium", ein praktischer Vorteil gegenüber der Gewerbsmäßigkeit.[92] *Diese Restriktion* ist schon mit den überkommenen Auslegungsmitteln zu bewerkstelligen. Mit ihr ließen sich die mittlerweile diskutierten Fälle, etwa der der wiederholten palliativen *Unterstützung des Sterbefastens* nach

---

88 S. dazu *Hillenkamp*, KriPoZ 2016, 3, 9; BGHSt 59, 218 ff. bildet zu einer solchen Möglichkeit ein gutes Beispiel. Der Entwurf *Brand/Griese u. a.* hat – BT-Ds 18/5373, Begr. S. 17 f. – die Risiken mit der realitätsfernen Behauptung geleugnet, Suizidhilfe sei nicht „medizinisch indiziert" und *werde daher* auch „grundsätzlich nicht gewährt" und wenn doch einmal im Einzelfall, dann „nicht geschäftsmäßig." Einer „besonderen Ausschlussregelung" bedürfe es folglich nicht.

89 RegE 2012, BT-Ds 17/11126, Begr. S. 8 wollte zur Vermeidung dieser Gefahr auf „gewerbsmäßige" statt nur „geschäftsmäßige" Hilfe abstellen; dagegen dann aber der *Brand/Griese u.a.*-Entwurf, BT-Ds 18/5373, S. 17. Die Abwehr nennt *Jäger*, JZ 2015, 883 zurecht „etwas kryptisch". Für eine Sondervorschrift nach dem Vorbild des AE-Sterbebegleitung *Roxin*, NStZ 2016, 191 f.

90 S. dazu mit Belegen aus der RG-, aber auch aus der späteren Rechtsprechung *Hillenkamp*, KriPoZ 2016, 3, 8 mit Fn. 53 ff.

91 RGSt 46, 47, 52.

92 *Brand/Griese u.a.*, BT-Ds 18/5373, S. 11 f.; skeptisch zu meiner Deutung NK-StGB/*Saliger*, 5. Aufl. 2017, § 217 Rn. 24 f.; *Hilgendorf* geht in medstra 2018, 257 auf meinen Vorschlag nicht ein und hält einen anderen von *Gaede*, medstra 2016, 65 f. für den „interessantesten". Dessen Vorschlag hat aber im Wortlaut keine deutliche Stütze. Krit. zu restriktiven Bemühungen auch *Hoven*, MedR 2018, 741 ff.; *Kuhli*, ZStW 129 (2017), 691 ff.

Verlegung in einen ruhigen Raum, für mich i.S. von Straflosigkeit befriedigend lösen.⁹³ Wer den auch mit verfassungskonformer Auslegung nicht übergehbaren, zu § 217 StGB gut dokumentierten gesetzgeberischen Willen dagegen hält, weil danach schon die bloße Wiederholung durch Ärzte für Strafbarkeit ausreichen soll, übersieht einerseits, dass auch in der Gesetzesbegründung die *Wiederholungsabsicht* immerhin anklingt.⁹⁴ Andererseits ist zu bedenken, ob man innerhalb des Wortlauts den gesetzgeberischen Willen nicht beiseiteschieben muss, wenn gerade und *nur er* es ist, der den Tatbestand – legt man ihn zugrunde – verfassungswidrig macht.⁹⁵

3. Strafbarkeitsrisiken infolge der Entscheidung des BVerwG BeckRS 2017, 110075

Kommen wir zu unserem *dritten* und letzten Chaosfeld in der Sterbehilfe, das ein im März 2017 vom BVerwG gefälltes Urteil nach sich gezogen hat. Das Urteil selbst ist klar. Es leitet aus dem Grundrecht auf selbstbestimmtes Entscheiden, „wie und zu welchem Zeitpunkt das Leben enden soll", die Verpflichtung des BfArM ab, einem suizidwilligen Schwerstkranken die *Erlaubnis* (§ 3 Abs. 1 Nr. 1 BtMG) zum Erwerb einer tödlichen Substanz zum Zweck der Selbsttötung zu erteilen. Voraussetzung ist eine „extreme Notlage", in der der „frei und ernsthaft" gefasste Selbsttötungsentschluss eines entscheidungsfähigen, schwer und unheilbar Erkrankten gefallen ist, weil sein „unerträglicher Leidensdruck" palliativ nicht mehr zu

---

93 Zum Sterbefasten s. genauer *Duttge/Simon*, NStZ 2017, 512 ff., die schon ein Selbsttötungsgeschehen („Selbstmord") verneinen wollen; *Hilgendorf*, medstra 2018, 257. Zu diesem und weiteren Fällen (Nachttisch-, Morphinreglerfall nach *Hilgendorf* in der Anhörung) ausführlich NK-StGB/*Saliger*, 5. Aufl. 2017, § 217 Rn. 22 ff., 28 ff.; s. auch schon *Hilgendorf*, in: Bormann (Hrsg.), Lebensbeendende Handlungen, 2017, S. 701 ff., der meinem Vorschlag dort skeptisch gegenübersteht, S. 715 f.

94 Begr. zum Entwurf *Brand/Griese* u.a., BT-Ds 18/5373, S. 17 und 18; das ist z.B. bei *Hilgendorf*, in: Bormann (Hrsg.), Lebensbeendende Handlungen, 2017, S. 701, 715 notiert, die Verneinung der Absicht z.B. beim Sterbefasten soll aber „offenkundig unzutreffend" sein. Das kann ich nicht sehen.

95 In der stereotypen Wiederholung der Bindung an den aktuellen gesetzgeberischen Willen klingt dieser Gedanke bisher nirgends an. Im Sterbefasten-Fall bejaht NK-StGB/*Saliger*, 5. Aufl. 2017, § 217 Rn. 31 auf der Basis der von ihm geteilten h.L. hierzu – Nachw. dort Rn. 22 ff. auch zur Rechtsprechung des BVerfG – die Strafbarkeit; MüKo-StGB/*Brunhöber*, 3. Aufl. 2017, § 217 Rn. 42, 49 verneint sie.

lindern und eine zumutbare anderweitige Möglichkeit der Lebensbeendigung ausgeschlossen ist.[96] Dass das Betäubungsmittel dann „therapeutischen Zwecken" dient und mit der „notwendigen medizinischen Versorgung der Bevölkerung" (§ 5 Abs. 1 Nr. 6 BtMG) vereinbar ist, ist die sicherlich kühne Auslegung des Gerichts, die diesen Weg nach dem BtMG möglich macht.[97]

Zu diesem Urteil will ich nur anmerken, was den Folgezustand einigermaßen chaotisch macht. Da ist *zum einen* die Ende Juni 2018 von *Lutz Stroppe*, Staatssekretär im Bundesministerium für Gesundheit, an den Präsidenten des BfArM schriftlich gerichtete „Bitte", Anträge auf Erlaubniserteilung „zu versagen".[98] Es könne nicht Aufgabe einer deutschen Verwaltungsbehörde sein, „die Tötung eines Menschen durch Erteilung einer Erlaubnis zum Erwerb des konkreten Suizidmittels" zuzulassen und damit aktiv zu unterstützen. Das ist ein freundlich formulierter *Nichtanwendungserlass*, wie ihn *Di Fabio* in seinem Rechtsgutachten dem Minister als Möglichkeit beschrieben hat.[99] Seitdem „prüft" das BfArM Anträge, denen es ausnahmslos den Erfolg versagt. Das verletzt die Bindung der vollziehenden Gewalt an das Recht. Ablehnende Bescheide halte ich auch dann, wenn sie inhaltlich schlüssig erscheinen, für rechtswidrig und anfechtbar, weil der Erlass ein abweichendes Ergebnis ja nicht zulässt und eine angenommene Bindung hieran die vermeintliche Prüfung zu Farce und Täuschung macht, rechtsstaatlich ein Menetekel.

Im Gegenlicht kann man allerdings *zum anderen* mit *Di Fabio* fragen, ob nach dem BVerwG nicht „jetzt den Staat selbst als Pflicht" trifft, „was der Gesetzgeber als Teil des Staates Privatrechtssubjekten mit § 217 StGB ausdrücklich" bei Strafe verbietet.[100] Dann wäre der Brief vielleicht nur ein *Fürsorgeakt*, den Minister *Spahn* jedenfalls, wie er es vorhat, aufrechterhalten sollte, bis das BVerfG zu § 217 StGB entschieden hat. Damit sind wir auch auf diesem Feld aber im StGB-Chaos zurück und müssen auf das BVerfG warten. Das BVerwG hat sich zwar Mühe gegeben, den Einwand

---

96 S. die Leitsätze 2 – 4 in BVerwG BeckRS 2017, 110075 = BVerwGE 158, 142. Unzumutbar ist z.B. ein Behandlungsabbruch, dessen Folgen unsicher sind oder das Suchen nach einem Arzt, der sich durch seine Hilfe möglicherweise strafbar macht, s. dazu BVerwG BeckRS 2017, 110075 Rn. 37, 35.
97 Anders OLG Hamburg bei *Wasserburg/Mellers*, NStZ 2018, 640, 641.
98 S. FAZ v. 2. 7. 2018, S. 4 und 8; der nicht veröffentliche Brief liegt dem *Verf.* vor.
99 *Di Fabio*, Erwerbserlaubnis letal wirkender Mittel zur Selbsttötung in existentiellen Notlagen, Rechtsgutachten zum Urteil des BVerwG vom 2. März 2017 – 3 C 19/15 – im Auftrag des BfArM, 2017, S. 66 ff.
100 *Di Fabio* (wie Fn 99), S. 27.

vorwegzunehmen und zu entkräften. Es sagt, dass die Einzelfallentscheidung keinesfalls mit geschäftsmäßiger Förderung durch Private „vergleichbar" sei und die Verbotsmotive des Gesetzgebers auch nicht verletze.[101] Das allein schließt die Subsumtion aber nicht aus. *Reinhard Merkel* sieht den Entscheider im BfArM durch Notstand (§ 34 StGB) gerechtfertigt.[102] Ich selbst würde wieder auf meine Deutung der *Geschäftsmäßigkeit* abheben. Wenn man für sie Wiederholungs*absicht* verlangt, wie sie sich etwa bei Sterbehilfevereinen, bei *Dr. Arnold* oder *Dr. Spittler* deutlich zeigt, sieht man den Unterschied zu den BfArM-Entscheidern. Sie wissen sicher, dass sie bei Vorliegen der Voraussetzungen wiederholt positiv entscheiden müssen, es kommt ihnen ersichtlich aber nicht auf Wiederholung positiven Entscheidens an. Und dann fehlt eben die Absicht. Solange die Festlegung auf diesen Inhalt durch die Rechtsprechung noch fehlt, bleibt allerdings Unsicherheit, die für *Di Fabio* angesichts der „Unbestimmtheit" dieses „zentralen unrechtsbegründenden Begriffs (…) in § 217 StGB" gewissermaßen kategorial nicht behebbar ist.[103] Das sehe ich zur „Geschäftsmäßigkeit" so nicht, sondern eher zum „unerträglichen Leidensdruck", den das BVerwG für eine „extreme Notlage" verlangt. Das ist wenig glücklich. Denn einerseits gerät man hiermit im Verein mit einer „schweren unheilbaren Erkrankung" in Gefahr, notstandsnahe Erwägungen zur Lebensqualität zuzulassen, die dem Recht und dem Gesetzgeber fremd sind.[104] Und andererseits verlangt der Begriff den Sachbearbeitern kaum Beantwortbares ab. Die FMH (*Foederatio Medicorum Helveticorum*) hat es vor wenigen Tagen wegen der großen Unsicherheit dieses subjektiven Begriffs abgelehnt, die von der SAMW im Juni 2018 neu verabschiedeten Richtlinien zum „Umgang mit Sterben und Tod" in die ärztliche Berufsordnung zu

---

101 BVerwG BeckRS 2017, 110075 Rn. 38.
102 *Merkel*, MedR 2017, 823, 830. Das setzt freilich voraus, dass § 217 StGB einer Interessenabwägung zugänglich ist, abl. BeckOK-StGB/*Oglacioglu*, Stand: 1. 8. 2018, § 217 Rn. 38; NK-StGB/*Saliger*, 5. Aufl. 2017, § 217 Rn. 32. Weitere Überlegungen zur Zulässigkeit bei *Kubli*, ZIS 2017, 243 ff.; *Mandla*, medstra 2018, 143 ff.; *U. Neumann*, FS für Rengier, 2018, S. 571 ff.; vgl. auch *Gärditz*, ZfL 2017, 243 ff. und auch schon zuvor *Duttge*, NJW 2016, 120 ff.
103 *Di Fabio*, Gutachten (wie Fn. 99), S. 73 im Anschluss an *Duttge*, NJW 2016, 120, 123.
104 Auch deshalb abl. die Mehrheitsmeinung in der Ad-hoc-Empfehlung des *Deutschen Ethikrats* zu der BVerwG-Entscheidung, zu finden in ZfL 2017, 74. *Reinhard Merkel* gehört zur befürwortenden Minderheit; positiv auch *Magnus*, KriPoZ 2018, 180. Gegen die Verwendung dieses Begriffs auch *Duttge*, Bioethica Forum/2018 Ol.11/No. 1, 30.

überführen. In diesen Richtlinien ist unter 6.2.1. „unerträgliches Leiden" zur Voraussetzung ärztlicher Suizidhilfe gemacht.

V. Fazit

Mit diesem Blick in die benachbarte Schweiz möchte ich mein Update beenden. Die Auswahl ist, wie jede Wahl, subjektiv gefärbt. Ich hoffe, es war wenigstens etwas für Sie dabei, auch wenn Sie Anderes vielleicht vermisst haben. Mehr oder gar Alles zu bieten, fehlt bei 40 Minuten die Zeit, selbst wenn man sie – wofür ich um Nachsicht bitte – leicht überzieht.

Interne Ermittlungen in medizinischen Einrichtungen

Annika Hille

Interne Ermittlungen (bzw. Internal Investigations) sind als Mittel zur Überprüfung und Sicherstellung der Compliance in Unternehmen mittlerweile weit verbreitet. Auch in medizinischen Einrichtungen werden sie immer häufiger durchgeführt. Gesetzliche Regelungen gibt es diesbezüglich (noch) nicht, werden jedoch zunehmend diskutiert.[1] Der Beitrag geht auf verschiedene Rechtsfragen ein, die sich im Zusammenhang mit internen Ermittlungen stellen. Dabei werden auch Besonderheiten aufgezeigt, die für medizinische Einrichtungen gelten.

I. Compliance im Unternehmen und Besonderheiten in medizinischen Einrichtungen

Compliance bedeutet, dass das unternehmerische Handeln im Einklang mit den geltenden Gesetzen und regulatorischen Anforderungen stehen muss.[2] Compliance wird dabei als Dreiklang verstanden: das Unternehmen soll Gesetzesverstöße der Mitarbeiter verhindern (*prevention*), aufdecken (*detection*) und die verantwortlichen Mitarbeiter sanktionieren (*reaction*).[3] Zum präventiven Teil der Compliance gehört, dass Unternehmen durch organisatorische Maßnahmen Rechtsverstößen vorbeugen und für die Einhaltung von Regeln sorgen.[4] Gleichzeitig ist es für die zukünftige

---

1 Vgl. zur Diskussion u.a. *Hoven/Wimmer/Schwarz/Schumann* in: NZWiSt 2014, 161; *Witte/Wagner* in: BB 2014, 643; *Grützner* in: CCZ 2015, 56; *Kubiciel/Hoven* in: jurisPR-StrafR 23/2017 Anm. 1; *Trüg* in: Das Unternehmensstrafrecht und seine Alternativen, 307, 330 ff.; Bericht in Newsdienst Compliance 2018, 31001.
2 *Knierim* in: Wabnitz/Janovsky, Handbuch Wirtschafts- und Steuerstrafrecht, 5. Kap. Rn. 5; *Rotsch* in: Rotsch, Criminal Compliance, § 1 Rn. 5; *Sonnenburg* in: JuS 2017, 917.
3 *Reeb*, Internal Investigations, S. 2.
4 Vgl. *Reichert* in: ZIS 2011, 113, 114; *Leitner* in: FS Schiller, 430; *Kruse*, Compliance und Rechtsstaat, S. 43 f.; *Cordes*, Compliance-Organisation in der GmbH, S. 52.

Rechtstreue des Unternehmens wichtig, bereits geschehenes gesetzeswidriges Verhalten aufzuklären[5] und darauf zu reagieren (Sanktionen)[6].

Es gibt diverse Gründe für Unternehmen, Compliance-Maßnahmen, wie z.B. die Einrichtung eines Compliance Management Systems und/oder die Einsetzung eines Compliance Officers, zu ergreifen. Obwohl es keine ausdrücklich normierte Pflicht zur Compliance gibt,[7] lässt sich eine solche mittelbar aus verschiedenen Normen herleiten. Gemäß § 43 GmbHG und § 93 Abs. 1 AktG unterliegen Geschäftsführer bzw. Vorstandsmitglieder Sorgfaltspflichten. Darunter fällt nach der herrschenden Meinung auch die sogenannte Legalitätspflicht, nach der Geschäftsführer bzw. Vorstandsmitglieder intern und extern gesetzeskonformes Verhalten der Gesellschaft sicherstellen müssen.[8] Zudem muss der Vorstand nach § 91 Abs. 2 AktG ein Überwachungssystem einrichten, durch das die Gesellschaft gefährdende Entwicklungen frühzeitig erkannt werden. Auch aus den ordnungswidrigkeitenrechtlichen Normen der §§ 30, 130 OWiG, nach denen Aufsichtspflichtverletzungen im Unternehmen geahndet werden können, lässt sich mittelbar eine Pflicht zur Compliance herleiten.[9] Ziel der Compliance ist dabei insbesondere die Minimierung von Haftungsrisiken.[10]

---

5 *Behrens* in: RIW 2009, 22; *Wagner* in: CCZ 2009, 8, 10; *Knierim* in: StV 2009, 324, 326, insb. Fn. 10; *Fritz/Nolden* in: CCZ 2010, 170, 174; *Momsen* in: ZIS 2011, 508, 511; *Reichert* in: ZIS 2011, 113, 117; *Rust/Abel* in: ZWeR 2012, 521, 522; *Bachmann* in: ZHR 2016, 563, 564; *Theile* in: JuS 2017, 913, 914; *Sidhu/von Saucken* in: NZWiSt 2018, 126, 129; *Taschke/Zapf* in: Unternehmenskultur und Wirtschaftsstrafrecht, 181 f.; *Berndt/Theile*, Unternehmensstrafrecht und Unternehmensverteidigung, Rn. 659; *Rödiger*, Strafverfolgung von Unternehmen, S. 23 f.; ähnlich *Wewerka*, Internal Investigations, S. 6; *Kraus*, Selbstbelastungsfreiheit, S. 42.

6 *Schaefer/Baumann* in: NJW 2011, 3601, 3604 f.

7 *Rotsch* in: Rotsch, Criminal Compliance, § 2 Rn. 14; *Schaefer/Baumann* in: NJW 2011, 3601; ähnlich *Raum* in: StraFo 2012, 395, 396 und *Greeve* in: StraFo 2013, 89, 93.

8 LG München I, AG 2014, 332 f.; *Fleischer* in: Spindler/Stilz, AktG, § 91 Rn. 47; *Dauner-Lieb* in: Henssler/Strohn, GesR, § 93 AktG Rn. 7a; *Knierim* in: Wabnitz/Janovsky, Handbuch Wirtschafts- und Steuerstrafrecht, 5. Kap. Rn. 31; *Reichert* in: ZIS 2011, 113; *Rust/Abel* in: ZWeR 2012, 521, 525; *Reichert/Ott* in: NZG 2014, 241; *Bürkle* in: CCZ 2015, 52; *Eufinger* in: BB 2016, 1973, 1974; *Mühl* in: BB 2016, 1992; *Eufinger* in: RdA 2017, 223, 224; *Hoffmann/Schieffer* in: NZG 2017, 401, 402; *Siepelt/Pütz* in: CCZ 2018, 78, 79; *Reeb*, Internal Investigations, S. 25; zur Legalitätspflicht auch *Eufinger* in: NZA 2017, 619, 620.

9 *Mand* in: PharmR 2014, 393, 397; *Kreßel* in: NZG 2018, 841, 842; vgl. auch *Sonnenberg* in: JuS 2017, 917.

10 *Hölters* in: Hölters, Aktiengesetz, § 93 Rn. 91; *Wagner* in: CCZ 2009, 8, 10; *Momsen* in: ZIS 2011, 508; *Raum* in: StraFo 2012, 395, 396; *Zerbes* in: ZStW 125 (2013), 551, 553; *Rust/Abel* in: ZWeR 2012, 521, 523; *Mühl* in: BB 2016, 1992; *Sonnenburg*

Diese – zumindest mittelbar – bestehende Pflicht zur Compliance gilt auch für medizinische Einrichtungen als Teilnehmer des Wirtschaftslebens.[11] Krankenhäuser haben regelmäßig die gesellschaftsrechtliche Form einer GmbH oder einer Aktiengesellschaft, für welche die oben genannten gesellschaftsrechtlichen Normen unmittelbar gelten. Zudem handelt es sich oft um Großkonzerne, für die sich erhöhte Compliance-Anforderungen stellen: Die Sana Kliniken AG umfasst beispielsweise 53 Krankenhäuser, in denen rund 33.000 Mitarbeiter beschäftigt sind, die Helios Kliniken sind als GmbH organisiert und umfassen 87 Klinken, 89 medizinische Versorgungszentren und 10 Präventionszentren.

Die Ausgestaltung der Compliance liegt im Ermessen der Gesellschaft und unterliegt als unternehmerische Entscheidung der „Business Judgement Rule".[12] Sie richtet sich nach der Erforderlichkeit und der Zumutbarkeit, wobei insbesondere die Größe und Organisation des Unternehmens sowie dessen Risikopotential zu beachten sind.[13] Bei der Risikoanalyse ist unter anderem zu beachten, ob Geschäfte in Ländern mit hohem Korruptionsrisiko getätigt werden und ob bestimmte Regeln für besondere Berufsgruppen (wie etwa im Gesundheitswesen) eingehalten werden müssen.[14] Das Gesundheitswesen wird dabei als Branche gesehen, die besonders anfällig für Korruption ist.[15] Dies führte im Juni 2016 zur Einführung der §§ 299a, 299b StGB,[16] welche Bestechung und Bestechlichkeit im Gesundheitswesen unter Strafe stellen. Beispiele für mögliche korruptive Ausgestaltungen sind sog. Anwendungsbeobachtungen, bei denen Ärzte von Arzneimittelherstellern Geld für die Beobachtung der Wirkungsweise eines Medikaments bekommen.[17] Diese Anwendungsbeobachtungen sind grundsätzlich rechtmäßig und forschungs- und gesundheitspolitisch wün-

---

in: JuS 2017, 917; *Hoffmann/Schieffer* in: NZG 2017, 401, 402; *Wewerka*, Internal Investigations, S. 28.
11 *Mand* in: PharmR 2014, 393, 397; *Zimmermann* in: BB 2011, 634, 635.
12 *Hoffmann/Schieffer* in: NZG 2017, 401, 404; *Fleischer* in: MüKo GmbHG, § 43 Rn. 148; *Koch* in: Hüffer/Koch, Aktiengesetz, § 76 Rn. 14.
13 *Fleischer* in: Spindler/Stilz, AktG, § 91 Rn. 54; *Knierim* in: Wabnitz, Handbuch Wirtschafts- und Steuerstrafrecht, 5. Kap. Rn. 33; *Reichert* in: ZIS 2011, 113, 116; ähnlich *Fuhrmann* in: NZG 2016, 881, 884; *Wewerka*, Internal Investigations, S. 11.
14 *Hoffmann/Schieffer* in: NZG 2017, 401, 405.
15 *Vasilikou/Grinblat* in: MPR 2016, 189, 190; *Irmer/Henssler* in: MPR 2010, 181 f.; vgl. auch *Gaßner* in: NZS 2012, 521, 523 ff., der mögliche Ursachen für die Korruptionsanfälligkeit benennt.
16 BGBl. I S. 1254.
17 Vgl. zu den Anwendungsbeobachtungen *Broch* in: PharmR 2016, 314 ff.

schenswert (vgl. § 67 Abs. 6 AMG).[18] Sollten diese Systeme jedoch so ausgestaltet sein, dass der Arzt das Geld nicht für die tatsächliche Anwendungsbeobachtung erhält, sondern als Bestechungszahlung für die bevorzugte Verordnung bestimmter Medikamente, können diese Fälle strafbar sein.[19]

Eine weitere Besonderheit in diesem Umfeld ist, dass vermehrt Schwerpunktstaatsanwaltschaften zur Korruptionsbekämpfung im Gesundheitswesen gegründet werden (z.B. in Frankfurt, Wuppertal und München).[20] Daneben existieren spezielle Ermittlungseinheiten bei der Kriminalpolizei und Sonder-Ermittlungsgruppen bei Krankenkassen.[21] Damit besteht eine erhöhte Ermittlungsintensität im Gesundheitswesen, was die Wichtigkeit funktionierender Compliance-Maßnahmen unterstreicht.

Im medizinischen Bereich ist bei der Ausgestaltung von Compliance-Systemen ferner zu berücksichtigen, dass es sich um eine stark selbstregulierte Branche handelt.[22] Aufgrund der Anfälligkeit für Korruption bestehen beispielsweise spezielle Leitlinien für Pharma- und Medizinprodukteunternehmen von verschiedenen Verbänden und Organisationen, etwa der „Kodex Medizinprodukte" vom Bundesverband der Medizintechnologie und den Spitzenverbänden der Krankenkassen oder die Richtlinien der Freiwilligen Selbstkontrolle für die Arzneimittelindustrie e.V.[23] Daneben gibt es eine globale Transparenzoffensive, im Zuge derer diverse Transparenzkodizes geschaffen wurden und werden (z.B. Transparenzkodex des Vereins Freiwillige Selbstkontrolle der Arzneimittelindustrie e.V.), nach denen Zuwendungen an Ärzte offengelegt werden müssen.[24]

Öffentliche Gesundheitsunternehmen unterliegen zudem regelmäßig einem hohen Kostendruck, welcher die Ausgestaltung etwaiger Compliance-Systeme zusätzlich beeinflusst.[25] Ebenfalls eine besondere Rolle spie-

---

18 *Vasilikou/Grinblat* in: MPR 2016, 189, 191; BT-Drs. 18/6446, S. 18; vgl. auch *Broch* in: PharmR 2016, 314.
19 *Vasilikou/Grinblat* in: MPR 2016, 189, 191.
20 *Gaßner* in: NZS 2012, 521, 525; *Heil/Oeben* in: PharmR 2016, 217; *Szesny* in: CB 2014, 159.
21 *Wallhäuser* in: CB 2016, 151, 152.
22 Vgl. *Ramb* in: CCZ 2015, 262, 263, 265 f.
23 *Ramb* in: CCZ 2015, 262, 266; *Mand* in: PharmR 2014, 393, 394; *Dieners* in: CCZ 2014, 204; *Vasilikou/Grinblat* in: MPR 2016, 189, 192; *Irmer/Henssler* in: MPR 2010, 181; *Fuhrmann/Klein/Fleischfresser* in: Pelzer/Klein, Arzneimittelrecht, § 46 Rn. 225 ff.
24 *Marschlich/Paffen/Wetzel* in: CCZ 2014, 98 f.; *Dieners* in: CCZ 2014, 204, 207; *Ramb* in: CCZ 2015, 262, 265 f.
25 *Gaßner* in: NZS 2012, 521.

len auch datenschutzrechtliche Vorschriften, die patientenbezogene Daten besonders schützen. Hierauf wird später noch vertieft eingegangen.

II. Internal Investigations in medizinischen Einrichtungen

Im Rahmen der Compliance gehören Internal Investigations zu den wichtigsten unternehmensinternen Aufklärungsmaßnahmen, die dazu dienen, Fehlverhalten in Zukunft zu verhindern oder es nachträglich zu sanktionieren.[26]

Internal Investigations werden vielfach als anlassbezogene, durch externe Berater durchgeführte und im Zusammenhang mit staatlichen (Ermittlungs-)Verfahren stehende Untersuchung im Auftrag des Unternehmens definiert.[27] Ziele dieser Untersuchungen können unter anderem die Leistung von Aufklärungshilfe gegenüber Ermittlungsbehörden oder die Verteidigung im Ordnungswidrigkeitenverfahren sein, aber auch die Vorbereitung von bzw. Verteidigung gegen Schadensersatzansprüche(n).[28]

Internal Investigations sind dabei auch in medizinischen Einrichtungen zur Aufklärung von etwaigem Fehlverhalten keineswegs selten. Bei den Berliner DRK-Kliniken und dem Helios-Klinikum wurden beispielsweise Unregelmäßigkeiten bei den Abrechnungen von ambulanten Behandlungen öffentlich.[29] Daraufhin überprüfte auch der Klinikkonzern Vivantes seine Geschäftspraktiken mittels interner Untersuchungen durch externe Wirtschaftsprüfer und informierte anschließend die Kassenärztliche Verei-

---

26 *Wagner* in: CCZ 2009, 8, 10; *Momsen* in: ZIS 2011, 508, 509; *Weiß* in: CCZ 2014, 136; *Sarhan* in: wistra 2015, 449; *Hippeli* in: GWR 2018, 383, 385; *Moosmayer*, Compliance, Rn. 311; *Poepping* in: Das Unternehmensstrafrecht und seine Alternativen, 333, 341; *Kruse*, Compliance und Rechtsstaat, S. 74, 76; *Wewerka*, Internal Investigations, S. 16 f.; vgl. *Golombek* in: WiJ 2012, 162, 164.
27 *Behrens* in: RIW 2009, 22; *Knierim* in: StV 2009, 324, 326, insb. Fn. 10; *Momsen* in: ZIS 2011, 508, 511; *Rust/Abel* in: ZWeR 2012, 521, 522; *Rödiger*, Strafverfolgung von Unternehmen, S. 23 f.; ähnlich *Fuhrmann* in: NZG 2016, 881, 882; *Wewerka*, Internal Investigations, S. 6; *Potočić*, Korruption, amerikanische Börsenaufsicht und Ermittlungen durch Private, S. 65 f.; *Kraus*, Selbstbelastungsfreiheit, S. 41.
28 *Herrmann/Zeidler* in: NZA 2017, 1499, 1500; *Fuhrmann* in: NZG 2016, 881, 885 f.
29 Vgl. dazu *Wallhäuser* in: CB 2016, 151, 154; Artikel der Ärzte Zeitung Online vom 30.09.2010, „Großrazzia in Berliner DRK-Kliniken und MVZ", abrufbar unter www.aerztezeitung.de/praxis_wirtschaft/recht/article/621930/grossrazzia-berliner-drk-kliniken-mvz.html (zuletzt abgerufen am 13.02.2019).

nigung und die Staatsanwaltschaft Berlin über die Ergebnisse.[30] Auch im Rahmen des Organspendeskandals im Klinikum rechts der Isar wurden interne Ermittlungen durch eine interdisziplinäre Arbeitsgruppe bezüglich der Vergabe von Lebertransplantationen durchgeführt.[31] Die Ergebnisse dieser Untersuchungen wurden an die Bundesärztekammer und an die Staatsanwaltschaft München weitergeleitet. Außerdem tätigte das Bildungsministerium in der Vergangenheit interne Ermittlungen gegen den Vorstandschef der Uniklinik Rostock wegen *„zweifelhafter Geschäftspraktiken und fragwürdiger Beraterverträge".*[32] Ein weiteres Beispiel ist der sog. „Todesengel-Fall", der in den Medien große Aufmerksamkeit erregte.[33] Ein Krankenpfleger hatte jahrelang Patienten Medikamente gespritzt, welche lebensbedrohliche Herzrhythmusstörungen auslösen sollten, damit er die erforderlichen Reanimationen durchführen und sich so profilieren konnte. Eine Vielzahl von Patienten kam hierbei ums Leben. Das Klinikum Oldenburg hatte diesbezüglich bereits im Jahr 2014 einen externen medizinischen Gutachter mit internen Ermittlungen wegen der Sterbefälle beauftragt; die Ergebnisse wurden der Staatsanwaltschaft und der ermittelnden Sonderkommission zur Verfügung gestellt.[34] Die Behörden ermittelten jedoch auch wegen (Mit-)Verantwortlichkeit der übrigen Krankenhausmit-

---

30 Vgl. dazu den Artikel der Berliner Morgenpost vom 06.12.2012 „Verdacht auf Abrechnungsbetrug – Razzia bei Vivantes", abrufbar unter https://www.morgenpost.de/berlin-aktuell/article111869484/Verdacht-auf-Abrechnungsbetrug-Razzia-bei-Vivantes.html (zuletzt abgerufen am 28.02.2019).
31 Vgl. dazu den Artikel vom 06.10.2012, „Nach Regensburg und Göttingen: Transplantationsskandal in Münchener Klinikum rechts der Isar", abrufbar unter https://www.organspende-aufklaerung.de/organspende_news-transplantationsskandal-muenchen-06-10-12.html (zuletzt abgerufen am 28.02.2019).
32 Vgl. NDR-Artikel vom 27.06.2018, „Interne Ermittlungen gegen Uniklinik-Chef", abrufbar unter https://www.ndr.de/nachrichten/mecklenburg-vorpommern/Interne-Ermittlungen-gegen-Uniklinik-Chef,uniklinikrostock116.html (zuletzt abgerufen am 28.02.2019).
33 Statt aller vgl. Spiegel Online-Artikel vom 22.06.2016, „Serienmord eines Krankenpflegers – Die unfassbare Dimension des Falls Niels H.", abrufbar unter http://www.spiegel.de/panorama/justiz/krankenpfleger-niels-h-dutzende-faelle-in-delmenhorst-und-oldenburg-a-1099217.html (zuletzt abgerufen am 28.02.2019).
34 Vgl. Artikel der Oldenburger Onlinezeitung vom 23.06.2016, „Niels H.: Stellungnahme des Klinikums", abrufbar unter https://www.oldenburger-onlinezeitung.de/oldenburg/niels-h-stellungnahme-klinikum-18139.html (zuletzt abgerufen am 28.02.2019).

arbeiter, insbesondere, weshalb die Taten nicht früher erkannt und – etwa durch Einschaltung der Polizei – verhindert wurden.[35]

Praktisch bedeutsam sind interne Ermittlungen wegen möglicher Korruption zudem insbesondere bei Medizinproduktefirmen und Arzneimittelherstellern. Nach Inkrafttreten der §§ 299a, 299b StGB sind u.a. Kooperationen, Rabattsysteme oder kostenlose Geräteüberlassungsvereinbarungen mit Ärzten und Krankenhäusern verstärkt in den Fokus von Untersuchungen gerückt.[36]

III. Ablauf von Internal Investigations

Der Ablauf von Internal Investigations ist stets eine Frage des Einzelfalls.[37] Regelmäßig beginnen Internal Investigations mit einer sog. E-Review.[38] Dabei erfolgt eine Durchsicht der relevanten Unterlagen und Daten, wie z.B. der E-Mail-Postfächer, wobei stets die gesetzlichen Vorschriften, insbesondere zum Datenschutz- und Telekommunikationsrecht, beachtet werden müssen.[39] Je nach Umfang der Unterlagen kann die E-Review einen erheblichen Zeitraum und eine große Personalkapazität beanspruchen. Nach einer solchen Durchsicht folgen in der Regel Mitarbeiterinterviews, die einen wichtigen Teil der Untersuchungen darstellen und für die Informationsgewinnung von erheblicher Bedeutung sind.[40] In diesem Rahmen

---

35 Vgl. Artikel der Oldenburger Onlinezeitung vom 22.06.2016, „Niels H.: ,Das Grauen hört nicht auf'", abrufbar unter https://www.oldenburger-onlinezeitung.d e/oldenburg/niels-h-das-grauen-hoert-nicht-auf-18130.html (zuletzt abgerufen am 28.02.2019); Der Tagesspiegel-Artikel vom 30.10.2018, „,Ja', sagt Niels H. leise", abrufbar unter https://www.tagesspiegel.de/gesellschaft/panorama/prozessauftakt-in-oldenburg-ja-sagt-niels-h-leise/23248840.html (zuletzt abgerufen am 28.02.2019); Artikel der NWZ Online vom 16.11.2017, „Warum stoppte niemand Niels Högel?", abrufbar unter http://live.nwzonline.de/Article/874900-Krankenhaus-Morde-Warum-stoppte-niemand-Niels-H (zuletzt abgerufen am 16.02.2019).
36 Vgl. *Vasilikou/Grinblat* in: MPR 2016, 189, 191.
37 *Rust/Abel* in: ZWeR 2012, 521, 523.
38 *Mückenberger/Sättele* in: Knierim/Rübenstahl/Tsambikakis, Internal Investigations, Kap. 26 Rn. 173; *Reinhardt/Kaindl* in: CB 2017, 210, 211.
39 *Theile/Gatter/Wiesenack* in: ZStW 126 (2014), 803, 826; vgl. für die E-Mail-Kontrollen *Wybitul/Böhm* in: CCZ 2015, 133 ff.; für Ausführungen zum Datenschutzrecht siehe unten unter VIII., zum Telekommunikationsrecht unter IX.
40 *Krug/Skoupil* in: NJW 2017, 2374; *Göpfert/Merten/Siegrist* in: NJW 2008, 1703, 1705; *Rudkowski* in: NZA 2011, 612; *Theile* in: StV 2011, 381.

werden Mitarbeiter regelmäßig mit den Ergebnissen der E-Review mit dem Ziel konfrontiert, offene Fragen zu klären.[41]

In der Praxis besteht das Risiko, dass Staatsanwaltschaften die Durchführung der Interviews als potentielle Strafvereitelung (im Wege der Zeugenbeeinflussung) bewerten und diese deswegen ablehnen oder auf ein „Erstzugriffsrecht" drängen. Die Tatsache, dass es (noch) keine gesetzlichen Regelungen zu Internal Investigations gibt, erschwert die Situation, sodass die Durchführung der Mitarbeiterinterviews häufig eine Gratwanderung darstellt: Einerseits soll ein gutes Verhältnis zur Staatsanwaltschaft gewahrt werden, andererseits ist eine effektive und umfängliche Aufklärung ohne Interviews kaum möglich.[42] Da Mitarbeiterinterviews für die Informationserlangung und deren Verifizierung entscheidend sind und sich in diesem Zusammenhang eine Reihe rechtlicher Fragen stellen, wird diese Thematik im nächsten Abschnitt vertieft behandelt.[43]

Abgeschlossen wird die interne Untersuchung für gewöhnlich mit der Verfassung eines Abschlussberichts.[44] Wenn ein solcher Bericht an das Unternehmen übergeben wird, besteht jedoch die Gefahr des Verlustes eines sog. Legal Privilege.[45] Dies kann sich auf Rechtsstreitigkeiten in allen Jurisdiktionen auswirken.

IV. Mitarbeiterinterview im Rahmen der Internal Investigation

Wie bereits thematisiert, kommt dem Mitarbeiterinterview im Rahmen einer Internal Investigation große Bedeutung zu und es wirft eine Reihe von Rechtsfragen auf. Mitarbeiter können sowohl zu fremdem als auch zu eigenem Fehlverhalten befragt werden.[46] Dabei stehen sich regelmäßig das Interesse des Unternehmens an der Aufklärung und das Interesse des Mit-

---

41 *Reinhardt/Kaindl* in: CB 2017, 210, 211; Grundsätzliches zur Durchführung der Befragung vgl. *Krug/Skoupil* in: NJW 2017, 2374, 2375 ff.
42 Generell zu den verschiedenen Formen des Umgangs oder der Kooperation mit den Strafverfolgungsbehörden *Engelhardt* in: Bay, Handbuch Internal Investigations, Kapitel 10 Rn. 10 ff.; *Theile/Gatter/Wiesenack* in: ZStW 126 (2014), 803, 812 ff.
43 Siehe dazu unten unter IV.
44 *Wilsing/Goslar* in: Krieger/Schneider, Handbuch Managerhaftung, § 15 Internal Investigations, Rn. 15.64.
45 Vgl. zum sog. Legal Privilege („Litigation Privilege" und „Legal Advice Privilege") *Nolte/Rosenstock* in: jurisPR-Compl 4/2017 Anm. 4; vgl. zum Legal Privilege bei Internal Investigations *Moosmayer/Petrasch* in: ZHR 2018, 504, 521 f.
46 *Knauer* in: ZWH 2012, 81, 84; *Kruse*, Compliance und Rechtsstaat, S. 77.

arbeiters an der Nichtbelastung gegenüber.⁴⁷ Probleme können sich für den Mitarbeiter unabhängig davon ergeben, ob er aussagt (drohende arbeits- und gegebenenfalls strafrechtliche Konsequenzen) oder schweigt (drohende arbeitsrechtliche Konsequenzen).

Im Folgenden werden zunächst die arbeitsrechtlichen Grundlagen der Auskunft und sodann die Sanktions- und Durchsetzungsmöglichkeiten erläutert.

1. Arbeitsrechtliche Grundlagen der Auskunft

Fraglich ist zunächst, ob und inwieweit überhaupt eine Auskunftspflicht des Mitarbeiters gegenüber seinem Arbeitgeber besteht. Aus dem Arbeitsrecht (§§ 611a ff. BGB) lässt sich eine entsprechende Pflicht nicht herleiten. Allerdings sind die Regelungen aus dem Recht für die Geschäftsbesorgung bzw. des Auftrags (§ 666 i.V.m. § 675 Abs. 1 BGB) übertragbar.⁴⁸ Danach besteht die Verpflichtung des Beauftragten, über den Stand des Geschäfts Auskunft zu erteilen, wenn der Auftraggeber dies verlangt.

Bezüglich der Reichweite dieser Pflicht ist der Arbeits- bzw. Aufgabenbezug des Auftragsrechts zu beachten, weshalb nur zu solchen Informationen eine Auskunft geschuldet ist, die sich auf die vom Arbeitgeber übertragenen oder vom Mitarbeiter ausgeführten Aufgaben beziehen (sog. unmittelbarer Arbeitsbereich).⁴⁹ Zum unmittelbaren Arbeitsbereich gehört beim

---

47 *Knauer* in: ZWH 2012, 81, 84.
48 Vgl. dazu BGH, NJW-RR 1989, 614 f.; BAG, AP Nr 8 zu § 611 BGB Treuepflicht; BAG, NZA 2012, 501, 502, 504; *Berger* in: Erman, BGB, § 675 Rn. 10, 17, 25; *Mansel* in: Jauernig, BGB, § 675 Rn. 2; *Grützner* in: Momsen/Grützner, Wirtschaftsstrafrecht, Kap. 4 Rn. 346; *Dendorfer-Ditges* in: Moll, MAH Arbeitsrecht, § 35 Rn. 115; *Reichold* in: Richardi, MHB ArbR, § 55 Rn. 5; *Diller* in: DB 2004, 313; *Bittmann/Molkenbur* in: wistra 2009, 373, 375; *Dann/Schmidt* in: NJW 2009, 1851, 1852; *Böhm* in: WM 2009, 1923, 1924; *Knauer/Buhlmann* in: AnwBl 2010, 387, 389; *Fritz/Nolden* in: CCZ 2010, 170; *Klasen/Schaefer* in: BB 2012, 641, 645; *Rödiger*, Strafverfolgung von Unternehmen, S. 260, 294; *Wewerka*, Internal Investigations, S. 231; vgl. zur Anwendung des Auftragsrechts im Arbeitsrecht BAG, NZA 2006, 1089, 1091; BAG, NZA 2004, 604.
49 *Diller* in: DB 2004, 313; *Dann/Schmidt* in: NJW 2009, 1851, 1852; *Fritz/Nolden* in: CCZ 2010, 170, 171; *Wisskirchen/Glaser* in: DB 2011, 1447, 1448; *Oberthür* in: ArbRB 2011, 184; *Knauer* in: ZWH 2012, 81, 84; *Anders* in: wistra 2014, 329, 330; *Bernhardt/Bullinger* in: CB 2016, 205, 207; *Toma* in: CB 2017, 339, 340; *Reichold* in: Richardi, MHB ArbR, § 55 Rn. 5; *Wessing* in: Hauschka/Moosmayer/Lösler, Corporate Compliance, § 46 Rn. 45; *Schneider* in: NZG 2010, 1201, 1204; *Rödiger*, Strafverfolgung von Unternehmen, S. 294.

Arzt beispielsweise die Behandlung seiner Patienten. Die vorgenannte Rechtsgrundlage verpflichtet jedoch nicht dazu, Informationen preiszugeben, die außerhalb des Tätigkeitsbereichs liegen.[50] Die Auskunftspflicht aus § 666 i.V.m. § 675 Abs. 1 BGB besteht dabei auch nach Beendigung des Arbeitsverhältnisses fort, denn der Arbeitnehmer soll seine Pflicht zur Auskunft nicht durch eine Kündigung umgehen können.[51] Eine Grenze der Auskunftspflicht stellen nach der wohl herrschenden Meinung die Grundsätze von Treu und Glauben nach § 242 BGB dar.[52]

Daneben lässt sich eine Auskunftspflicht auch aus dem allgemeinen vertraglichen Auskunftsanspruch nach § 242 BGB[53] und den arbeitsvertraglichen Rücksichtnahme- und Treuepflichten gemäß §§ 242, 611a, 241 Abs. 2 BGB, insbesondere in der Ausprägung der Schadensabwendungspflicht des Mitarbeiters, herleiten[54]. Von diesem Auskunftsanspruch werden Auskünfte mit mittelbarem Bezug zum Arbeitsverhältnis (z.B. Wahrnehmun-

---

50 *Fritz/Nolden* in: CCZ 2010, 170, 171; *Eufinger* in: BB 2016, 1973, 1976; *Kraus*, Selbstbelastungsfreiheit, S. 85.
51 RGZ 56, 116, 118; *Göpfert/Merten/Siegrist* in: NJW 2008, 1703, 1707.
52 BGHZ 41, 318, 320; BGH, NJW 1985, 2699, 2270; BGHZ 109, 260, 267; *Böhm* in: WM 2009, 1923, 1924; *Vogt* in: NJOZ 2009, 4206, 4212; *Sprau* in: Palandt, BGB, § 666 Rn. 1, 3; *Martinek/Omlor* in: Staudinger, BGB, § 666 Rn. 19; *Schäfer* in: MüKo BGB, § 666 Rn. 12 ff.; *Dann* in: Esser/Rübenstahl u.a., Wirtschaftsstrafrecht, § 136 StPO Rn. 83; *Gatter*, Ausgestaltung von Mitarbeiterbefragungen, S. 163 ff.; *Reeb*, Internal Investigations, S. 95 f.; *Kruse*, Compliance und Rechtsstaat, S. 146.
53 RGZ 108, 1, 7; BAG, Urt. v. 19.04.1967 - 3 AZR 347/66 - juris, Ls.; BAG, AP BGB § 242 Auskunftspflicht Nr. 13; BAGE 81, 15, 21; BAG, NZA 1997, 41, 42; BAG, NZA 2010, 1006, 1008; BGHZ 95, 285, 287 f.; *Park* in: Volk, MAH Wirtschafts- und Steuerstrafsachen, § 11 Rn. 101; *Dingeldey* in: NStZ 1984, 529, 532 f.; *Diller* in: DB 2004, 313; *Böhm* in: WM 2009, 1923, 1924 f.; *Jahn* in: StV 2009, 41, 44; *Wimmer* in: FS I. Roxin, 537, 541; *Klasen/Schaefer* in: BB 2012, 641, 645; *Zimmermann/Lingscheid* in: CB 2013, 23, 26; *Böhm*, Non-Compliance und Arbeitsrecht, S. 151; *Veit* in: ZRFC 2017, 171, 173; *Rödiger*, Strafverfolgung von Unternehmen, S. 282; *Wuttke*, Straftäter im Betrieb, S. 136; *Wewerka*, Internal Investigations, S. 231 f. nimmt diesen für Umstände an, die in keinem Zusammenhang zum Arbeitsbereich stehen.
54 BGH, NJW-RR 1989, 614, 615; *Diller* in: DB 2004, 313, 314; *Mengel/Ullrich* in: NZA 2006, 240, 243; *Oberthür* in: ArbRB 2011, 184; *Dann/Zülch* in: ZRFC 2011, 267, 268; *Klasen/Schaefer* in: BB 2012, 641, 645; *Bernhardt/Bullinger* in: CB 2016, 205, 207; *Toma* in: CB 2017, 339, 340; *Mengel* in: NZA 2017, 1494, 1498; *Krull* in: Bay, Handbuch Internal Investigations, Kap. 3 Rn. 5; *Wuttke*, Straftäter im Betrieb, S. 137; *Wewerka*, Internal Investigations, S. 231; *Kruse*, Compliance und Rechtsstaat, S. 144 f.; *Gatter*, Ausgestaltung von Mitarbeiterbefragungen, S. 198 f.; *Buchert*, Unternehmensinterne Befragung, S. 194 f.

gen während einer Dienstreise) erfasst.⁵⁵ Erforderlich ist aber in jedem Fall, dass ein gewisser Bezug zum Arbeitsbereich oder -verhältnis besteht.⁵⁶

Grenzen ergeben sich dabei sowohl aus Treu und Glauben (§ 242 BGB) als auch aus der Zumutbarkeit gemäß § 275 Abs. 3 BGB.⁵⁷ Im Gegensatz zum Anspruch aus § 666 i.V.m. § 675 Abs. 1 BGB besteht dieser allgemeine Auskunftsanspruch nach Beendigung des Arbeitsverhältnisses nur in Ausnahmefällen fort, in denen ein überwiegendes Interesse an den Informationen zu bejahen ist.⁵⁸

Im Ergebnis besteht folglich eine Auskunftspflicht des Mitarbeiters gegenüber seinem Arbeitgeber über Informationen aus dem unmittelbaren Arbeitsbereich nach § 666 i.V.m. § 675 Abs. 1 BGB und aus dem mittelbaren Arbeitsbereich gemäß §§ 242, 611a, 241 Abs. 2 BGB.

2. Sanktions- und Durchsetzungsmöglichkeiten

Verweigert ein Mitarbeiter unberechtigt die Auskunft, stellt sich die Frage nach den Sanktions- und Durchsetzungsmöglichkeiten. Auch wenn in der Praxis häufiger hiermit gedroht als davon Gebrauch gemacht wird, bestehen sowohl arbeitsrechtliche Sanktionsmöglichkeiten als auch Möglichkeiten zur zwangsweisen Durchsetzung.

Zu den möglichen arbeitsrechtlichen Sanktionen zählen vor allem die Pflicht zur Abgabe einer eidesstattlichen Versicherung, die Geltendmachung von Zurückbehaltungsrechten und Schadensersatzansprüchen, die Abmahnung und als ultima ratio die Kündigung.⁵⁹

---

55 *Wessing* in: Hauschka/Moosmayer/Lösler, Corporate Compliance, § 46 Rn. 46 ff.; *Göpfert/Merten/Siegrist* in: NJW 2008, 1703, 1705; *Haefcke* in: CCZ 2014, 39, 40; *Knauer* in: ZHW 2012, 81, 85.
56 BAGE 81, 15, 22 fordert einen Zusammenhang zu der vertraglich geschuldeten Leistung, den sonstigen Pflichtenbindungen des Arbeitnehmers oder der Pflichtenbindung des Arbeitgebers; so auch *Joussen*, Sicher handeln bei Korruptionsverdacht, S. 149; *Eufinger* in: BB 2016, 1973, 1976.
57 *Wessing* in: Hauschka/Moosmayer/Lösler, Corporate Compliance, § 46 Rn. 46 ff.
58 *Rieble* in: ZIP 2003, 1273, 1276 f., der als Beispiele für die Ausnahmefälle die Existenzbedrohung des Unternehmens und die Erforderlichkeit zur Abwendung schwerster Schäden nennt.
59 *Rübenstahl/Preuß* in: Szesny/Kuthe, Kapitalmarkt Compliance, Rn. 262; *Schrader/Mahler* in: NZA-RR 2016, 57.

Zudem kann die Auskunft als unvertretbare Handlung zwangsweise nach § 888 Abs. 1 ZPO durchgesetzt werden.[60] Die Zwangsvollstreckung ist auch nicht gemäß § 888 Abs. 3 ZPO ausgeschlossen,[61] denn diese Norm ist nach überzeugender und vorherrschender Ansicht nur auf Hauptleistungspflichten anwendbar,[62] nicht jedoch auf die Auskunftspflicht als bloße Nebenpflicht[63]. Bislang ist allerdings kein Fall bekannt, in dem ein Mitarbeiter im Rahmen einer Internal Investigation auf die Auskunftspflicht verklagt wurde. Dies dürfte hauptsächlich daran liegen, dass Gerichtsverfahren in der Regel sehr zeitintensiv und langwierig sind, interne Ermittlungen aber möglichst zeitnah abgeschlossen werden sollen.

Um Anreize für den Mitarbeiter zu schaffen, Auskünfte zu erteilen und sich aktiv im Rahmen des Mitarbeiterinterviews zu beteiligen, werden häufig sog. arbeitsrechtliche Amnestieprogramme geschaffen.[64] Danach kann der Arbeitgeber auf eine Kündigung und auf die Geltendmachung von

---

60 *Rübenstahl/Preuß* in: Szesny/Kuthe, Kapitalmarkt Compliance, Rn. 262.
61 Nach § 888 Abs. 3 ZPO ist § 888 ZPO bei der Verurteilung zur Leistung von Diensten aus einem Dienstvertrag nicht anwendbar.
62 *Böhm* in: WM 2009, 1923, 1925; *Bittmann/Molkenbur* in: wistra 2009, 373, 375; *Knauer/Buhlmann* in: AnwBl 2010, 387, 389; *Kottek* in: wistra 2017, 9, 12; *Böhm*, Non-Compliance und Arbeitsrecht, S. 157; *Kottek*, Kooperation, S. 88 m.w.N.; *Kruse*, Compliance und Rechtsstaat, S. 150; *Lenze*, Compliance, Internal Investigations und Beschuldigtenrechte, S. 139; *Potočić*, Korruption, amerikanische Börsenaufsicht und Ermittlungen durch Private, S. 251 ff.; *Buchert*, Unternehmensinterne Befragung, S. 199; im Ergebnis eine Vollstreckbarkeit der arbeitsrechtlichen Auskunftspflicht annehmend auch: *Park* in: Volk, MAH Wirtschafts- und Steuerstrafsachen, § 11 Rn. 102; *Rödiger*, Strafverfolgung von Unternehmen, S. 276; *Reinhardt/Kaindl* in: CB 2017, 210, 211; *Frister/Brinkmann* in: Grundfragen eines modernen Verbandsstrafrechts, 103, 114. **A.A.** *Anders* in: wistra 2014, 329, 331.
63 *Wiese* in: Schulze, HK-BGB, § 666 Rn. 1; *Mansel* in: Jauernig, BGB, § 666 Rn. 1; *Reichold* in: Richardi, MHB ArbR, § 55 Rn. 5; *Knauer* in: ZWH 2012, 81, 84; *Anders* in: wistra 2014, 329, 330; *Rödiger*, Strafverfolgung von Unternehmen, S. 294; *Scharnberg*, Illegale Internal Investigations, S. 265; *Buchert*, Unternehmensinterne Befragung, S. 193.
64 Amnestien wurden beispielsweise im Rahmen der Internal Investigation bei der Siemens AG genutzt (Siemens-Presseerklärung vom 15.12.2008, S. 6 f., abrufbar unter http://www.siemens.com/press/pool/de/events/2008-12-PK/summary-d.pdf (zuletzt abgerufen am 28.02.2019)). Vgl. zur Amnestie auch *Knauer* in: ZWH 2012, 81, 84; *Schürrle/Olbers* in: CCZ 2010, 178, 181 f.; *Theile* in: ZIS 2013, 378, 381; *Zimmermann/Lingscheid* in: CB 2013, 23, 25; *Haefcke* in: CCZ 2014, 39, 40.

Schadensersatzansprüchen verzichten, wenn der Mitarbeiter umfassend und wahrheitsgemäß aussagt.[65]

V. Probleme für den Mitarbeiter bei selbstbelastender Auskunft

Für Mitarbeiter können sich erhebliche Probleme ergeben, wenn sie sich im Rahmen des Interviews selbst belasten und diese Angaben bzw. angefertigte Interviewprotokolle an die Ermittlungsbehörden übergeben werden bzw. die Ermittlungsbehörden die Unterlagen/Protokolle beschlagnahmen. Während der Mitarbeiter zu einer Auskunft gegenüber seinem Arbeitgeber verpflichtet ist,[66] besteht gegenüber den Strafverfolgungsbehörden die Möglichkeit, bei einer Selbstbelastung zu schweigen (§§ 136 Abs. 1 S. 2, 55 StPO). Kooperiert nun aber das Unternehmen mit den Strafverfolgungsbehörden und gibt die aus dem Interview erlangten Erkenntnisse an diese weiter, so besteht die Gefahr, dass das Schweigerecht des Mitarbeiters umgangen wird, sollte der Mitarbeiter gegenüber dem Arbeitgeber selbstbelastende Angaben gemacht haben und die Ermittlungsbehörde die Unterlagen verwerten.[67] Dies gilt insbesondere, wenn Mitarbeitern kein Schweigerecht im Falle der Selbstbelastung im Rahmen der arbeitsrechtlichen Auskunftspflicht zusteht, was im Folgenden innerhalb der diskutierten Lösungsmöglichkeiten erörtert wird.

VI. Lösungsmöglichkeiten

Lösungsmöglichkeiten zur Auflösung des zuvor aufgezeigten Spannungsverhältnisses zwischen Selbstbelastungsfreiheit des Mitarbeiters und Kooperation des Unternehmens knüpfen an unterschiedliche Ebenen an: Eine Lösungsmöglichkeit betrifft die Ebene zwischen Unternehmen und Mitarbeiter (VI.1.), eine betrifft die Ebene zwischen Unternehmen und Er-

---

65 *Wessing* in: Hauschka/Moosmayer/Lösler, Corporate Compliance, § 46 Rn. 58; *Herrmann/Zeidler* in: NZA 2017, 1499, 1504; vgl. auch *Kahlenberg/Schwinn* in: CCZ 2012, 81, 83.
66 Vgl. dazu die obigen Ausführungen unter IV.1.
67 *Greco/Caracas* in: NStZ 2015, 7 f.; *Kasiske* in: NZWiSt 2014, 262, 265; *Jahn* in: StV 2009, 41, 44; *Bittmann/Molkenbur* in: wistra 2009, 373, 374; *Minoggio* in: Böttger, Wirtschaftsstrafrecht in der Praxis, Kap. 18 Rn. 132; *Rödiger*, Strafverfolgung von Unternehmen, S. 31.

mittlungsbehörden (VI.2.) und die dritte betrifft die Ebene zwischen Mitarbeiter und Ermittlungsbehörden (VI.3.).

1. Lösung auf der Ebene Unternehmen und Mitarbeiter: Auskunftsverweigerungsrecht des Mitarbeiters

Um die Umgehung des Schweigerechts des Mitarbeiters zu verhindern, wird als erste Lösungsmöglichkeit zunehmend vertreten, dass der Mitarbeiter die Auskunft gegenüber dem Arbeitgeber verweigern kann, wenn er sich selbst belasten müsste.[68] Diese Lösung würde zum größtmöglichen Schutz für den Mitarbeiter führen, da selbstbelastende Aussagen nicht verpflichtend wären und die arbeitsrechtliche Situation der strafprozessualen gleichgestellt würde.

Fraglich ist jedoch, ob ein Auskunftsverweigerungsrecht auf eine Rechtsgrundlage gestützt werden kann. In Betracht kommen unter anderem die §§ 136 Abs. 1 S. 2, 55 StPO (analog). Da sich die StPO nur an Strafverfolgungsbehörden und Strafgerichte richtet, nicht aber an Privatpersonen,[69] scheidet eine direkte Anwendung aus. Daneben wird auch eine analoge Anwendung der Normen der StPO für Ermittlungshandlungen Privater überwiegend abgelehnt.[70] Zum einen wird dies damit begründet, dass

---

[68] LAG Baden-Württemberg (Stuttgart), DB 1963, 1055; LG Hamburg, MDR 1984, 867, 868; *Schmitt* in: Meyer-Goßner, StPO, § 136 Rn. 7a; *Zimmermann* in: Hohnel, Kapitalmarktstrafrecht, 12. Teil Rn. 36; *Wimmer* in: Leitner/Rosenau, Wirtschafts- und Steuerstrafrecht, § 152 StPO Rn. 20; *Wastl/Litzka/Pusch* in: NStZ 2009, 68, 73; *Dann/Schmidt* in: NJW 2009, 1851, 1853 f. für SEC-Fälle; *I. Roxin* in: StV 2012, 116, 121; *Bauer* in: StV 2012, 277, 279; *Fuhrmann* in: NZG 2016, 881, 889. **A.A.** statt aller *Rübenstahl* in: WiJ 2012, 17, 22; *Rust/Abel* in: ZWeR 2012, 521, 529; *Böhm*, Non-Compliance und Arbeitsrecht, S. 158 ff.

[69] *Roxin/Schünemann*, Strafverfahrensrecht, § 24 Rn. 65; *Beulke/Swoboda*, Strafprozessrecht, Rn. 478; *Eisenberg*, Beweisrecht der StPO, Rn. 395; *Wessing* in: Hauschka/Moosmayer/Lösler, Corporate Compliance, § 46 Rn. 61; *Thüsing* in: Thüsing, Beschäftigtendatenschutz und Compliance, § 2 Rn. 5; *Krull* in: Bay, Handbuch Internal Investigations, Kap. 3 Rn. 102; *Rogall* in: JZ 2008, 818, 828; *Knauer/Buhlmann* in: AnwBl 2010, 387, 391; *Momsen* in: ZIS 2011, 508, 511, 514; *I. Roxin* in: StV 2012, 116, 119; *Greco/Caracas* in: NStZ 2015, 7; *Utz* in: NZWiSt 2015, 377, 381; *Kottek* in: wistra 2017, 9, 10; *Sarhan* in: wistra 2017, 336, 337; *Krug/Skoupil* in: NJW 2017, 2374, 2375; *El Mourabit* in: NWB 2018, 269, 270.

[70] *Rogall* in: JZ 2008, 818, 828; *Oberthür* in: ArbRB 2011, 184, 185; *Rübenstahl* in: WiJ 2012, 17, 18; *Raum* in: StraFo 2012, 395, 398; *Anders* in: wistra 2014, 329, 330; *Aldenhoff/Schultheis* in: ZRFC 2015, 214, 220; *Kraus*, Selbstbelastungsfreiheit, S. 299, 330. Für die Vernehmungsvorschriften vgl. BGHSt 42, 139, 146 f.; BGHSt

Sinn und Zweck der §§ 163a, 136 Abs. 1 StPO sei, den Beschuldigten vor der irrtümlichen Annahme einer Aussagepflicht zu schützen, die durch das amtliche Auskunftsverlangen und deren Autorität entstehen könnte, nicht jedoch bei einer Auskunft gegenüber Privatpersonen.[71] Zum anderen handelt es sich um eine bewusste Entscheidung des Gesetzgebers, die StPO nicht an Private zu richten, sodass es auch an einer planwidrigen Regelungslücke fehlen dürfte.[72] Aus denselben Gründen scheidet ein Auskunftsverweigerungsrecht aus § 384 Nr. 2 ZPO i.V.m. § 46 Abs. 2 S. 1 ArbGG aus.[73] Eine entsprechende Anwendung wird ebenfalls abgelehnt.[74]

Daneben könnte sich das Recht, die Aussage gegenüber dem Arbeitgeber zu verweigern, aus dem nemo-tenetur-Grundsatz ergeben. Dieser Grundsatz wird insbesondere aus dem Kernbereich des Persönlichkeitsrechts (Art. 2 Abs. 1 i.V.m. Art. 1 Abs. 1 GG) hergeleitet,[75] darüber hinaus aus dem Rechtsstaatsprinzip (Art. 20 Abs. 3 GG)[76] und dem fair-trial-Prin-

---

52, 11, 15 f.; BGH, NStZ 2011, 596, 597; *Griesbaum* in: KK-StPO, § 163a Rn. 2a; *Momsen* in: ZIS 2011, 508, 514; *Lenze*, Compliance, Internal Investigations und Beschuldigtenrechte, S. 152. Speziell zu § 136a StPO vgl. BGHSt 42, 139, 149; BGHSt 52, 11, 16; *Diemer* in: KK-StPO, § 136a Rn. 3. Zu § 136 StPO siehe *Knauer/Buhlmann* in: AnwBl 2010, 387, 392; *Scharnberg*, Illegale Internal Investigations, S. 284.

71 BGHSt 42, 139, 147; BGH, NStZ 2011, 596, 597; *Knauer/Buhlmann* in: AnwBl 2010, 387, 392; *Scharnberg*, Illegale Internal Investigations, S. 284.

72 Vgl. *Stoffer*, Privatisierung, S. 256; *Kottek*, Kooperation, S. 118; *Kruse*, Compliance und Rechtsstaat, S. 213; im Ergebnis auch *Oberthür* in: ArbRB 2011, 184, 185.

73 *Rödiger*, Strafverfolgung von Unternehmen, S. 299; im Ergebnis auch *Kraus*, Selbstbelastungsfreiheit, S. 240.

74 *Böhm* in: WM 2009, 1923, 1927; *Böhm*, Non-Compliance und Arbeitsrecht, S. 159 f.; *Wewerka*, Internal Investigations, S. 310 f.; ausführlich auch *Lenze*, Compliance, Internal Investigations und Beschuldigtenrechte, S. 152 f.

75 BVerfGE 38, 105, 114 f.; BVerfGE 55, 144, 150 f.; BVerfGE 56, 37, 43; BVerfG, NStZ 1995, 555; BVerfG, BeckRS 2008, 35240; BVerfG, NJOZ 2011, 1423, 1425; BVerfGE 133, 168, 201; BVerfG, NJOZ 2016, 1879, 1882; BGHSt 1, 39, 40; BGHSt 5, 332, 334; BGHSt 10, 186, 190; BGHSt 14, 358, 364 f.; BGHSt 17, 245, 246; BGHSt 36, 328, 332; BGHSt 38, 214, 220 f.; BGHSt 42, 139, 151 ff.; BGH, NJW 2005, 763, 764; BGHSt 52, 11, 17; BGHSt 58, 301, 304; OLG Brandenburg, NStZ-RR 2015, 53; *Wimmer* in: FS I. Roxin, 537, 543; *Eschelbach* in: Widmaier, MAH Strafverteidigung, § 30 Rn. 162 ff.; *Meurer* in: FS Roxin, 1281, 1288; *Stürner* in: NJW 1981, 1757 f.; *Dingeldey* in: NStZ 1984, 529; *Schaefer* in: NJW-Spezial 2010, 120; *Fritz/Nolden* in: CCZ 2010, 170, 173; *Sarhan* in: wistra 2015, 449, 454; *Zerbes/El-Ghazi* in: NZWiSt 2018, 425, 427; *Rogall*, Der Beschuldigte als Beweismittel gegen sich selbst, S. 148.

76 BVerfGE 38, 105, 114 f.; BVerfGE 55, 144, 150 f.; BVerfGE 56, 37, 43; BVerfGE 80, 109, 120 f.; BVerfG, NStZ 1995, 555; BVerfG, wistra 2010, 341, 344; BVerfGE 133,

zip (Art. 6 EMRK)⁷⁷. Da Grundrechte gemäß Art. 1 Abs. 3 GG lediglich den Staat binden, verpflichtet der nemo-tenetur-Grundsatz direkt nur den Staat.⁷⁸ Private werden hingegen nicht unmittelbar verpflichtet.⁷⁹ Es ist jedoch allgemein anerkannt, dass Grundrechte mittelbar auch im Privatrecht gelten (sog. mittelbare Drittwirkung der Grundrechte).⁸⁰ Danach muss das Privatrecht im Lichte des Grundgesetzes ausgelegt werden, wobei der grundrechtliche Wertungsmaßstab insbesondere bei der Auslegung von Generalklauseln und offenen Tatbeständen zu berücksichtigen ist.⁸¹

Im Rahmen des Auskunftsanspruches finden die grundrechtlichen Wertungen dabei über die §§ 242, 275 Abs. 3 BGB (Merkmale der Zumutbarkeit bzw. Verhältnismäßigkeit) Eingang in die Beurteilung.⁸² Nach der Rechtsprechung des Bundesverfassungsgerichts gewähren die Rechtsordnung und die Grundrechte aber keinen lückenlosen Schutz gegen Selbst-

---

168, 201; BVerfG, NStZ-RR 2013, 315; BVerfG, StV 2016, 586, 587; BGHSt 1, 39, 40; BGHSt 14, 358, 364; BGHSt 52, 11, 17; BGHSt 58, 301, 304; *Wimmer* in: FS I. Roxin, 537, 543; *Schmitz/Wulf* in: MüKo StGB, § 370 AO Rn. 338; *Stürner* in: NJW 1981, 1757 f.; *Dingeldey* in: NStZ 1984, 529; *Böhm* in: WM 2009, 1923, 1926; *Schaefer* in: NJW-Spezial 2010, 120; *Knauer/Buhlmann* in: AnwBl 2010, 387, 389; *Ignor* in: CCZ 2011, 143, 144; *Paul* in: NStZ 2013, 489, 494; *Ruhmannseder* in: FS I. Roxin, 501, 507; *Wewerka*, Internal Investigations, S. 222.

77 EGMR, StV 2003, 257, 259; EGMR, NJW 2006, 3117, 3122; EGMR, NJW 2010, 213, 215; BVerfGE 38, 105, 112 f.; BVerfG, NStZ-RR 2013, 315; BVerfG, StV 2016, 586, 587; BVerfG, NJOZ 2016, 1879, 1882 f.; BGHSt 38, 214, 220; BGHSt 52, 11, 17; BGHSt 53, 294, 305; BGHSt 55, 138, 144 ff.; BGH, NStZ 2011, 596, 597; BGHSt 58, 301, 304; *Schmitz/Wulf* in: MüKo StGB, § 370 AO Rn. 338; *Schmitt* in: Meyer-Goßner, StPO, Anh. 4, Art. 6 MRK Rn. 4; *Stürner* in: NJW 1981, 1757 f.; *Schaefer* in: NJW-Spezial 2010, 120; *Paul* in: NStZ 2013, 489, 494.

78 *Rogall* in: SK-StPO, Vor § 133 Rn. 160; *Schaefer* in: NJW-Spezial 2010, 120; *Theile* in: StV 2011, 381, 383; *Wastl/Litzka/Pusch* in: NStZ 2009, 68, 70.

79 BGHSt 42, 139, 151 ff.; OLG Celle, NJW 1985, 640, 641; *Rogall* in: SK-StPO, Vor § 133 Rn. 161 m.w.N.; *Zimmermann* in: Hohnel, Kapitalmarktstrafrecht, 12. Teil Rn. 36; *Taschke/Zapf* in: Unternehmenskultur und Wirtschaftsstrafrecht, 181, 198; *Rödiger*, Strafverfolgung von Unternehmen, S. 270; *Fritz/Nolden* in: CCZ 2010, 170, 175; *Knauer/Buhlmann* in: AnwBl 2010, 387, 389 f.; *Theile* in: StV 2011, 381, 383; *Rust/Abel* in: ZWeR 2012, 521, 527; *Anders* in: wistra 2014, 329, 332; *Aldenhoff/Schultheis* in: ZRFC 2015, 214, 215; *Fett/Theusinger* in: KSzW 2016, 253, 256; *Krug/Skoupil* in: NJW 2017, 2374, 2375.

80 Statt aller BVerfGE 7, 198, 205 f.; BVerfGE 73, 261, 269; BGHZ 140, 74, 77; BGH, NJW 2017, 1391, 1392.

81 BVerfGE 7, 198, 206; OLG Stuttgart, BeckRS 2016, 07613, Rn. 54; *Jarass* in: Jarass/Pieroth, GG, Art. 1 Rn. 54 ff.; *Di Fabio* in: Maunz/Dürig, GG, Art. 2 Abs. 1 Rn. 138; *Becker-Schäufler* in: BB 2015, 629, 632.

82 *Rödiger*, Strafverfolgung von Unternehmen, S. 271; *Gatter*, Ausgestaltung von Mitarbeiterbefragungen, S. 183; *Scharnberg*, Illegale Internal Investigations, S. 285.

bezichtigung, ohne Interessen Dritter zu berücksichtigen.[83] Ein generelles Auskunftsverweigerungsrecht des Mitarbeiters ist daher nicht überzeugend und damit abzulehnen.[84] Überzeugend ist vielmehr, eine Abwägung der Interessen im Rahmen der jeweiligen Anspruchsgrundlage der Auskunftspflicht vorzunehmen.[85] Insoweit stehen sich das allgemeine Persönlichkeitsrecht des Mitarbeiters und das Informationsinteresse des Arbeitgebers gegenüber.[86]

a) Auskunftspflicht nach §§ 666, 675 Abs. 1 BGB

Nach ganz herrschender Meinung geht die Interessenabwägung bei der Auskunftspflicht zum unmittelbaren Arbeitsbereich zugunsten des Arbeitgebers aus, d.h. der Mitarbeiter muss in solchen Fällen auch Fragen beantworten, durch die er sich selbst belastet.[87] Begründet wird dies damit, dass eine Auskunft für den Bereich der übertragenen Arbeitsaufgaben besonders wichtig ist und dem Arbeitgeber – auch wegen der Anforderungen des § 130 OWiG – gewisse Kontrollmöglichkeiten verbleiben müssen.[88]

---

83 BVerfGE 56, 37, 49; BVerfG, BeckRS 2004, 22491; BGHSt 37, 340, 342; BGHZ 41, 318, 323; *Fitz/Nolden* in: CCZ 2010, 170, 175.
84 So auch *Böhm* in: WM 2009, 1923, 1926 f.; *Rübenstahl* in: WiJ 2012, 17, 22; *Rust/Abel* in: ZWeR 2012, 521, 529; *Kruse*, Compliance und Rechtsstaat, S. 166; *Kraus*, Selbstbelastungsfreiheit, S. 239.
85 *Kasiske* in: NZWiSt 2014, 262, 264; *Rudkowski* in: NZA 2011, 612, 613.
86 Vgl. *Rudkowski* in: NZA 2011, 612, 613; *Kasiske* in: NZWiSt 2014, 262, 264.
87 BGHZ 41, 318, 320; BGHZ 109, 260, 268; LAG Hamm, Urt. v. 03.03.2009 - 14 Sa 1689/08 - juris, Rn. 29; *Sprau* in: Palandt, BGB, § 666 Rn. 1; *Martinek/Omlor* in: Staudinger, BGB, § 666 Rn. 19; *Schwab* in: Dauner-Lieb u.a., NK-BGB, § 666 Rn. 12; *Park* in: Volk, MAH Wirtschafts- und Steuerstrafsachen, § 11 Rn. 106; *Schäfer* in: MüKo BGB, § 666 Rn. 14; *Böhm* in: WM 2009, 1923, 1924; *Wisskirchen/Glaser* in: DB 2011, 1447, 1448; *Momsen* in: ZIS 2011, 508, 513; *Rübenstahl* in: WiJ 2012, 17, 22; *Zimmermann/Lingscheid* in: CB 2013, 23, 26; *Spehl/Momsen/Grützner* in: CCZ 2014, 170, 171; *Kasiske* in: NZWiSt 2014, 262, 265; *Anders* in: wistra 2014, 329, 330; *Reinhardt/Kaindl* in: CB 2017, 210, 211; *Gänswein/Hiéramente* in: NZKart 2017, 502, 507; *Pfordte* in: Strafverteidigung im Rechtsstaat, 740, 745.
88 *Kasiske* in NZWiSt 2014, 262, 265; *Böhm* in: WM 2009, 1923, 1924; *Klasen/Schaefer* in: BB 2012, 641, 645; *Mengel/Ullrich* in: NZA 2006, 240, 243; *Lützeler/Müller-Sartori* in: CCZ 2011, 19, 20; *Eufinger* in: DB 2017, 1266, 1267; *Rödiger*, Strafverfolgung von Unternehmen, S. 299.

b) Auskunftspflicht nach §§ 242, 611a, 241 Abs. 2 BGB

Bei Fragen mit mittelbarem Arbeitsbezug besteht hingegen Uneinigkeit. Überwiegend wird die Ansicht vertreten, dass eine Pflicht zur Selbstbezichtigung in solchen Fällen unzumutbar ist.[89] Eine Ausnahme von diesem Grundsatz soll jedoch dann bestehen, wenn ein überragend wichtiges Interesse des Arbeitgebers (z.B. bei Gefahren für Leib oder Leben anderer) entgegensteht.[90] Dies erscheint überzeugend, da Auskünfte, die nicht den direkten Arbeitsbereich betreffen, für den Arbeitgeber regelmäßig nicht so bedeutend sind, wie Informationen zum unmittelbaren Arbeitsbereich, wohingegen der Mitarbeiter seinen Arbeitsplatz und damit seine Existenzgrundlage verlieren könnte. Außerdem kann der Arbeitgeber für diese Bereiche in der Regel auch andere Quellen heranziehen (insbesondere die Befragung von unmittelbar mit diesem Bereich befassten Mitarbeitern).[91]

c) Zwischenergebnis

Im Ergebnis lässt sich festhalten, dass der Mitarbeiter jedenfalls bei Fragen zum unmittelbaren Arbeitsbereich zur Selbstbelastung verpflichtet ist. Auch aus dem nemo-tenetur-Grundsatz lässt sich demnach kein (umfassendes und generelles) Auskunftsverweigerungsrecht begründen, sodass der erste Lösungsansatz nicht zu überzeugen vermag.

2. Lösung auf der Ebene Unternehmen und Ermittlungsbehörden: Offenbarungsverbot

Eine weitere Lösungsmöglichkeit betrifft die Ebene zwischen dem Unternehmen und den Strafverfolgungsbehörden. Nach dieser Lösung soll das Unternehmen die Unterlagen, die selbstbelastende Angaben der Mitarbeiter enthalten, nicht an die Strafverfolgungsbehörden weitergeben dürfen

---

89 OLG Düsseldorf, GmbHR 2000, 666, 668; *Reichold* in: Richardi, MHB ArbR, § 55 Rn. 7; *Salvenmoser/Schreier* in: Achenbach, Handbuch Wirtschaftsstrafrecht, 15. Teil Rn. 174; *Tscherwinka* in: FS I. Roxin, 521, 529; *Knauer/Buhlmann* in: AnwBl 2010, 387, 390; *Rudkowski* in: NZA 2011, 612, 613; *Zimmermann/Lingscheid* in: CB 2013, 23, 36; *Bernhard/Bullinger* in: CB 2016, 205, 208.
90 *Böhm* in: WM 2009, 1923, 1925; *Gatter*, Ausgestaltung von Mitarbeiterbefragungen, S. 199; *Buchert*, Unternehmensinterne Befragung, S. 195, 234 ff.
91 *Rödiger*, Strafverfolgung von Unternehmen, S. 287.

(sog. Offenbarungsverbot).[92] Entscheidend gegen diesen Lösungsansatz spricht aber, dass ein solches Offenbarungsverbot zu einer Kompetenzverschiebung führen würde.[93] Der Arbeitgeber müsste dann entscheiden, was für die Ermittlungsbehörden (strafrechtlich) relevant ist. Diese Entscheidung obliegt jedoch allein den Strafverfolgungsbehörden,[94] sodass diese Ansicht ebenfalls abzulehnen ist.

3. Lösung auf der Ebene Mitarbeiter und Ermittlungsbehörden: Beweisverwertungsverbot

Der diese Darstellung abschließende Lösungsansatz betrifft die Ebene zwischen den Strafverfolgungsbehörden und dem Mitarbeiter. Vorgesehen ist danach ein Beweisverwertungsverbot für selbstbelastende Angaben der Mitarbeiter, welches im Ergebnis dazu führt, dass das Schweigerecht des Mitarbeiters nicht umgangen wird. Dabei ist zwischen unselbstständigen und selbstständigen Beweisverwertungsverboten zu unterscheiden.

a) Unselbstständiges Beweisverwertungsverbot

Ein unselbstständiges Beweisverwertungsverbot könnte sich zum einen als Folge der umfassenden Auskunftspflicht des Mitarbeiters gegenüber sei-

---

[92] So die abweichende Meinung des Richters *Heußner* zum Gemeinschuldner-Beschluss, BVerfGE 56, 37, 53; *Thomä*, Auskunfts- und Betriebsprüfungsrecht der Verwaltung, S. 86 für öffentlich-rechtliche Auskunftsansprüche, zivilrechtliche Auskunftsansprüche würden die Freiheit des Menschen aber weniger beeinträchtigen; *Rogall* in: FS Kohlmann, 465, 471, 474 für selbstinkriminierende Auskünfte in einem Verwaltungsverfahren; hinsichtlich der Interviewprotokolle auch *Taschke* in: NZWiSt 2012, 89, 93, da die externen Berater nicht die Funktion von Staatsanwälten übernehmen sollen; **a.A.** *Stürner* in: NJW 1981, 1757, 1758; *Gatter*, Ausgestaltung von Mitarbeiterbefragungen, S. 91 f.; *Kölbel* in: Wider die wildwüchsige Entwicklung des Ermittlungsverfahrens, 281, 300.

[93] *Hefendehl* in: wistra 2003, 1, 5 zum Insolvenzrecht; *Kruse*, Compliance und Rechtsstaat, S. 211 f.; *Gatter*, Ausgestaltung von Mitarbeiterbefragungen, S. 161; vgl. *Benz*, Selbstbelastungen in außerstrafrechtlichen Zwangslagen, S. 41; *Potočić*, Korruption, amerikanische Börsenaufsicht und Ermittlungen durch Private, S. 256.

[94] Die Staatsanwaltschaft ist „*Herrin des Ermittlungsverfahrens*", vgl. BGH, NJW 2017, 2037, 2038.

nem Arbeitgeber und zum anderen aufgrund einer dem Staat zuzurechnenden internen Ermittlung ergeben.

Wie bereits erläutert, gilt der nemo-tenetur-Grundsatz im Privatrecht nicht unmittelbar, sodass ein Verwertungsverbot allein als Folge der privatrechtlichen Auskunftspflicht nicht in Betracht kommt.[95]

In Betracht kommt jedoch ein Beweisverwertungsverbot wegen Verstoßes gegen den nemo-tenetur-Grundsatz und/oder dessen einfachgesetzlichen Ausprägungen (§§ 136, 136a StPO), wenn die internen Ermittlungen dem Staat zuzurechnen sind.[96] Da für das zuzurechnende Handeln die gleichen Grundsätze gelten müssen wie für staatliches Handeln,[97] kommt ein Beweisverwertungsverbot – bei Zurechnung – beispielsweise in Betracht, wenn die privaten Ermittler den Mitarbeiter zur Selbstbelastung gezwungen haben[98]. In der Praxis wird eine solche Zurechnung allerdings nur selten vorliegen. Die Rechtsprechung fordert dafür eine staatliche Veranlassung, die insbesondere für Fälle bejaht wird, in denen eine Privatperson durch aktive Einwirkung der Ermittlungsbehörden gezielt zur Informationsgewinnung für das Strafverfahren eingesetzt wurde.[99] Auch die Literatur bejaht eine Zurechnung bei aktiver Veranlassung der privaten Ermittlung durch staatliche Behörden, der Beteiligung der Ermittlungsbehörden an der privaten Handlung oder der gezielten Ausnutzung der beauftragten Privatperson zur Beweisgewinnung.[100] Eine Zurechnung wird aber abgelehnt, wenn die Privatperson eigeninitiativ tätig und mit der Er-

---

95 So auch *Matula*, Private Ermittlungen, S. 207; *Wewerka*, Internal Investigations, S. 244.
96 Dazu *Wastl/Litzka/Pusch* in: NStZ 2009, 68, 70; *Greco/Caracas* in: NStZ 2015, 7, 12 f.
97 *Bockemühl*, Private Ermittlungen im Strafprozeß, S. 19; *Godenzi*, Private Beweisbeschaffung im Strafprozess, S. 174 f.; *Eidam*, Strafprozessuale Selbstbelastungsfreiheit, S. 89 f.; vgl. *Dencker* in: StV 1994, 667, 671; *Bosch*, Aspekte des nemo-tenetur-Prinzips, S. 215.
98 *Greco/Caracas* in: NStZ 2015, 7, 12 ff.
99 BVerfG, NStZ 2000, 489, 490; BGHSt 31, 304, 306 ff.; BGHSt 34, 362, 363; BGHSt 39, 335, 341 ff.; BGHSt 40, 211, 215 ff.; BGH, NStZ 1996, 200; BGHSt 42, 139; vgl. zur Tatprovokation auch BGHSt 45, 321; BGHSt 47, 44.
100 *Kramer* in: Jura 1988, 520, 522; *Schneider* in: NStZ 2001, 8, 11 fordert einen „Einsatz" der Privatperson, wobei stimulierender oder steuernder Einfluss auf das Vorgehen ausreichen soll; *Gaede* in: StV 2004, 41, 51; *Rogall* in: JZ 2008, 818, 828; *Meurer* in: FS Roxin, 1281, 1289 f.; *Bockemühl*, Private Ermittlungen im Strafprozeß, S. 18 f. in Bezug auf § 136a StPO; *Gleß* in: LR-StPO, § 136a Rn. 10; *Eschelbach* in: Satzger/Schluckebier/Widmaier, StPO, § 136 Rn. 27; *Jahn* in: StV 2009, 41, 45; *Greco/Caracas* in: NStZ 2015, 7, 13 fordern eine aktive Einwirkung auf die Willensbildung des Unternehmens; ähnlich *Kölbel* in: NStZ 2008, 241,

mittlung nicht beauftragt wurde sowie die Handlung staatlich nicht begleitet wurde, sondern nur die Erkenntnisse entgegengenommen wurden.[101]

Eine Zurechnung wäre folglich zu bejahen, wenn beispielsweise Interviewfragen von den Strafverfolgungsbehörden beeinflusst bzw. vorgegeben werden.[102] Da das Unternehmen die Internal Investigation aber überwiegend eigenständig und eigeninitiativ und nicht im Auftrag der Strafverfolgungsbehörden ausführt, dürfte eine Zurechnung in den allermeisten Fällen ausscheiden.

b) Selbstständiges Beweisverwertungsverbot

Schließlich könnte ein selbstständiges Beweisverwertungsverbot wegen Verletzung des Persönlichkeitsrechts nach Art. 2 Abs. 1 GG i.V.m. Art. 1 Abs. 1 GG vorliegen. Ein solches kommt in Betracht, wenn sich die Grundsätze des Gemeinschuldner-Beschlusses[103] übertragen ließen. Dieser Beschluss betraf die Auskunftspflicht des (Gemein-)Schuldners aus § 100 KO (heute: § 97 InsO), der diesen verpflichtete, über alle das Verfahren betreffenden Verhältnisse Auskunft zu geben, wobei diese Auskunftspflicht mit Zwangsmitteln durchsetzbar war. Die zwischen den Parteien umstrittene Frage, ob der Gemeinschuldner ein Auskunftsverweigerungsrecht bei Selbstbelastung geltend machen könne, verneinte das Bundesverfassungsgericht.[104] Vielmehr müsse der Gemeinschuldner auch dann Auskunft geben, wenn er sich dadurch selbst einer Straftat bezichtige, weil das Informationsinteresse der Insolvenzgläubiger das allgemeine Persönlichkeits-

---

242, der gezieltes Auslösen des privaten Handelns verlangt; *Bosch*, Aspekte des nemo-tenetur-Prinzips, S. 214 f.; *Gatter*, Ausgestaltung von Mitarbeiterbefragungen, S. 268, 273 f.; *Godenzi*, Private Beweisbeschaffung im Strafprozess, S. 176 m.w.N.; kritisch *Wastl/Litzka/Pusch* in: NStZ 2009, 68, 70.
101 BGH, NStZ 1983, 80; BGH, NJW 1989, 843; BGH, NJW 2017, 1828; VerfGH Rheinland-Pfalz, BeckRS 2014, 47776; LG Düsseldorf, BeckRS 2010, 25621; LG Düsseldorf, NStZ-RR 2011, 84; *Schmitt* in: Meyer-Goßner, StPO, § 136a Rn. 3a; *Lagodny* in: StV 1996, 167, 170; *Schneider* in: NStZ 2001, 8, 10 f.; *Jahn* in: StV 2009, 41, 45; *Kottek* in: wistra 2017, 9, 15; *Reeb*, Internal Investigations, S. 128; *Eckhardt*, Private Ermittlungsbeiträge, S. 116; *Rödiger*, Strafverfolgung von Unternehmen, S. 243; *Bosch*, Aspekte des nemo-tenetur-Prinzips, S. 215; *Buchert*, Unternehmensinterne Befragung, S. 107.
102 *Kasiske* in: NZWiSt 2014, 262; *Eckhardt*, Private Ermittlungsbeiträge, S. 126.
103 BVerfGE 56, 37.
104 BVerfGE 56, 37, 45, 49 f.

recht des Gemeinschuldners überwiege.[105] Nicht durch das Informationsinteresse der Insolvenzgläubiger gerechtfertigt sei jedoch eine strafprozessuale Verwertung der erzwingbaren Auskunft, weshalb die Auskunftspflicht zum Schutz des Persönlichkeitsrechts durch ein strafprozessuales Beweisverwertungsverbot ergänzt werden müsse.[106] Dies ist mittlerweile in § 97 Abs. 1 S. 3 InsO geregelt. Zusammenfassend lassen sich daraus drei Kriterien für ein verfassungsrechtliches Beweisverwertungsverbot wegen erzwingbarer Selbstbelastung ableiten: (1) Umfassende Auskunftspflicht, die (2) durch Interessen Dritter gerechtfertigt und (3) mit Zwangsmitteln durchsetzbar ist.

Fraglich ist, ob sich diese Grundsätze auf die Situation des Mitarbeiters im Rahmen einer Internal Investigation übertragen lassen.[107] Dies dürfte der Fall sein, da (1) eine auch die Selbstbelastung umfassende Auskunftspflicht im Rahmen des Mitarbeiterinterviews jedenfalls bei Auskünften mit unmittelbarem Bezug zum Arbeitsbereich aus § 666 BGB i.V.m. § 675 Abs. 1 BGB besteht,[108] diese (2) durch Interessen des Arbeitgebers/Unternehmens gerechtfertigt ist und (3) die Auskunft gemäß § 888 Abs. 1 ZPO zwangsweise durchsetzbar ist[109]. Damit lässt sich festhalten, dass sich die Grundsätze des Gemeinschuldner-Beschlusses auf die Situation des Mitarbeiterinterviews übertragen lassen. Aufgrund der ansonsten bestehenden Besserstellung der Strafverfolgungsbehörden, die aus der Umgehung des Schweigerechts des Mitarbeiters und der damit einhergehenden Schlechterstellung des betroffenen Mitarbeiters folgt, ist zum Schutz des allgemeinen Persönlichkeitsrechts des Mitarbeiters ein Beweisverwertungsverbot erforderlich.[110] Das Schweigerecht des Beschuldigten wäre ansonsten „*illusorisch*".[111]

---

105 BVerfGE 56, 37, 45, 49 f.
106 BVerfGE 56, 37, 50.
107 Bejahend: *Bittmann/Molkenbur* in: wistra 2009, 373, 377 f.; *v. Galen* in: NJW 2011, 945; *Theile* in: StV 2011, 381, 385; *I. Roxin* in: StV 2012, 116, 120; *Wehnert* in: Ökonomie versus Recht im Finanzmarkt, 137, 143; *Park* in: Volk, MAH Wirtschafts- und Steuerstrafsachen, § 11 Rn. 109; *Rödiger*, Strafverfolgung von Unternehmen, S. 273 ff. Ablehnend: *Greco/Caracas* in: NStZ 2015, 7, 12; *Verrel* in: NStZ 1997, 361, 362 ff.
108 Siehe dazu oben unter IV.1.
109 Siehe dazu oben unter IV.2.
110 *Reeb*, Internal Investigations, S. 101 f.; vgl. *Momsen/Grützner* in: CCZ 2017, 242, 251; *Rödiger*, Strafverfolgung von Unternehmen, S. 278, 305. Im Ergebnis so auch BVerfGE 56, 37, 51.
111 BVerfGE 56, 37, 51; BVerfG, NJW 2005, 352; BVerfG, BeckRS 2008, 35240.

Die dritte Lösungsvariante ist daher vorzugswürdig und führt zu einem angemessenen Interessenausgleich des Unternehmens und des Mitarbeiters.

VII. Exkurs: Beschlagnahme von Unterlagen (sog. Jones Day-Entscheidung)

Eine weitere sehr praxisrelevante Rechtsfrage im Zusammenhang mit Internal Investigations stellte sich im Rahmen der „Diesel-Affäre" kürzlich dem Bundesverfassungsgericht. Dieses hatte darüber zu entscheiden, ob Aufzeichnungen über interne Ermittlungen in Kanzleiräumen der Beschlagnahme unterliegen.[112] Verfassungsbeschwerde gegen die Durchsuchung der Kanzleiräumlichkeiten sowie die Sicherstellung der dadurch erlangten Unterlagen und Daten hatten insoweit die betroffene Kanzlei Jones Day, mehrere Rechtsanwälte der Kanzlei und die Volkswagen AG erhoben.

Alle drei Verfassungsbeschwerden wurden vom Bundesverfassungsgericht nicht zur Entscheidung angenommen: Im Hinblick auf die Verfassungsbeschwerde der Rechtsanwaltskanzlei Jones Day fehle die Beschwerdeberechtigung,[113] bezüglich der von mehreren Rechtsanwälten der Kanzlei eingelegten Verfassungsbeschwerde fehle die Beschwerdebefugnis[114] und hinsichtlich der Volkswagen AG sei das Willkürverbot nicht verletzt[115].

Die vom Bundesverfassungsgericht im Nichtannahmebeschluss gegen die Volkswagen AG thematisierte Kernfrage betraf das Verhältnis von § 97 StPO zu § 160a StPO.[116] § 160a Abs. 5 StPO normiert insoweit, dass die §§ 97, 100d Abs. 5 und § 100g Abs. 4 StPO unberührt bleiben. Bis zur Entscheidung des Bundesverfassungsgerichts war die Auslegung dieser Vorschrift umstritten. Vertreten wurde auf der einen Seite, dass es sich bei

---

112 BVerfG, Nichtannahmebeschluss v. 27.06.2018 - 2 BvR 1287/17 - juris (Verfassungsbeschwerde der Rechtsanwaltskanzlei Jones Day); BVerfG, Nichtannahmebeschluss v. 27.06.2018 - 2 BvR 1562/17 - juris (Verfassungsbeschwerde von Rechtsanwälten der Kanzlei); BVerfG, Nichtannahmebeschluss v. 27.06.2018 - 2 BvR 1405/17 - juris (Verfassungsbeschwerde der Volkswagen AG).
113 BVerfG, Nichtannahmebeschluss v. 27.06.2018 - 2 BvR 1287/17 - juris, Rn. 24 ff.; vgl. zur vom BVerfG angenommenen fehlenden Möglichkeit der Berufung auf materielle Grundrechte aufgrund des Sitzes der Kanzlei in den USA auch *Hippeli* in: GWR 2018, 383, 384 f.
114 BVerfG, Nichtannahmebeschluss v. 27.06.2018 - 2 BvR 1562/17 - juris, Rn. 35 ff.
115 BVerfG, Nichtannahmebeschluss v. 27.06.2018 - 2 BvR 1405/17 - juris, Rn. 69 ff.
116 BVerfG, Nichtannahmebeschluss v. 27.06.2018 - 2 BvR 1405/17 - juris, Rn. 73 ff.

§ 160a Abs. 5 StPO um eine Meistbegünstigungsklausel handele, mit der Folge, dass aus § 160a Abs. 1 StPO ein über § 97 StPO hinausgehendes Beschlagnahmeverbot bestehe.[117] Auf der anderen Seite – und dieser auch zuvor schon herrschenden Meinung hat sich das Bundesverfassungsgericht angeschlossen[118] – wurde vertreten, dass § 97 StPO den § 160a Abs. 1 S. 1 StPO als Spezialregelung verdränge.[119] Nach dem Bundesverfassungsgericht sei es insoweit im Rahmen der nur möglichen Willkürprüfung nicht zu beanstanden, dass § 160a Abs. 1 S. 1 StPO von den Fachgerichten für nicht anwendbar erklärt worden sei.[120] Vielmehr spreche der Wortlaut, die Gesetzessystematik und die Entstehungsgeschichte von § 160a StPO für diese Auslegung.[121] § 97 StPO trage daneben dem Schutz des Verhältnisses zwischen Verteidiger und Beschuldigtem ausreichend Rechnung und *„eine Ausdehnung des absoluten Schutzes des § 160a Abs. 1 S. 1 StPO auch auf sonstige anwaltliche Tätigkeiten [sei] nicht geboten"*.[122]

Weiterhin stellte sich dem Bundesverfassungsgericht die Frage der Auslegung des § 97 Abs. 1 Nr. 3 StPO. Die durch die Fachgerichte getroffene Annahme, dass nur ein Vertrauensverhältnis zwischen Berufsgeheimnisträger und dem im konkreten Ermittlungs-/Strafverfahren Beschuldigten geschützt sei, entspreche nach dem Bundesverfassungsgericht der herrschenden Meinung in Rechtsprechung und Literatur.[123] Für diese spreche der Regelungszusammenhang innerhalb des § 97 Abs. 1 StPO, die Entstehungsgeschichte und der Sinn und Zweck der Vorschrift. Der Gesetzgeber

---

117 So *v. Galen* in: NJW 2011, 945; *Knierim* in: FD-StrafR 2011, 314177; *Szesny* in: GWR 2011, 169; *Fritz* in: CCZ 2011, 156, 159; *Raum* in: StraFo 2012, 395, 399; *Mark* in: ZWH 2012, 311, 313; *Ballo* in: NZWiSt 2013, 46, 50; wohl auch LG Saarbrücken, NStZ-RR 2013, 183.
118 BVerfG, Nichtannahmebeschluss v. 27.06.2018 - 2 BvR 1405/17 - juris, Rn. 74.
119 LG Mannheim, Beschluss v. 03.07.2012 - 24 Qs 1/12, 2/12 - juris, Rn. 148; *Park*, Durchsuchung und Beschlagnahme, Rn. 633; *Schmitt* in: Meyer-Goßner, StPO, § 97 Rn. 10b, § 160a Rn. 17; *Haefcke* in: CCZ 2014, 39, 41 f.; *Jahn/Kirsch* in: NStZ 2012, 718, 719; *Wolter/Greco* in: SK-StPO, § 160a Rn. 48a; *Siegrist* in: wistra 2010, 427, 430, der zu diesem Ergebnis aber nur über eine einschränkende Auslegung des § 160a StPO gelangt; *Bauer* in: StV 2012, 277; *Galle* in: BB 2018, 564, 570; *Kölbel* in: MüKo StPO, § 160a Rn. 7 ff.; *Kraus*, Selbstbelastungsfreiheit, S. 160. Die Autoren, die sich auf den gesetzgeberischen Willen oder die Historie berufen, stützen sich dabei auf BR-Drs. 229/10, S. 1, BT-Drs. 17/2637, S. 6, BT-Drs. 16/5846, S. 34 ff.
120 BVerfG, Nichtannahmebeschluss v. 27.06.2018 - 2 BvR 1405/17 - juris, Rn. 73.
121 BVerfG, Nichtannahmebeschluss v. 27.06.2018 - 2 BvR 1405/17 - juris, Rn. 75.
122 BVerfG, Nichtannahmebeschluss v. 27.06.2018 - 2 BvR 1405/17 - juris, Rn. 78.
123 BVerfG, Nichtannahmebeschluss v. 27.06.2018 - 2 BvR 1405/17 - juris, Rn. 80 ff.

habe zudem keinen strikten Gleichlauf von Zeugnisverweigerungsrechten (§§ 52, 53 StPO) und § 97 StPO gewollt.[124]

Des Weiteren äußerte sich das Bundesverfassungsgericht zur Frage, wann eine beschuldigtenähnliche Stellung vorliege.[125] Diesbezüglich sei die Beurteilung der Fachgerichte, dass eine juristische Person eine solche Stellung haben könne, wenn ihre künftige Nebenbeteiligung nach objektiven Gesichtspunkten in Betracht komme, was wiederum „*einen ‚hinreichenden' Verdacht*" für eine Tat einer Leitungsperson (§ 130 OWiG) voraussetze, nicht zu beanstanden.[126] Ob das Bundesverfassungsgericht hiermit tatsächlich den strafprozessualen hinreichenden Tatverdacht fordert, dürfte jedoch zu bezweifeln sein, da für die Einleitung eines Verfahrens nach § 152 Abs. 2 StPO ein Anfangsverdacht ausreicht und es widersprüchlich wäre, diesen für den Beginn der beschuldigtenähnlichen Stellung nicht ausreichen zu lassen.

Im Ergebnis waren danach die Unterlagen der Kanzlei Jones Day nicht vor einer Sicherstellung/Beschlagnahme geschützt. Zum einen fehle es an einem Mandatsverhältnis zwischen Jones Day und der AUDI AG,[127] gegen welche die handelnde Staatsanwaltschaft München II ermittelte, sodass die Voraussetzungen von § 97 Abs. 1 Nr. 3 StPO nicht vorgelegen hätten.[128] Zum anderen habe die von der Sicherstellung betroffene Volkswagen AG keine beschuldigtenähnliche Stellung im Verfahren gegen die AUDI AG gehabt, sondern nur im Verfahren der Staatsanwaltschaft Braunschweig, was jedoch nicht ausreiche.[129]

Im Hinblick auf die Auswirkungen dieser Entscheidung auf die Praxis ist festzuhalten, dass es sich hierbei um eine Sondersituation handelte, in der die Volkswagen AG als Muttergesellschaft die Internal Investigations durch Jones Day beauftragt hatte, die Sicherstellung/Beschlagnahme aber

---

124 BVerfG, Nichtannahmebeschluss v. 27.06.2018 - 2 BvR 1405/17 - juris, Rn. 87.
125 BVerfG, Nichtannahmebeschluss v. 27.06.2018 - 2 BvR 1405/17 - juris, Rn. 92 ff.
126 BVerfG, Nichtannahmebeschluss v. 27.06.2018 - 2 BvR 1405/17 - juris, Rn. 93.
127 Jones Day hatte vielmehr nach den Feststellungen des Bundesverfassungsgerichts nur ein Mandatsverhältnis zur Volkswagen AG als Muttergesellschaft der AUDI AG, gegen die die Staatsanwaltschaft München II aber nicht ermittelte, vgl. BVerfG, Nichtannahmebeschluss v. 27.06.2018 - 2 BvR 1405/17 - juris, Rn. 102 ff.
128 BVerfG, Nichtannahmebeschluss v. 27.06.2018 - 2 BvR 1405/17 - juris, Rn. 79 ff.
129 BVerfG, Nichtannahmebeschluss v. 27.06.2018 - 2 BvR 1405/17 - juris, Rn. 96. Das Verfahren der Staatsanwaltschaft Braunschweig gegen die Volkswagen AG ist zudem seit Mitte Juni 2018 durch den rechtskräftigen Bußgeldbescheid beendet, vgl. Tagesschau-Artikel vom 13.06.2018 „Dieselskandal: VW zahlt Milliarden-Bußgeld", abrufbar unter https://www.tagesschau.de/wirtschaft/volkswagen-bussgeld-101.html (zuletzt abgerufen am 28.02.2019).

Erkenntnisse im Verfahren gegen die Tochtergesellschaft AUDI AG betraf, zu der kein Mandatsverhältnis bestand. Daher hat diese Entscheidung keine grundsätzliche Beschlagnahmeerlaubnis von Unterlagen aus Internal Investigations zur Folge. Beschlagnahmegefährdet dürften Unterlagen aus Internal Investigations jedoch sein, wenn zwischen der Rechtsanwaltskanzlei und dem Unternehmen keine Mandatsbeziehung besteht oder das Unternehmen noch keine beschuldigtenähnliche Stellung innehat.

VIII. Datenschutzrecht bei Internal Investigations

Nach diesem Exkurs sollen nun abschließend noch das Datenschutz- und das Telekommunikationsrecht erläutert werden, welche insbesondere zu Beginn einer Internal Investigation eine große Rolle spielen. Die regelmäßig stattfindende E-Review fordert das Einsammeln großer Datenmengen einschließlich personenbezogener Daten i.S.d. Art. 4 Nr. 1 DS-GVO. Bei internen Ermittlungen in medizinischen Einrichtungen dürften dabei häufig auch sensible Patientendaten betroffen sein, die besonders geschützt sind (Art. 9 DS-GVO). Im Folgenden werden zunächst die allgemeinen datenschutzrechtlichen Anforderungen erläutert und im Nachgang die besonderen, die bei internen Ermittlungen in medizinischen Einrichtungen zu beachten sind.

1. Allgemeine datenschutzrechtliche Anforderungen

Gemäß Art. 5 Abs. 1 lit. a) i.V.m. Art. 6 Abs. 1 DS-GVO gilt für die Verarbeitung von personenbezogenen Daten ein Verbot mit Erlaubnisvorbehalt. Als mögliche Ermächtigungsgrundlagen für die Datenverarbeitung kommen regelmäßig die Einwilligung der Betroffenen (Art. 6 Abs. 1 lit. a) DS-GVO) oder ein berechtigtes Interesse des Unternehmens (Art. 6 Abs. 1 lit. f) DS-GVO) in Betracht. Besondere Regelungen zum Datenschutz von Beschäftigten, die regelmäßig von einer Datenerhebung bei einer internen Ermittlung betroffen sind, trifft daneben § 26 BDSG.

a) Einwilligung (Art. 6 Abs. 1 lit. a) DS-GVO)

Nach Art. 6 Abs. 1 lit. a) DS-GVO kann eine Datenverarbeitung auf eine wirksame Einwilligung im Sinne des Art. 4 Nr. 11 DS-GVO gestützt werden. Bezüglich der Wirksamkeit der Einwilligung enthält § 26 Abs. 2 BDSG besondere Anforderungen im Bereich des Beschäftigungsverhältnisses. Nach Art. 4 Nr. 11 DS-GVO und § 26 Abs. 2 S. 1 und 2 BDSG muss die Einwilligung freiwillig abgegeben werden, also mit einer echten und freien Wahl und ohne Nachteile bei einer Verweigerung[130]. Die Betroffenen müssen die Tragweite der Einwilligung erkennen können.[131] An der Freiwilligkeit könnte hier gezweifelt werden, weil die Einwilligung im Zusammenhang mit einem beruflichen Abhängigkeitsverhältnis steht und der Mitarbeiter keine eigenen rechtlichen oder wirtschaftlichen Vorteile aus der Einwilligung zieht.[132] Für die Nutzung der Einwilligung als Ermächtigungsgrundlage ist es zudem problematisch, dass die Einwilligung jederzeit widerrufen werden kann (Art. 7 Abs. 3 DS-GVO, § 26 Abs. 2 S. 4 BDSG). Da der Betroffene mit dem Widerruf oder einer Verweigerung seiner Einwilligung seine Ablehnung der Datenverarbeitung zum Ausdruck bringt, steigen des Weiteren die Anforderungen an eine Interessenabwägung zugunsten des Unternehmens nach Art. 6 Abs. 1 lit. f) DS-GVO an.[133] Daher könnte es sich für ein Unternehmen aus datenschutzrechtlicher Sicht eher anbieten, direkt auf Basis einer Interessenabwägung nach Art. 6 Abs. 1 lit. f) DS-GVO vorzugehen.

b) Berechtigtes Interesse des Unternehmens (Art. 6 Abs. 1 lit. f) DS-GVO)

Nach Art. 6 Abs. 1 lit. f) DS-GVO ist eine Verarbeitung personenbezogener Daten zulässig, wenn diese zur Wahrung der berechtigten Interessen des Verantwortlichen erforderlich ist und schutzwürdige Interessen des Betroffenen diese Verarbeitungsinteressen nicht überwiegen. Danach ist eine Abwägung zwischen den Interessen des Betroffenen (hier der Arbeitnehmer) und den Interessen des Verantwortlichen (hier das Unternehmen) erforderlich.[134] Dabei kann sich ein berechtigtes Interesse sowohl aus rechtli-

---

130 *Heberlein* in: Ehmann/Selmayr, DS-GVO, Art. 6 Rn. 7; *Reiserer/Christ/Heinz* in: DStR 2018, 1501, 1505; *Bergt* in: Koreng/Lachenmann, Formularhandbuch Datenschutzrecht, Rn. 7; vgl. auch *Herrmann/Zeidler* in: NZA 2017, 1499, 1501.
131 *Herrmann/Zeidler* in: NZA 2017, 1499, 1500 f.; BVerfG, JZ 2007, 576, 577; BGHZ 95, 362, 367 f.; BGHZ 115, 123, 127; BGHZ 116, 268, 273; OLG Celle, NJW 1980, 347, 348; OLG Köln, ZD 2011, 34.
132 *Gräber/Nolden* in: Paal/Pauly, BDSG, § 26 Rn. 27, 28; *Franzen* in: ErfK BDSG, § 26 Rn. 40 ff.
133 *Heberlein* in: Ehmann/Selmayr, DS-GVO, Art. 6 Rn. 28 ff.
134 *Heberlein* in: Ehmann/Selmayr, DS-GVO, Art. 6 Rn. 25.

chen, als auch aus wirtschaftlichen und ideellen Interessen ergeben.[135] Während sich das Unternehmen bei einer internen Ermittlung vor allem auf das Eigentumsrecht und den Schutz des eingerichteten und ausgeübten Gewerbebetriebs sowie auf die Berufsfreiheit berufen kann, stehen ihm dabei das allgemeine Persönlichkeitsrecht des Betroffenen, insbesondere in der Ausprägung des Rechts auf informationelle Selbstbestimmung, entgegen.[136] Für das Interesse des Unternehmens spricht zudem, dass das Unternehmen nicht nur ein geschäftliches Interesse an einer Untersuchung hat, sondern dass diese auch der Erfüllung seiner gesetzlichen Compliance-Pflichten dient.[137] Für ein überwiegendes Interesse des Arbeitnehmers reicht hingegen nicht aus, nicht entdeckt oder bloßgestellt werden zu wollen.[138] Regelmäßig dürfte daher das Interesse des Unternehmens überwiegen. Dennoch bedarf es stets einer Abwägung im Einzelfall.[139]

c) Beschäftigtendatenschutz nach § 26 BDSG

§ 26 BDSG enthält in Abs. 1 S. 1 und 2 neben der DS-GVO zwei Ermächtigungsgrundlagen für Datenverarbeitungen bei Beschäftigten. Der Begriff der Beschäftigen ist dabei eigenständig in § 26 Abs. 8 BDSG geregelt. Er umfasst neben Arbeitnehmern auch arbeitnehmerähnliche Personen (Nr. 1 – 7), Bewerber und Personen, deren Beschäftigungsverhältnis bereits beendet ist (§ 26 Abs. 8 S. 2 BDSG).

Nach § 26 Abs. 1 S. 2 BDSG ist die Verarbeitung von personenbezogenen Beschäftigtendaten zur Aufdeckung von Straftaten zulässig, wenn ein konkreter Verdacht einer Straftat besteht, sie zur Aufdeckung erforderlich ist und das schutzwürdige Interesse des Beschäftigten nicht entgegensteht. Der Straftatverdacht kann sich dabei auch gegen mehrere Arbeitnehmer richten.[140] Bei der auch hier erforderlichen Verhältnismäßigkeitsprü-

---

135 *Buchner/Petri* in: Kühling/Buchner, DS-GVO, Art. 6 Rn. 146; *Schulz* in: Gola, DS-GVO, Art. 6 Rn. 57.
136 Vgl. *Thüsing/Rombey* in: NZA 2018, 1105, 1108; *Fülbier/Splittgerber* in: NJW 2012, 1995, 1997.
137 *Wessing* in: Hauschka/Moosmayer/Lösler, Corporate Compliance, § 46 Rn. 29; *Riesenhuber* in: BeckOK Datenschutzrecht, § 26 BDSG Rn. 139; vgl. zur (mittelbaren) Compliance-Pflicht auch oben unter I.
138 *Riesenhuber* in: BeckOK Datenschutzrecht, § 26 BDSG Rn. 137.
139 *Heberlein* in: Ehmann/Selmayr, DS-GVO, Art. 6 Rn. 28, 32 f.
140 *Riesenhuber* in: BeckOK Datenschutzrecht, § 32 BDSG Rn. 117; *Wessing* in: Hauschka/Moosmayer/Lösler, Corporate Compliance, § 46 Rn. 27.

fung[141] sind in die Abwägung insbesondere der Verdachtsgrad, die Schwere der vermuteten Straftat und eine eventuelle Heimlichkeit des Vorgehens miteinzubeziehen.[142] Dass ein Straftatverdacht gegen einen Beschäftigten besteht, rechtfertigt eine Datenverarbeitung im Rahmen von internen Ermittlungen allein noch nicht. Eine Verarbeitung kann beispielsweise unzulässig sein, wenn es sich bei der aufzuklärenden Straftat nur um ein Bagatelldelikt handelt und der Eingriff in das Persönlichkeitsrecht des Beschäftigten hierzu außer Verhältnis steht.[143] Es bedarf einer Abwägung im Einzelfall.

Nach § 26 Abs. 1 S. 1 BDSG dürfen Beschäftigtendaten daneben verwendet werden, wenn dies zur Begründung, Durchführung oder Beendigung des Beschäftigungsverhältnisses erforderlich ist. Diese Regelung deckt auch verdachtsunabhängige, stichprobenartige Kontrollen ab sowie Aufklärungen von Pflichtverletzungen, die keine Straftaten darstellen.[144] § 26 Abs. 1 S. 1 BDSG verlangt ebenfalls eine Verhältnismäßigkeitsprüfung und eine Abwägung der gegenüberstehenden Interessen.[145]

d) Grundsatz der Erforderlichkeit

Bei der Datenverarbeitung immer zu beachten ist der Grundsatz der Erforderlichkeit.[146] Danach dürfen personenbezogene Daten nur verwendet werden, soweit diese zur Aufklärung erforderlich, also objektiv tauglich, sind. Auch dürfen keine anderen milderen Maßnahmen zur Verfügung stehen, die dem Verantwortlichen zumutbar sind.[147] Nicht erforderlich ist beispielsweise die Verarbeitung privater Inhalte.

---

141 *Düwell/Brink* in: NZA 2017, 1081, 1084; *Kort* in: NZA 2018, 1097, 1098; *Thüsing/Rombey* in: NZA 2018, 1105, 1108; *Stück* in: CCZ 2018, 88, 90.
142 *Thüsing/Rombey* in: NZA 2018, 1105, 1108; *Franzen* in: ErfK BDSG, § 26 Rn. 39; in Bezug auf die Heimlichkeit des Vorgehens: BAG, NZA 2014, 143, 144 ff.
143 *Maschmann* in: Kühling/Buchner, BDSG, § 26 Rn. 61; *Seifert* in: Simitis, BDSG, § 32 Rn. 106.
144 *Ströbel/Böhm/Breunig/Wybitul* in: CCZ 2018, 14, 18; *Stück* in: CCZ 2018, 88, 89.
145 BT-Drs. 18/11325, S. 96 f.; *Franzen* in: ErfK BDSG, § 26 Rn. 10; *Ströbel/Böhm/Breunig/Wybitul* in: CCZ 2018, 14, 18.
146 Siehe schon das Kriterium der Erforderlichkeit in Art. 6 Abs. 1 lit. f) DS-GVO.
147 *Schulz* in: Gola, DS-GVO, Art. 6 Rn. 20.

2. Besondere datenschutzrechtliche Anforderungen bei internen Ermittlungen in medizinischen Einrichtungen

In medizinischen Einrichtungen ergeben sich neben den allgemeinen datenschutzrechtlichen Problemen interner Ermittlungen noch die Besonderheiten des Umgangs mit patientenbezogenen Daten. Ohne eine Auswertung patientenbezogener Daten wäre die Aufklärung von Fehlverhalten regelmäßig nicht möglich. Hier stellen sich sowohl Herausforderungen in datenschutzrechtlicher als auch in strafrechtlicher Hinsicht.

a) Konfliktfeld Datenschutzrecht

Nach Art. 9 Abs. 1 DS-GVO ist die Verarbeitung von Gesundheitsdaten, also patientenbezogenen Daten, grundsätzlich verboten. Bei einer internen Ermittlung in medizinischen Einrichtungen kann ein Fehlverhalten von medizinischem Personal jedoch im Zweifel nur durch Auswertung der Patientenakte festgestellt werden. Für die Zulässigkeit dieser Auswertung sind in Art. 9 Abs. 2 DS-GVO verschiedene Ermächtigungsgrundlagen geregelt.

Als Ermächtigungsgrundlage kommt hier zunächst eine Einwilligung gemäß Art. 9 Abs. 2 lit. a) DS-GVO in Betracht. Die Einwilligung muss auch hier freiwillig abgegeben werden, insbesondere muss der Betroffene über die Bedeutung und Tragweite der Einwilligung sowie den Zweck der Verarbeitung informiert sein.[148] In der Praxis dürften sich hier im Hinblick auf den Umfang der zu verarbeitenden Datenmengen erhebliche Schwierigkeiten ergeben.

Nach Art. 9 Abs. 2 lit. f) DS-GVO ist die Verarbeitung daneben zulässig, wenn sie zur Geltendmachung, Ausübung oder Verteidigung von Rechtsansprüchen oder bei Handlungen der Gerichte im Rahmen ihrer justiziellen Tätigkeit erforderlich ist. Voraussetzung dafür ist eine plausible Begründung der Beweiserheblichkeit.[149] Hintergrund der Regelung ist, dass das Datenschutzrecht nicht der Durchsetzung legitimer Rechtsansprüche

---

148 *Schiff* in: Ehmann/Selmayr, DS-GVO, Art. 9 Rn. 34; *Kampert* in: Sydow, Europäische Datenschutzgrundverordnung, Rn. 13 ff.
149 *Weichert* in: Kühling/Buchner, DS-GVO, Art. 9 Rn. 86; ähnlich: *Schiff* in: Ehmann/Selmayr, DS-GVO, Art. 9 Rn. 48 f.

und der Funktionsfähigkeit der Justiz entgegenstehen soll.[150] Ein Anspruch soll nicht daran scheitern, dass er nur unter Verarbeitung sensitiver Daten hergeleitet werden kann.[151] Der Begriff des Rechtsanspruchs ist hierbei weit auszulegen; er kann sich unter anderem auch durch schädigende Handlungen ergeben, die zu Schadensersatzansprüchen führen.[152] Da interne Ermittlungen regelmäßig auch die Geltendmachung von Schadensersatzansprüchen zum Ziel haben, dürften die Voraussetzungen des Art. 9 Abs. 1 lit. f) DS-GVO regelmäßig vorliegen.

b) Konfliktfeld Strafrecht

Neben Art. 9 DS-GVO besteht beim Umgang mit patientenbezogenen Daten auch immer die Gefahr einer Strafbarkeit nach § 203 StGB, wenn ein Geheimnisträger, hier der Arzt, patientenbezogene Daten offenbart. Offenbaren meint in diesem Kontext das Übermitteln von Wissen, das dem Empfänger noch verborgen ist oder von dem er jedenfalls noch keine sichere Kenntnis hat.[153] Gibt der Arzt patientenbezogene Daten an den Erhebenden im Rahmen einer internen Ermittlung weiter, erscheint ein solches Offenbaren zumindest möglich.

Dabei ist zunächst umstritten, ob ein Offenbaren schon deshalb ausscheidet, weil der Patient sein Geheimnis dem Krankenhaus als Organisationseinheit anvertraut hat und der Erhebende im Rahmen einer internen Untersuchung damit kein Geheimnis erfährt, was ihm bis dahin noch „unvertraut" war.[154] Auch in diesem Fall wäre jedoch nur eine Datenerhebung durch das Krankenhaus selbst möglich, nicht aber durch externe Berater. Da diese Frage zudem bis heute nicht höchstrichterlich geklärt ist, besteht insoweit zumindest das Risiko einer Strafbarkeit.

---

150 *Albers/Veit* in: BeckOK Datenschutzrecht, Art. 9 DS-GVO Rn. 69; *Schiff* in: Ehmann/Selmayr, DS-GVO, Art. 9 Rn. 48; vgl. auch dazu *Ehmann/Helfrich*, EG-Datenschutzrichtlinie, Art. 8 Rn. 36.
151 *Weichert* in: Kühling/Buchner, DS-GVO, Art. 9 Rn. 83; *Kampert* in: Sydow, Europäische Datenschutzgrundverordnung, Rn. 34.
152 *Weichert* in: Kühling/Buchner, DS-GVO, Art. 9 Rn. 84; *Schiff* in: Ehmann/Selmayr, DS-GVO, Art. 9 Rn. 50.
153 *Cierniak/Niehaus* in: MüKo StGB, § 203 Rn. 51; BGHSt 27, 120, 121; BGH, NJW 1995, 2915; RGSt 38, 62, 65; BayObLGSt, NStZ 1995, 187; *Langkeit* in: NStZ 1994, 6; *Michalski/Römermann* in: NJW 1996, 1305, 1308; *Eisele* in: Schönke/Schröder, StGB, § 203 Rn. 21.
154 Zum Krankenhaus als Funktionseinheit: LG Bonn, NJW 1995, 2419, 2420.

Ein solches könnte umgangen werden, wenn der Patient in die Weitergabe seiner Daten einwilligt, da die Offenbarung des Geheimnisses dann nicht unbefugt wäre.[155] Die wirksame Einwilligung setzt aber voraus, dass sich der Einwilligende *„der Bedeutung und Tragweite seiner Entscheidung bewusst"* ist.[156] Es müsste demnach bei jedem Patienten eine entsprechende Belehrung stattfinden. Dies erscheint nur in Fällen praktikabel, in denen für die interne Ermittlung nur wenige Patientendaten erhoben werden sollen.[157] Die Einwilligung gehört allerdings zu den sichersten Wegen, eine Strafbarkeit nach § 203 StGB zu vermeiden.

Das Offenbaren eines Geheimnisses fordert des Weiteren, dass die patientenbezogenen Daten einer bestimmten Person zugeordnet werden können, diese also individualisiert ist.[158] Daher kommt als weitere Lösungsmöglichkeit die Anonymisierung der Patientendaten durch die zur Verschwiegenheit Verpflichteten in Betracht. Auch hier könnte sich jedoch das Problem eines erheblichen Aufwands stellen.[159]

Theoretisch möglich, in der Praxis jedoch regelmäßig nicht zielführend, wäre auch die Option, dass der Geheimnisträger die interne Ermittlung selbst durchführt. Im Zweifel untersucht dann aber genau die Person den Sachverhalt, deren Fehlverhalten eigentlich ermittelt werden soll.[160]

Gemäß § 203 Abs. 3 S. 1 StGB liegt ein Offenbaren auch dann nicht vor, wenn Personen Geheimnisse ihren berufsmäßigen Gehilfen zugänglich machen. Diesbezüglich wäre zu fragen, ob der intern Ermittelnde als Gehilfe des Berufsgeheimnisträgers angesehen werden kann. Als Gehilfe werden allerdings nur solche Personen angesehen, die bei der eigentlichen Berufsausübung helfen und ein unmittelbarer Zusammenhang zwischen Haupt- und Hilfstätigkeit besteht.[161] Davon kann bei einem internen Ermittler, der das Fehlverhalten des in Frage stehenden Berufsgeheimnisträgers untersucht, jedoch nicht ausgegangen werden. Die Haupttätigkeit des Arztes, also z.B. die Behandlung der Patienten, ist bei Beginn der internen Untersuchung vielmehr bereits abgeschlossen, sodass eine Hilfe bei der Berufsausübung nicht in Betracht kommen dürfte.

---

155 *Kargl* in: Kindhäuser/Neumann/Paeffgen, StGB, § 203 Rn. 50; *Cierniak/Niehaus* in: MüKo StGB, § 203 Rn. 86.
156 *Kargl* in: Kindhäuser/Neumann/Paeffgen, StGB, § 203 Rn. 52.
157 *Dann*, Compliance im Krankenhaus, S. 187.
158 Vgl. *Rogall* in: NStZ 1983, 1, 5.
159 *Dann*, Compliance im Krankenhaus, S. 187.
160 *Dann*, Compliance im Krankenhaus, S. 188.
161 *Heger* in: Lackner/Kühl, StGB, § 203 Rn. 11; *Cierniak/Niehaus* in: MüKo StGB, § 203 Rn. 123 ff.

Als letzte Möglichkeit, eine Strafbarkeit nach § 203 StGB zu vermeiden, kommt die Einsichtnahme der Erhebenden in beschlagnahmte Unterlagen in Betracht. Sofern die Staatsanwaltschaft die Unterlagen bereits beschlagnahmt hat, kann der Erhebende Akteneinsicht nach § 406e StPO beziehungsweise § 475 StPO beantragen. Dies setzt jedoch voraus, dass ein Ermittlungsverfahren bereits eingeleitet wurde. So könnten Absprachen der medizinischen Einrichtung mit den Strafverfolgungsbehörden erwogen werden, nach denen die medizinische Einrichtung beispielsweise Strafanzeige stellt, die Kooperation zusichert und im Gegenzug ein Akteneinsichtsrecht „vereinbart" wird.

IX. Telekommunikationsrecht bei internen Ermittlungen

Bei internen Ermittlungen stellen sich neben den soeben erörterten Datenschutzfragen zudem regelmäßig Fragen auf dem Gebiet des Telekommunikationsrechts. Eine E-Review kann das Fernmeldegeheimnis tangieren und Strafbarkeitsrisiken eröffnen. Diese können sich insbesondere aus § 206 StGB ergeben, der die Verletzung des Fernmeldegeheimnisses i.S.d. § 88 TKG sanktioniert.

Ein Strafbarkeitsrisiko besteht für Unternehmen nur, wenn diese, soweit sie ihren Mitarbeitern E-Mail-Dienste (im Rahmen der dienstlichen Nutzung) zur Verfügung stellen, als Anbieter von Telekommunikationsdiensten zu qualifizieren wären.

1. Unternehmen/Arbeitgeber als Anbieter von Telekommunikationsleistungen

Ob ein Arbeitgeber Diensteanbieter i.S.d. § 3 Nr. 6 TKG ist – wonach Diensteanbieter jeder ist, der ganz oder teilweise geschäftsmäßig[162] Telekommunikationsdienste erbringt oder an der Erbringung solcher Dienste mitwirkt – ist höchst umstritten. Diese Frage wird von den Arbeits-[163] und

---

162 Nach § 3 Nr. 10 TKG ist das geschäftsmäßige Erbringen von Telekommunikationsdiensten als nachhaltiges Angebot von Telekommunikation für Dritte mit oder ohne Gewinnerzielungsabsicht definiert.
163 LAG Berlin-Brandenburg, BeckRS 2016, 67048; LAG Berlin-Brandenburg, NZA-RR 2011, 342.

Zivilgerichten[164], als auch von den Aufsichtsbehörden[165] und im Schrifttum[166] unterschiedlich beurteilt. Jedenfalls soweit der Arbeitgeber die private Nutzung der dienstlichen E-Mail-Dienste ausdrücklich untersagt und dieses Verbot auch durchsetzt, scheidet eine Anwendung des TKG aus.[167] In diesen Fällen existieren nur die datenschutzrechtlichen Grenzen, nicht aber die des TKG.[168]

Aber auch soweit die Privatnutzung der E-Mail-Dienste erlaubt oder jedenfalls vom Unternehmen geduldet ist, verneinen verschiedene Landesarbeitsgerichte in neueren Entscheidungen ausdrücklich die Diensteanbietereigenschaft des Arbeitgebers.[169] So nahm das LAG Berlin-Brandenburg an, dass bei bloßer Gestattung der auch privaten Nutzung der bereitgestellten Telekommunikationsdienste der Arbeitgeber nicht zum Diensteanbieter werde, da § 3 Nr. 10 TKG voraussetze, dass das Angebot von Telekommunikation an außerhalb der Sphäre des Diensteanbieters liegende Dritte

---

164 Vgl. hierzu nur OLG Karlsruhe MMR 2005, 178, 180, welches jedoch über eine andere Frage zu entscheiden hatte und dabei den Begriff des Unternehmens in § 206 StGB weit auslegte.
165 Datenschutzrechtliche Grundsätze bei der dienstlichen/privaten Internet- und E-Mail-Nutzung am Arbeitsplatz, 2008, abrufbar unter https://www.bfdi.bund.de/SharedDocs/Publikationen/LeitfadenInternetAmArbeitsplatzneu.pdf?__blob=publicationFile&v=1 (zuletzt abgerufen am 28.02.2019); vgl. auch *Munz in:* Taeger/Gabel, *BDSG*, § 88 TKG Rn. 42 m.w.N.
166 *Klengel/Mückenberger* in: CCZ 2009, 81, 83; *Schürrle/Olbers* in: CCZ 2010, 178; *Fülbier/Splittgerber* in: NJW 2012, 1995; *Deiters* in: ZD 2012, 109; *Haußmann/Krets* in: NZA 2005, 259; *de Wolf* in: NZA 2010, 1206; *Brink/Schwab* in: ArbRAktuell 2018, 111, 112; *Wybitul/Böhm* in: CCZ 2015, 133, 134; *Mengel* in: NZA 2017, 1494, 1496; *Scheben/Klos* in: CCZ 2013, 88; *Brink/Wirtz* in: ArbRAktuell 2016, 255; *Deutlmoser/Filip* in: Hoeren/Sieber/Holznagel, Multimedia-Recht, Rn. 101; *Oberthür* in: Kramer, IT-Arbeitsrecht, Rn. 454; *Mayen* in: Scheurle/Mayen, TKG, § 88 Rn. 62; *Dendorfer-Ditges* in: Moll, Münchener Anwaltshandbuch Arbeitsrecht, Rn. 203.
167 *Brink/Schwab* in: ArbRAktuell 2018, 111, 112; *Mengel* in: NZA 2017, 1494, 1495; *Altenburg/v. Reinersdorff* in: MMR 2005, 135, 136.
168 *Brink/Wirtz* in: ArbRAktuell 2016, 255, 257; *Altenburg/v. Reinersdorff/Leister* in: MMR 2005, 135, 136.
169 LAG Berlin-Brandenburg, BeckRS 2016, 67048; LAG Berlin-Brandenburg, NZA-RR 2011, 342; LAG Niedersachsen, MMR 2010, 639.

gerichtet sei.[170] Dieser Auffassung haben sich Stimmen in der Literatur und einige Verwaltungsgerichte angeschlossen.[171]
Allerdings wird nach wohl noch herrschender Auffassung im Schrifttum der Arbeitgeber bei erlaubter Privatnutzung als Diensteanbieter gemäß § 3 Nr. 6 TKG angesehen.[172] Der Arbeitnehmer gilt hiernach als Dritter i.S.d. § 3 Nr. 10 TKG, soweit die private Nutzung der E-Mail-Dienste betroffen ist.[173] Auch der Bundesdatenschutzbeauftragte nahm an, dass der Dienstherr im Falle der Erlaubnis der privaten Nutzung die Funktion eines Telekommunikationsanbieters wahrnimmt und das TKG anzuwenden ist.[174]
Die besseren Gründe sprechen jedoch gegen eine Qualifizierung des Arbeitgebers als Telekommunikationsanbieter. Bei teleologischer Betrachtung erscheint eine Anwendung des TKG nicht geboten, da ausweislich § 1 TKG lediglich ein technologieneutraler Wettbewerb und die Förderung leistungsfähiger Telekommunikationsinfrastrukturen sowie flächen-

---

170 LAG Berlin-Brandenburg, BeckRS 2016, 67048; LAG Berlin-Brandenburg, NZA-RR 2011, 342; LAG Niedersachsen, MMR 2010, 639; vgl. ferner zur Nichterfassung der nach Abschluss des Übertragungsvorgangs im Herrschaftsbereich des Kommunikationsteilnehmers gespeicherten Verbindungsdaten VGH Kassel, Beschluss v. 19.05.2009 - 6 A 2672/08; LAG Hamm, BeckRS 2012, 71605.
171 VG Karlsruhe, NVwZ-RR, 2013, 797, 801; VGH Mannheim, Urt. v. 30.07.2014 - 1 S 1352/13 - juris; Wybitul in: ZD 2011, 69, 71; Deiters in: ZD 2012, 109, 110; Scheben/Klos in: CCZ 2013, 88, 89 ff.; Wybitul in: NJW 2014, 3605, 3607 m.w.N.; Thüsing, Arbeitnehmerdatenschutz, Rn. 74 ff.; kritisch, im Ergebnis die Diensteanbietereigenschaft aber ablehnend Fülbier/Splittgerber in: NJW 2012, 1995, 1996, 1999; bereits zuvor diese Ansicht vertretend u.a. Haußmann/Krets in: NZA 2005, 259, 260; Löwisch in: DB 2009, 2782, 2782 ff.
172 Mengel in: NZA 2017, 1494, 1496; Altenburg/v. Reinersdorff/Leister in: MMR 2005, 135, 136; Barton in: NZA 2006, 460, 461 m.w.N.; Koch in: NZA 2008, 911, 913; Klengel/Mückenberger in: CCZ 2009, 81, 83; Gola in: MMR 1999, 322; Mengel in: BB 2004, 1445, 1449 f.; Oberwetter in: NZA 2008, 609, 610 f.; Hoppe/Braun in: MMR 2010, 80; wohl auch de Wolf in: NZA 2010, 1206, 1208.
173 Härting in: CR 2007, 311; Meister/Laun in: Wissman, Telekommunikationsrecht-Praxishandbuch, Kap. 14 Rn. 11; Datenschutzrechtliche Grundsätze bei der dienstlichen/privaten Internet- und E-Mail-Nutzung am Arbeitsplatz, 2008, abrufbar unter https://www.bfdi.bund.de/SharedDocs/Publikationen/LeitfadenInternetAmArbeitsplatzneu.pdf?__blob=publicationFile&v=1 (zuletzt abgerufen am 28.02.2019).
174 Datenschutzrechtliche Grundsätze bei der dienstlichen/privaten Internet- und E-Mail-Nutzung am Arbeitsplatz, 2008, abrufbar unter https://www.bfdi.bund.de/SharedDocs/Publikationen/LeitfadenInternetAmArbeitsplatzneu.pdf?__blob=publicationFile&v=1 (zuletzt abgerufen am 28.02.2019).

deckend angemessene Dienstleistungen gewährleistet werden sollen.[175] Der Arbeitgeber tritt hingegen nicht im Wettbewerb auf und leistet keinen Beitrag zu flächendeckend angemessenen und ausreichenden Telekommunikationsdienstleistungen.[176] Es erscheint fernliegend, den Arbeitgeber mit Unternehmen wie der Deutschen Telekom oder Vodafone gleichzusetzen.[177] Das TKG ist zudem weder spezifisches Schutzrecht des Arbeitnehmers[178] noch soll es der Regelung der unternehmensinternen Rechtsbeziehungen dienen[179]. Bei Gestattung der Privatnutzung ist es dem Arbeitnehmer schließlich unbenommen, hiervon keinen Gebrauch zu machen.

Mangels bisheriger höchstrichterlicher Klärung dieser Frage verbleibt jedoch das Risiko, dass der Arbeitgeber als Diensteanbieter angesehen wird, sodass ein nicht allzu geringes Strafbarkeitsrisiko bei der Kontrolle von E-Mails des Arbeitnehmers verbleibt.

2. Praktische Konsequenzen

Um dieses Strafbarkeitsrisiko bei erlaubter oder geduldeter Privatnutzung abzuwenden, bietet sich als praktische Konsequenz insbesondere die Einholung einer vorherigen schriftlichen und freiwilligen Einwilligung des Mitarbeiters an.[180]

Damit sich die Problematik aber erst gar nicht stellt, sollten Unternehmen erwägen, die private Nutzung grundsätzlich zu untersagen und dieses Verbot auch stichprobenartig zu kontrollieren.[181] Möchte das Unternehmen die Privatnutzung jedoch nicht untersagen, sollte die Kontrollmöglichkeit von E-Mails beispielsweise durch Betriebsvereinbarungen oder durch vorherige Einholung einer Einwilligung jedes Arbeitnehmers abgesichert werden.[182] Geregelt werden sollte dann auch, dass der Arbeitneh-

---

175 *Fülbier/Splittgerber* in: NJW 2012, 1995, 1999.
176 *Haußmann/Krets* in: NZA 2005, 259, 260.
177 Vgl. *Fülbier/Splittgerber* in: NJW 2012, 1995, 1999.
178 *Fülbier/Splittgerber* in: NJW 2012, 1995, 1999; a.A. wohl *Eckhardt* in: Spindler/Schuster, Recht der elektronischen Medien, § 88 TKG Rn. 28.
179 VG Karlsruhe, Urt. v. 27.05.2013 - 2 K 3249/12 – juris; bestätigt durch VGH Mannheim, Urt. v. 30.07.2014 - 1 S 1352/13 - juris; *Fülbier/Splittgerber* in: NJW 2012, 1995, 1999.
180 *Mengel* in: NZA 2017, 1494, 1496; *Brink/Wirtz* in: ArbRAktuell 2016, 255, 257; vgl. auch §§ 94, 95 Abs. 5 TKG, die die Abdingbarkeit des Fernmeldegeheimnisses indizieren.
181 Vgl. *Mengel* in: NZA 2017, 1494, 1495.
182 *Mengel* in: NZA 2017, 1494, 1495; vgl. *Schürrle/Olbers* in: CCZ 2010, 178, 181.

mer verpflichtet ist, die privaten E-Mails separat abzulegen, sodass auf den dienstlichen Teil zugegriffen werden kann.[183]

Fehlt eine solche klare Trennung und hat der Arbeitnehmer nicht eingewilligt, kann eine Durchsuchung der fraglichen Kommunikationsdaten unzulässig sein.[184] Zur Risikominimierung ist in diesen Fällen der „Mischnutzung" die Durchsuchung nur anhand spezieller, auf den Betrieb bezogener, Stichworte anzuraten.[185] Denkbar ist daneben eine Aussonderung der privaten E-Mails unter anwaltlicher Begleitung.

Insgesamt lässt sich festhalten, dass bei erlaubter oder zumindest geduldeter Privatnutzung der E-Mail-Dienste ein gewisses Strafbarkeitsrisiko verbleibt, sollte der Arbeitnehmer nicht eingewilligt haben. Werden jedoch die bereits thematisierten unternehmensinternen Vorkehrungen getroffen und muss der Arbeitgeber daher bei einer Sichtung nicht mit privaten Inhalten rechnen, kann es zumindest am Vorsatz für eine Strafbarkeit nach § 206 StGB fehlen.[186]

X. Fazit

Interne Ermittlungen gehören mittlerweile zum Standardrepertoire großer Unternehmen. Die Bedeutung interner Ermittlungen wird vor dem Hintergrund weltweit schärfer werdender Gesetze, verstärkter Ermittlungen staatlicher Behörden und der Entstehung immer neuer Pflichtenthemen noch zunehmen. Auch medizinische Einrichtungen führen zunehmend interne Ermittlungen durch und sind Teil dieses sich immer stärker abzeichnenden „Trends". Daher wäre es äußerst wünschenswert, dass gesetzliche Regelungen für die zahlreichen umstrittenen Rechtsfragen im Zusammenhang mit internen Ermittlungen geschaffen werden.

---

183 *Schürrle/Olbers* in: CCZ 2010, 178, 181.
184 *Schürrle/Olbers* in: CCZ 2010, 178, 181; *Klenger/Mückenberger* in: CCZ 2009, 81.
185 *Schmidl* in: Hauschka/Moosmayer/Lösler, Corporate Compliance, § 28 Rn. 353.
186 Vgl. *Schmidl* in: Hauschka/Moosmayer/Lösler, Corporate Compliance, § 28 Rn. 353.

Arztstrafverfahren und Approbationsrecht

Rechtsanwalt Dr. Maximilian Warntjen

Gelegentlich wird das Strafrecht als „schärfstes Schwert des Staates" bezeichnet.[1] Wer regelmäßig arztstrafrechtliche Mandate betreut, hat einen anderen Eindruck. Für die meisten Ärzte[2] stellt sich nämlich der Entzug der Approbation als – abgesehen von der Haftstrafe – schlimmste Konsequenz beruflicher oder außerberuflicher Fehltritte dar. Die Approbation ist conditio sine qua non für die Ausübung der ärztlichen Tätigkeit und wirtschaftliche Existenzgrundlage. Aus rechtlicher Perspektive ist der Approbationswiderruf freilich keine (zusätzliche) Bestrafung, sondern eine Maßnahme zur Abwehr der Gefahren, die von der Tätigkeit eines unzuverlässigen oder zur Berufsausübung unwürdigen Arztes ausgehen.[3] Ein Entzug der Approbation greift dabei regelmäßig tief in das Recht der freien Berufswahl und zugleich in die private und familiäre Existenz ein; er kann Lebenspläne von Betroffenen zunichte machen, die von Berufen ausgeschlossen werden, für die sie sich ausgebildet und die sie für sich und ihre Angehörigen zur Grundlage der Lebensführung gemacht haben.[4]

Ich werde zunächst einen kurzen Überblick über die Grundlagen des Approbationsrechts geben. Anschließend wird untersucht, inwieweit es Leitlinien der Rechtsprechung zu der in Arztstrafsachen regelmäßig zentralen Frage gibt, ob ein bestimmter strafrechtlicher Verfahrensausgang approbationsrechtliche Konsequenzen nach sich zieht. Auf dieser Grundlage wird abschließend überlegt, welche Auswirkungen sich auf die Verteidigungsstrategie in derartigen Strafverfahren ergeben.

---

1 *Frisch*, GA 2017, 364 (369).
2 Der Beitrag bezieht sich auf Ärzte. Die Ausführungen sind aber weitgehend übertragbar auf die anderen Approbationsberufe, z.B. Apotheker, Psychotherapeuten, Kinder- und Jugendlichenpsychotherapeuten, Zahnärzte. Ebenso umfasst die für den Beitrag ausgewertete Rechtsprechung auch die nicht-ärztlichen Approbationsberufe.
3 *BVerwG*, Beschl. v. 27.10.2010 – 3 B 61/10; *OVG NRW*, Beschl. v. 22.11.2018 – 13 A 2079/18.
4 *BVerwG*, Urt. v. 26.9.2002 – 3 C 37/01 unter Hinweis auf *BVerfG*, Beschl. v. 4.4.1984 – 1 BvR 1287/83.

I. Approbationsrecht im Überblick

Das ärztliche Approbationsrecht ist in der Bundesärzteordnung geregelt. § 2 Abs. 1 BÄO bestimmt: „Wer im Geltungsbereich dieses Gesetzes den ärztlichen Beruf ausüben will, bedarf der Approbation als Arzt". Und § 2 Abs. 5 BÄO konkretisiert den Begriff der Ausübung des ärztlichen Berufs als „Ausübung der Heilkunde unter der Berufsbezeichnung Arzt oder Ärztin". Die Berufsbezeichnung Arzt oder Ärztin darf nur führen, wer als Arzt approbiert oder nach § 2 Abs. 2, 3 oder 4 BÄO zur Ausübung des ärztlichen Berufs befugt ist.[5]

Die Approbation als Arzt ist auf Antrag zu erteilen, wenn der Antragsteller u.a. „sich nicht eines Verhaltens schuldig gemacht hat, aus dem sich seine Unwürdigkeit oder Unzuverlässigkeit zur Ausübung des ärztlichen Berufs ergibt" (§ 3 Abs. 1 Satz 1 Nr. 2 BÄO). Weitere Voraussetzungen der Approbationserteilung betreffen die gesundheitliche Berufseignung, die fachliche Qualifikation (Medizinstudium und Prüfung) und Sprachkenntnisse.

§ 5 Abs. 1 BÄO regelt die Rücknahme der Approbation.[6] Satz 1 sieht eine zwingende Rücknahme vor, wenn die Approbation wegen Fehlens unabdingbarer, objektiv nicht heilbarer Ausbildungsvoraussetzungen erst gar nicht hätte erteilt werden dürfen.[7] In den Sätzen 2 bis 4 sind Konstellationen geregelt, in denen die Approbation zurückgenommen werden kann. Die Behörde hat hier ein Ermessen, ob das Fehlen bestimmter Voraussetzungen zum Zeitpunkt der Approbationserteilung die Rücknahme erforderlich macht oder trotz des Defizits noch eine dem Stand der medizinischen Erkenntnisse entsprechende Versorgung der Bevölkerung gewährleistet ist.[8]

Der im Zusammenhang mit Arztstrafverfahren wichtige Fall des Widerrufs der Approbation ist in § 5 Abs. 2 Satz 1 BÄO geregelt: Die Approbation ist (gebundene Entscheidung!) zu widerrufen, wenn nachträglich die Voraussetzung nach § 3 Abs. 1 Satz 1 Nr. 2 (Würdigkeit und Zuverlässigkeit) weggefallen ist. Wenn sich also ein Arzt nach Erteilung der Approbation eines zur Unwürdigkeit oder Unzuverlässigkeit führenden Verhaltens schuldig gemacht hat, so führt dies zwingend zum Approbationswiderruf.

---

[5] Bei Verstößen kommt eine Strafbarkeit gemäß § 132a Abs. 1 Nr. 2 StGB in Betracht.
[6] Zum Verhältnis von Rücknahme und Widerruf *Braun*, GesR 2014, 74; *Warntjen*, MedR 2018, 728.
[7] *Schelling*, in: Spickhoff, Medizinrecht, 3. Aufl. 2018, § 5 BÄO, Rn 6.
[8] *Schelling*, in: Spickhoff, Medizinrecht, 3. Aufl. 2018, § 5 BÄO, Rn 8.

Das BVerwG führt hierzu aus: „Ist diese Voraussetzung gegeben, so ist der im Entzug der Approbation liegende, in jedem Fall sehr schwerwiegende Eingriff in die Berufsfreiheit sachlich gerechtfertigt, ohne dass es noch einer zusätzlichen Auseinandersetzung mit individuellen Umständen, wie Alter des Betroffenen und Möglichkeiten anderweitiger beruflicher Tätigkeit bedürfte".[9] Konkret bedeutet dies, dass eine Verhältnismäßigkeitsprüfung im engeren Sinne beim Approbationswiderruf nicht stattfindet. Nach der Rechtsprechung wird dem Grundsatz der Verhältnismäßigkeit nämlich dadurch Rechnung getragen, dass nach Abschluss des Widerrufsverfahrens ein Antrag auf Wiedererteilung der Approbation gestellt werden kann bzw. gegebenenfalls zunächst eine Erlaubnis zur erneuten Ausübung des ärztlichen Berufs erteilt werden kann.[10] Nachdem die Approbation als solche unteilbar ist, kann sie weder teilweise zurückgenommen oder widerrufen werden, noch mit Auflagen versehen werden.[11]

Das BVerwG hat allerdings deutlich gemacht, dass im Lichte der verfassungsrechtlich durch Art. 12 Abs. 1 GG geschützten Berufsfreiheit ein Approbationswiderruf nur dann gerechtfertigt ist, wenn der mit dem Ausschluss des Betroffenen von einer weiteren Berufsausübung bezweckten Abwehr von Gefahren für das Gemeinwohl ein Gewicht zukommt, das in einem angemessenen Verhältnis zu der Schwere des damit verbundenen Grundrechtseingriffs steht.[12] Dies ist bei der Auslegung der Tatbestandsmerkmale Unwürdigkeit und Unzuverlässigkeit i.S.d. § 3 Abs. 1 Satz 1 Nr. 2 BÄO zu berücksichtigen.

Nicht unbedeutsam im Kontext arztstrafrechtlicher Verfahren ist die Möglichkeit, nach § 6 BÄO das Ruhen der Approbation anzuordnen. In Absatz 1 Nr. 1 dieser Vorschrift ist geregelt, dass das Ruhen der Approbation angeordnet werden kann, wenn gegen den Arzt wegen des Verdachts einer Straftat, aus der sich seine Unwürdigkeit oder Unzuverlässigkeit zur Ausübung des ärztlichen Berufs ergeben kann, ein Strafverfahren eingeleitet ist. Der Arzt, dessen Approbation ruht, darf den ärztlichen Beruf nicht ausüben, § 6 Abs. 3 BÄO. Das bedeutet zugleich, dass der ärztliche Status unberührt bleibt. Es handelt sich um eine vorübergehende ordnungsrechtliche Maßnahme, mittels derer dem Arzt, dessen Eignung und Fähigkeit

---

9 *BVerwG*, Beschl. v. 16.2.2016 – 3 B 68.14; *BVerwG*, Beschl. v. 14.4.1998 – 3 B 95/97 = NJW 1999, 3425.
10 *BVerwG*, Beschl. v. 14.4.1998 – 3 B 95/97 = NJW 1999, 3425. Ausführlich zur Wiedererteilung der Approbation *Schelling*, in: Spickhoff, Medizinrecht, 3. Aufl. 2018, § 5 BÄO, Rn 64 ff.
11 *BVerwG*, Urt. v. 16.9.1997 – 3 C 12/95 = MedR 1998, 142.
12 Beschl. v. 27.10.2010 – 3 B 61/10.

zur Ausübung des ärztlichen Berufs zweifelhaft geworden ist, die Ausübung der Heilkunde für eine bestimmte oder unbestimmte Zeit untersagt wird. Die Anordnung ist eine Ermessensentscheidung und unterliegt dem Verhältnismäßigkeitsgrundsatz. Sie ist aufzuheben, wenn ihre Voraussetzungen nicht mehr vorliegen, § 6 Abs. 2 BÄO.

Die Voraussetzungen für die Ruhensanordnung sind hoch, ein bloßer Anfangsverdacht für eine Straftat oder gar allein die Erstattung einer entsprechenden Strafanzeige, aus der sich dann die Unwürdigkeit oder Unzuverlässigkeit ergeben kann, reicht regelmäßig nicht aus. Zu fordern ist nach der Rechtsprechung die „hohe"[13] bzw. sogar „sehr hohe"[14] Wahrscheinlichkeit einer späteren Verurteilung.

II. Auswertung Rechtsprechung – gibt es Leitlinien?

Abgesehen vom Sonderfall einer Ruhensanordnung nach § 6 BÄO ergeben sich approbationsrechtliche Konsequenzen zumeist erst nach Abschluss eines Arztstrafverfahrens. Die meisten Approbationsbehörden warten nämlich zunächst ab, welchen Ausgang ein Strafverfahren nimmt, ehe über den Widerruf der Approbation entschieden wird. Für den Strafverteidiger ergibt sich damit die Schwierigkeit, im Vorhinein beurteilen zu müssen, ob ein bestimmter strafrechtlicher Verfahrensausgang die ärztliche Approbation gefährden kann. Bereits an dieser Stelle wird deutlich, dass die Verteidigungsstrategie im Strafverfahren zwingend durch approbationsrechtliche Überlegungen mitbestimmt sein muss. Verfügt der Strafverteidiger nicht selbst über entsprechende Kenntnisse des Approbationsrechts, sollte – idealerweise bereits in einem frühen Verfahrensstadium – ein medizinrechtlich spezialisierter Kollege hinzugezogen werden.[15]

Das (Fehl-)Verhalten eines Arztes wird immer dann zum Widerruf der Approbation führen, wenn sich aus ihm die Unwürdigkeit und/oder Unzuverlässigkeit zur Ausübung des ärztlichen Berufs ergibt. In der BÄO selbst ist nicht definiert, was Unwürdigkeit bzw. Unwürdigkeit bedeutet. Im Folgenden soll näher dargestellt werden, was nach Auffassung der Rechtsprechung unter den Begriffen Unwürdigkeit und Unzuverlässigkeit

---

13 *VGH BW*, Beschl. v. 19.7.1991 – 9 S 1227/91 = NJW 1991, 2366.
14 *OVG Saarland*, Urt. v. 29.11.2005 – 1 R 12/05 = MedR 2006, 661. Ebenso *Braun*, GesR 2014, 74, 78; *Stollmann*, MedR 2010, 682, 687.
15 *Teubner*, Verteidigung in Arztstrafverfahren – auch im Hinblick auf Folgeverfahren, in: Brennpunkte des Arztstrafrechts, AG Medizinrecht/IMR (Hrsg.), 2011, S. 65.

zu verstehen ist. Untersucht werden soll, ob es Leitlinien gibt, die dem Strafverteidiger eine möglichst verlässliche Abschätzung drohender approbationsrechtlicher Folgen in einem frühen Verfahrensstadium ermöglichen.

1. Unwürdigkeit

Ein Arzt ist unwürdig i.S.d. § 3 Abs. 1 Satz 1 Nr. 2 BÄO, wenn er durch sein Verhalten nicht mehr das Ansehen und das Vertrauen besitzt, das für die Ausübung seines Berufs unabdingbar nötig ist.[16] Diese Definition knüpft die Feststellung der Berufsunwürdigkeit im Hinblick auf den verfassungsrechtlichen Grundsatz der Verhältnismäßigkeit an hohe Voraussetzungen. Sie verlangt ein schwerwiegendes Fehlverhalten des Arztes, das bei Würdigung aller Umstände seine weitere Berufsausübung im maßgeblichen Zeitpunkt[17] untragbar erscheinen lässt.[18]. Das Fehlverhalten muss geeignet sein, „das Vertrauen der Öffentlichkeit in den ärztlichen Berufsstand nachhaltig zu erschüttern, bliebe das Verhalten für den Fortbestand der Approbation folgenlos".[19] Entscheidend ist, ob das Verhalten des Arztes „für jeden billig und gerecht Denkenden als Zerstörung der für die ärztliche Tätigkeit unverzichtbaren Vertrauensbasis erscheint".[20] Patienten müssen die Gewissheit haben, sich dem Arzt als ihrem Helfer uneingeschränkt anvertrauen zu können und nicht etwa durch Misstrauen davon abgehalten werden, ärztliche Hilfe in Anspruch zu nehmen.[21]

Allerdings wird nicht jedes Fehlverhalten gleich das erforderliche Vertrauen verspielen, zumal heute aufgrund des Wandels gesellschaftlicher Anschauungen auch von Heilberufsangehörigen nicht mehr eine in jeder Hinsicht integre Lebensführung erwartet wird.[22] Es darf kein idealisierendes Bild des Berufsstandes zugrunde gelegt werden, denn der Approbati-

---

16 *BVerwG*, Beschl. v. 28.01.2003 – 3 B 149/02; *BVerwG*, Urt. v. 16.9.1997 – 3 C 12/95 = MedR 1998, 142.
17 *BVerwG*, Urt. v. 16.9.1997 – 3 C 12/95: Abschluss des Verwaltungsverfahrens.
18 *BVerwG*, Beschl. v. 28.01.2003 - 3 B 149/02; vgl. auch *BVerwG*, Urt. v. 16.9.1997 – 3 C 12/95 = MedR 1998, 142.
19 *BVerwG*, Beschl. v. 13.02.2014 – 3 B 68/13; vgl. auch BVerwG, Beschl. v. 16.2.2016 – 3 B 68/14; OVG Lüneburg, Beschl. v. 10.6.2015 – 8 LA 114/14.
20 *BVerwG*, Beschl. v. 28.01.2003 – 3 B 149/02.
21 *BVerfG*, Beschl. v. 8.9.2017 – 1 BvR 1657/17; *OVG NRW*, Beschl. v. 22.11.2018 – 13 A 2079/18.
22 *VGH BW*, Urt. v. 29.9.1981 – IX 2309/79 = MedR 1983, 36; *Schelling*, in: Spickhoff, Medizinrecht, 3. Aufl. 2018, § 5 BÄO, Rn 20.

onswiderruf dient nicht dem Zweck, in der Öffentlichkeit den Eindruck einer „moralischen Makellosigkeit" der Ärzteschaft aufrechtzuerhalten.[23] Ein approbierter Arzt unterliegt nicht per se überhöhten moralischen Anforderungen, er muss keineswegs ein gleichsam „besserer Mensch" als der empirische Durchschnittsbürger sein.[24] Eine Prognose dahingehend, wie sich der Arzt zukünftig verhalten wird, ist im Rahmen der Würdigkeitsbeurteilung nicht erforderlich, allerdings sind nach neuerer Rechtsprechung des BVerfG[25] veränderte Umstände bei der Abwägung zur Feststellung des Tatbestandsmerkmals der Unwürdigkeit zu berücksichtigen.

Diese eher allgemein gehaltenen Definitionen helfen bei der Beurteilung des konkreten Falles häufig nicht weiter. Der Rechtsprechung lässt sich allerdings ausgehend von der immer wieder betonten Notwendigkeit der Berücksichtigung aller Umstände des Einzelfalls[26] ein Katalog von grundsätzlich entscheidungserheblichen Kriterien entnehmen. Bei der approbationsrechtlichen Beurteilung der Unwürdigkeit im Zusammenhang mit einem Arztstrafverfahren kommen als potenziell entscheidungserhebliche Umstände des Einzelfalls u.a. folgende Kriterien in Betracht:

- im Strafverfahren verhängtes Strafmaß
- Zahl, Art und Dauer der Verstöße
- Vorbelastung des Arztes
- Berufsbezug des Fehlverhaltens
- Schadenshöhe und Schadenswiedergutmachung
- Einsicht und Reue
- Bekanntwerden der Vorwürfe und Reaktion der Öffentlichkeit bzw. Patienten
- Zeitablauf

---

23 *VG Hamburg*, Urt. v. 23.1.2019 – 17 K 4618/18 n.v.
24 *VG Hamburg*, Urt. v. 23.1.2019 – 17 K 4618/18 n.v.
25 Beschl. v. 8.9.2017 – 1 BvR 1657/17.
26 *BVerfG*, Beschl. v. 8.9.2017 – 1 BvR 1657/17; *BVerwG*, Beschl. v. 16.2.2016 – 3 B 68.14; *BVerwG*, Beschl. v. 28.01.2003 – 3 B 149/02; *BVerwG*, Beschl. v. 20.9.2002 – 3 B 7/12; aus der untergerichtlichen Rechtsprechung z.B. *VG München*, Urt. v. 9.12.2014 – M 16 K 13.2879; *VG Hamburg*, Urt. v. 23.1.2019 – 17 K 4618/18 n.v.

Zu einigen dieser Aspekte im Einzelnen:

a) Strafmaß

Das im Arztstrafverfahren verhängte Strafmaß ist regelmäßig ein überragend wichtiger Indikator für die approbationsrechtliche Beurteilung der Würdigkeit. Dies ergibt sich schon daraus, dass auch bei der Strafzumessung gemäß § 46 Abs. 2 StGB die Umstände abzuwägen sind, die für und gegen den Täter sprechen. Die strafzumessungsrechtliche Abwägung ist freilich nicht vollständig kongruent zur approbationsrechtlich gebotenen Berücksichtigung aller Umstände des Einzelfalls. So darf beispielsweise im Strafverfahren das Ausbleiben eines Geständnisses[27] oder ein zulässiges Verteidigungsverhalten[28] nicht strafschärfend berücksichtigt werden. In approbationsrechtlichen Entscheidungen wird dagegen immer wieder zu Lasten des Betroffenen in die Beurteilung der Unwürdigkeit eingestellt, wenn ein Fehlverhalten bestritten oder Rechtsbehelfe ergriffen wurden.[29]

Gelegentlich wird die Auffassung vertreten, dass ab einer Verurteilung zu mehr als 90 Tagessätzen ein Approbationsentzug die Regel sei.[30] Eine solche „magische Grenze"[31] lässt sich allerdings weder der Rechtsprechung entnehmen, noch orientiert sich, jedenfalls nach meiner Erfahrung, die behördliche Entscheidungspraxis an diesem Grenzwert. In der Rechtsprechung finden sich nicht wenige Beispiele, in denen trotz Verurteilung zu z.T. deutlich höheren Strafen ein verfügter Approbationswiderruf aufgehoben wurde.[32] Fallkonstellationen, in denen die Behörde trotz strafrechtlicher Verurteilung zu einer 90 Tagessätze übersteigenden Strafe die Appro-

---

27 *BGH*, Beschl. v. 29.1.2014 – 1 StR 589/13; *BGH*, Beschl. v. 4.8.2010 – 3 StR 192/10.
28 Std. Rspr., vgl. nur *BGH*, Beschl. v. 23.5.2000 – 1 StR 193/00.
29 Z.B. *OVG Lüneburg*, Beschl. v. 10.6.2015 – 8 LA 114/14: „Auch an der strafrechtlichen Aufarbeitung seines eigenen Fehlverhaltens hat der Kläger nicht aktiv mitgewirkt".
30 *Weidhaas*, Vertragsstrafentheorie versus normativem Schadensbegriff, in: FS 20 Jahre Arbeitsgemeinschaft Medizinrecht im DAV, 2018, S. 372.
31 *Weidhaas*, Vertragsstrafentheorie versus normativem Schadensbegriff, in: FS 20 Jahre Arbeitsgemeinschaft Medizinrecht im DAV, 2018, S. 372.
32 *VG München*, Urt. v. 9.12.2014 – M 16 K 13.13.2879 (Abrechnungsbetrug, 1 Jahr auf Bewährung); *VG München*, Urt. v. 27.10.2009 – M 16 K 09.2603 (vers. Betrug in bes. schwerem Fall, 280 Tagessätze); *VG Saale*, Urt. v. 14.4.2016 – 5 A 2/HAL (Abrechnungsbetrug, 1 Jahr 10 Monate auf Bewährung); *VG Augsburg*, Urt. v. 25.2.2016 – Au 2 K 15.1028 (Steuerhinterziehung, 300 Tagessätze); *VG Hamburg*, 9.10.2018 – 17 K 6716/17, n.v. (Abrechnungsbetrug, 2 Jahre auf Bewährung

bation von vornherein nicht widerrufen hat, sind naturgemäß nicht veröffentlicht. Aus eigener Praxis ist aber zu berichten, dass etwa bei Verurteilungen zu einer Geldstrafe von 320 Tagessätzen wegen Abrechnungsbetrugs, zu 1 Jahr und 3 Monaten auf Bewährung wegen sexuellen Missbrauchs unter Ausnutzung eines Behandlungsverhältnisses, 1 Jahr auf Bewährung wegen Brandstiftung in minderschwerem Fall und versuchten Betrugs und eine Verwarnung (§ 59 StGB) und vorbehaltene Geldstrafe von 120 Tagessätzen wegen Abrechnungsbetrugs seitens der jeweils zuständigen Approbationsbehörde von einem Widerruf abgesehen wurde.

Das VG Hamburg hat sich in einer aktuellen Entscheidung[33] mit dem Argument der Approbationsbehörde auseinandergesetzt, wonach eine Freiheitsstrafe von einem Jahr schon allein aufgrund der Wertung des § 24 Abs. 1 Beamtenstatusgesetz den Approbationswiderruf rechtfertige. Die Vorschrift ordnet an, dass bei der Verurteilung wegen einer vorsätzlich begangenen Straftat zu einer Freiheitsstrafe von (mindestens) einem Jahr der Beamte zwingend aus dem Dienst zu entfernen ist. Das Gericht tritt dieser Gleichsetzung entgegen und argumentiert, die ärztliche Approbation begründe nicht eine mit dem besonderen öffentlich-rechtlichen Vertrauensverhältnis zwischen Dienstherrn und Beamten vergleichbare Sonderverbindung.

Zusammengefasst kann damit festgehalten werden, dass das im Strafverfahren verhängte Strafmaß regelmäßig von großer Bedeutung für die Frage ist, ob ein auf Unwürdigkeit gestützter Approbationswiderruf erfolgt bzw. Bestand haben wird. Die Orientierung am Strafmaß allein bietet indes keine Sicherheit. Denn wie vorstehend ausgeführt setzt der Approbationswiderruf kein strafbares Verhalten voraus, so dass grundsätzlich sogar bei einem nach § 170 Abs. 2 StPO eingestellten Ermittlungsverfahren approbationsrechtliche Weiterungen möglich sind.[34]

b) Berufsbezug des Fehlverhaltens

Von Bedeutung für die approbationsrechtliche Beurteilung ist, inwieweit das Fehlverhalten einen Bezug zum ärztlichen Beruf hat. Im Ausgangspunkt gilt hier, dass nicht nur ein den Kernbereich der ärztlichen Tätigkeit

---

und Gesamtgeldstrafe von 210 Tagessätzen); *VG Hamburg*, Urt. v. 23.1.2019 – 17 K 4618/18, n.v. (Abrechnungsbetrug, 1 Jahr auf Bewährung).
33 Urt. v. 23.1.2019 – 17 K 4618/18, n.v.
34 Siehe die Fallkonstellation *OVG NRW*, Beschl. v. 3.8.2018 – 13 A 1535/17.

betreffendes Fehlverhalten zur Unwürdigkeit führen kann, sondern grundsätzlich alle berufsbezogenen Handlungen und – abhängig von der Schwere des Delikts – sogar Straftaten außerhalb des beruflichen Wirkungskreises.[35] Konkret bedeutet dies, dass die Berufsbezogenheit der Tat z.B. bei Kapitaldelikten keine Voraussetzung für die Annahme der Unwürdigkeit darstellt; umgekehrt das Kriterium der Berufsbezogenheit umso mehr Relevanz und Gewicht hat, je geringer die Schwere und der Unrechtsgehalt der in Rede stehenden Straftat ist.[36]

Die Rechtsprechung hat in diesem Sinne bei nicht berufsbezogenen schwerwiegenden Straftaten wie z.B. Mord[37], Anstiftung zum Mord[38] und Brandstiftung[39] ohne weiteres Unwürdigkeit angenommen. Eine differenzierte Betrachtung ist dagegen erforderlich bei Steuerdelikten.[40] Verkehrsstraftaten werden in aller Regel nicht zur Unwürdigkeit führen.[41]

Strafrechtlich relevante Verstöße gegen das BtMG bzw. die BtMVV (häufig im Rahmen der sog. Substitutionsbehandlung) begründen nach der Rechtsprechung regelmäßig die Unwürdigkeit.[42] Ebenso gilt dies für eine Verurteilung wegen Körperverletzung mit Todesfolge[43], vorsätzlicher Körperverletzung durch eine nicht indizierte bzw. nicht erprobte Behandlung und unterlassene Aufklärung[44], versuchten Schwangerschaftsabbruch[45] und eine vorsätzliche Körperverletzung durch nicht indizierte Impfungen[46]. Fahrlässige Behandlungsfehler führen dagegen in aller Regel nicht zur Unwürdigkeit.[47]

---

35 *BVerwG*, Beschl. v. 28.8.1995 – 3 B 7/95; *VGH BW*, Beschl. v. 29.9.2009 – 9 S 1783/09; *OVG NRW*, Beschl. v. 22.11.2018 – 13 A 2079/18; *OVG NRW*, Urt. v. 30.1.1997 – 13 A 2587/94; a. A. *Braun/Gründel*, MedR 2001, 396, 398.
36 *Schelling*, in: Spickhoff, Medizinrecht, 3. Aufl. 2018, § 5 BÄO, Rn 29.
37 *VGH BW*, Beschl. v. 29.9.2009 – 9 S 1783/09
38 *BVerwG*, Beschl. v. 16.10.1986 – 3 B 11/86.
39 *OVG NRW*, Beschl. v. 12.11.2002 – 13 A 683/00.
40 Vgl. einerseits *OVG Lüneburg*, Beschl. v. 4.12.2009 – 8 LA 197/09 (Unwürdigkeit verneint) und andererseits *OVG NRW*, Beschl. v. 31.8.2006 – 13 A 1190/05 (Unwürdigkeit bejaht).
41 *OVG NRW*, Beschl. v. 15.1.2003 – 13 A 2774/01.
42 Z.B. *OVG Lüneburg*, Beschl. v. 19.2.2015 – 8 LA 102/14; *OVG Lüneburg*, Beschl. v. 7.2.2014 – 8 LA 84/13; *OVG Rheinland-Pfalz*, Urt. v. 20.9.2005 – 6 A 10556/05; *VG Köln*, Urt. v. 13.3.2018 – 7 K 7010/15.
43 *VG Berlin*, Urt. v. 17.1.2018 – 14 K 176.15.
44 *OVG Saarland*, Urt. v. 29.11.2005 – 1 R 12/05.
45 *VG Gelsenkirchen*, Urt. v. 21.10.2009 – 7 K 49/08.
46 *VG Karlsruhe*, Urt. v. 3.5.2011 – 1 K 1399/09.
47 *VG Augsburg*, Urt. v. 1.12.2016 – Au 2 K 16.578.

In Fällen des sexuellen Missbrauchs unter Ausnutzung eines Behandlungsverhältnisses[48], bei sexueller Belästigung durch eine sexuelle Beleidigung[49] oder durch medizinisch unbegründete Untersuchungen[50] und bei Erwerb und Besitz kinderpornographischer Schriften durch einen Arzt[51] bzw. Kinder- und Jugendlichenpsychotherapeuten[52] ist ebenfalls Unwürdigkeit bejaht worden.

Auch wirtschaftsstrafrechtlich geprägte Straftaten wie Vorteilsannahme[53] und Abrechnungsbetrug[54] führen regelmäßig zur Annahme von Unwürdigkeit. Insbesondere in Betrugskonstellationen gibt es aber keinen entsprechenden Automatismus, sondern es ist stets zu prüfen, ob die im Einzelfall zu berücksichtigenden Umstände gegen eine Unwürdigkeit sprechen. Dies kann dann der Fall sein, wenn sich die zu beurteilende Tat „gegenüber üblichen Abrechnungsbetrügereien" deutlich abhebt und die Abrechnungsverstöße nicht Ausdruck eines „übersteigerten Gewinnstrebens" waren.[55] Gerade wenn, wie nicht selten, die Falschabrechnung in der Nichtbeachtung formaler Abrechnungsbestimmungen begründet war, die zu Unrecht abgerechneten Leistungen aber tatsächlich und mängelfrei erbracht wurden, liegt häufig keine die Annahme von Unwürdigkeit rechtfertigende erhebliche Pflichtverletzung vor.[56]

---

48 *OVG Lüneburg*, Beschl. v. 19.2.2015 – 8 LA 102/14; *VG Oldenburg*, Urt. v. 31.1.2017 – 7 A 2236/15.
49 *OVG NRW*, Urt. v. 30.1.1997 – 13 A 2587/94.
50 *OVG NRW*, Beschl. v. 3.8.2018 – 13 A 1535/17.
51 *OVG NRW*, Beschl. v. 22.11.2018 – 13 A 2079/18; *VG München*, Urt. v. 19.1.2010 – M 16 K 09.4614.
52 *Bay VGH*, Beschl. v. 29.2.2008 – 21 ZB 08.26.
53 *BVerwG*, Beschl. v. 18.9.2011 – 3 B 6/11.
54 *BVerwG*, Beschl. v. 20.9.2012 – 3 B 7/12; *BVerwG*, Beschl. v. 27.10.2010 – 3 B 61/10; *OVG Lüneburg*, Beschl. v. 17.2.2015 – 8 LA 26/14; *Hess. VGH*, Beschl. v. 24.11.2011 – 7 A 37/11.Z; *OVG NRW*, Beschl. v. 25.4.1988 – 5 B 373/88; *VG München*, Urt. v. 20.5.2015 – M 16 K 15.1873.
55 *VG München*, Urt. v. 9.12.2014 – M 16 K 13.2879.
56 *VG München*, Urt. v. 9.12.2014 – M 16 K 13.2879; in diese Richtung auch *VG Hamburg*, Urt. v. 23.1.2019 – 17 K 4618/18, n.v.

c) Bekanntwerden der Vorwürfe und Reaktion der Patienten bzw. Öffentlichkeit

Ob das in Rede stehende (Fehl-)Verhalten des Arztes der Öffentlichkeit tatsächlich bekanntgeworden ist, ist nach h. M. unerheblich.[57] In der Literatur[58] und vereinzelten Entscheidungen[59] wird diese Auffassung infrage gestellt, weil ein Approbationswiderruf sich jedenfalls dann nicht als geeignetes Mittel zur Wiederherstellung des Vertrauens in die Ärzteschaft darstellt, wenn eine Verfehlung einer breiteren Öffentlichkeit gar nicht bekannt geworden ist.

2. *Unzuverlässigkeit*

Unzuverlässigkeit im approbationsrechtlichen Sinne des § 3 Abs. 1 Satz 1 Nr. 2 BÄO ist anzunehmen, wenn Tatsachen die Annahme rechtfertigen, der Arzt werde in Zukunft die berufsspezifischen Vorschriften und Pflichten nicht beachten.[60] Diese Definition macht deutlich, dass eine Prognoseentscheidung getroffen werden muss. Hierbei kommt es darauf an, ob der Betroffene nach den gesamten Umständen des Falles willens und in der Lage sein wird, künftig seine beruflichen Pflichten zuverlässig zu erfüllen.[61] Ausschlaggebend für die Prognose der Zuverlässigkeit ist die Würdigung der gesamten Persönlichkeit des Arztes und ihrer Lebensumstände auf der Grundlage der Sachlage im Zeitpunkt des Abschlusses des Verwaltungsverfahrens.[62] Im Hinblick auf die begangenen Verstöße müssen für die Zukunft gleiche oder andere, aber dabei ähnlich schwerwiegende Verstöße gegen Berufpflichten ernsthaft zu besorgen sein.[63]

Keinesfalls kann aber allein aus dem der Verurteilung zugrunde liegenden Sachverhalt auf etwaige zukünftige Verstöße rückgeschlossen und eine Unzuverlässigkeit begründet werden, wie z.B. das VG München formu-

---

57 *Bay VGH*, Beschl. v. 19.7.2013 – 21 ZB 12.2581; *Bay VGH*, Urt. v. 8.11.2011 – 21 B 10.1543; *Hess. VGH*, Beschl. v. 24.11.2011 – 7 A 37/11.Z; *Schelling*, in: Spickhoff, Medizinrecht, 3. Aufl. 2018, § 5 BÄO, Rn 32 m.w.N.
58 *Braun/Gründel*, MedR 2003, 296.
59 *OVG NRW*, Beschl. v. 15.1.2003 – 13 A 2774/01; *VG Leipzig*, Beschl. v. 22.11.1999 – 5 K 1866/99 = MedR 2000, 339.
60 *BVerwG*, Urt. v. 16.9.1997 – 3 C 12/95.
61 *BVerwG*, Beschl. v. 27.10.2010 – 3 B 61/10.
62 *BVerwG*, Urt. v. 16.09.1997 – 3 C 12/95.
63 *BVerwG*, Urt. v. 26.09.2002 – 3 C 37/01.

liert: „Grundsätzlich spricht aus Sicht des Gerichts einiges dafür, dass jedenfalls ein Teil der betroffenen Ärzte nach erfolgter strafrechtlicher Verurteilung wegen Abrechnungsbetrugs ihre Abrechnungspraxis grundlegend überdenken und an den entsprechenden Vorgaben der KVB ausrichten dürften. Es ist daher fraglich, ob die Annahme der Unzuverlässigkeit in derartigen Fällen ausnahmslos bereits deshalb gerechtfertigt ist, weil aufgrund des schwerwiegenden Fehlverhaltens in der Vergangenheit lediglich „nicht ausgeschlossen werden kann", dass der betreffende Arzt auch weiterhin unzulässige und betrügerische Abrechnungen vornimmt."[64]

Die Rechtsprechung hat z.B. bei Abrechnungsbetrug[65], Körperverletzung mit Todesfolge[66] und Verstößen gegen das BtMG (Substitutionsbehandlung)[67] Unzuverlässigkeit angenommen. Fahrlässige Behandlungsfehler begründen – jedenfalls solange es sich um einen Einzelfall handelt – regelmäßig keine Unzuverlässigkeit.[68]

III. Auswirkungen auf die Verteidigungsstrategie

1. Wann und wie erfährt die Behörde von einem Sachverhalt?

Nr. 26 der Anordnung über Mitteilungen in Strafsachen (MiStra) regelt, dass in Strafsachen gegen Angehörige der Heilberufe u.a. die Entscheidung über die Anordnung eines vorläufigen Berufsverbots und die Erhebung der öffentlichen Klage der zuständigen Behörde mitzuteilen sind, wenn der Tatvorwurf auf eine Verletzung von Pflichten schließen lässt, die bei der Ausübung des Berufs zu beachten sind, oder er in anderer Weise geeignet ist, Zweifel an der Eignung, Zuverlässigkeit oder Befähigung hervorzurufen. Nr. 26 Abs. 2 Satz 1 MiStra bestimmt allerdings, dass bei fahrlässig begangenen Straftaten (Rückausnahme: Straftaten, durch die der Tod eines Menschen verursacht worden ist) die Mitteilung nur bei Vorliegen besonderer Umstände erfolgen soll. Diese liegen insbesondere vor, wenn die Tat bereits ihrer Art nach geeignet ist, Zweifel an der Zuverlässigkeit oder Eignung für die gerade ausgeübte berufliche Tätigkeit hervorzurufen. Mit Blick auf Behandlungsfehlerfälle bedeutet dies, dass bei fahrlässiger Kör-

---

64 *VG München*, Urt. v. 20.10.2015 – M 16 K 15.1873.
65 *BVerwG*, Beschl. v. 27.10.2010 – 3 B 61/10; *BVerwG*, Urt. v. 26.9.2002 – 3 C 37/01.
66 *VG Berlin*, Urt. v. 17.1.2018 – 14 K 176.15.
67 *OVG Rheinland-Pfalz*, Urt. v. 20.9.2005 – 6 A 10556/05; *VG Köln*, Urt. v. 13.3.2018 – 7 K 7010/15.
68 *VG Leipzig*, Beschl. v. 22.11.1999 – 5 K 1866/99.

perverletzung auch bei einer Anklageerhebung bzw. Erlass eines Strafbefehls im Regelfall keine Mitteilung an die Approbationsbehörde vorzunehmen ist. Anders aber liegt es, wenn ein grob fehlerhaftes, besonders pflichtwidriges oder rücksichtsloses Vorgehen des Arztes in Rede steht.

Abgesehen von der obligatorischen Mitteilung nach Nr. 26 MiStra enthält § 14 Abs. 1 Nr. 4 EGGVG eine Befugnisnorm für die Übermittlung personenbezogener Daten des Beschuldigten, die den Gegenstand des Verfahrens betreffen. Die Übermittlung solcher Informationen ist demnach für Maßnahmen der Aufsicht zulässig, wenn die Daten auf eine Verletzung von Pflichten schließen lassen, die bei der Ausübung des Berufs zu beachten sind oder in anderer Weise geeignet sind, Zweifel an der Eignung, Zuverlässigkeit oder Befähigung hervorzurufen.

Schließlich kann die Approbationsbehörde aber auch unabhängig von einer – obligatorischen oder fakultativen – Mitteilung durch die Staatsanwaltschaft tätig werden, wenn sie auf anderem Weg Kenntnis von einem approbationsrechtlich relevanten Sachverhalt erhält. Praktisch ist vor allem an Presseberichte zu denken, aber auch (anonyme) Mitteilungen und Anzeigen, die direkt an die Approbationsbehörde gerichtet sind, können ein Tätigwerden derselben auslösen. Regelmäßig beantragen Approbationsbehörden dann Akteneinsicht bei der Staatsanwaltschaft und erhalten auf diesem Weg Informationen über Verlauf und Ausgang des Strafverfahrens.

Was bedeutet das für den Verteidiger? Zusammengefasst gibt es praktisch keinerlei Gewissheit, dass ein arztstrafrechtlicher Sachverhalt der Approbationsbehörde nicht irgendwann zur Kenntnis gelangt. Der Verteidiger muss im Arztstrafverfahren also grundsätzlich immer damit rechnen, dass die Behörde Kenntnis erlangt und prüfen wird, ob ein Verfahren auf Widerruf der Approbation einzuleiten ist. Damit steht zugleich fest, dass bei der Festlegung der Verteidigungsstrategie stets drohende approbationsrechtliche Konsequenzen mit zu berücksichtigen sind. Im Arztstrafverfahren muss Approbationsrecht deshalb von Beginn an „mitgedacht" werden.

2. Welchen Sachverhalt darf die Approbationsbehörde zugrunde legen?

Grundsätzlich gilt im approbationsrechtlichen Verfahren das Amtsermittlungsprinzip. Im Zuge des Strafverfahrens gewonnene Erkenntnisse dürfen dabei verwertet werden. Von großer praktischer Bedeutung ist, dass nach ständiger Rechtsprechung Feststellungen in einem Strafurteil bzw. einem Strafbefehl der behördlichen Entscheidung zugrunde gelegt werden dürfen, soweit keine gewichtigen Anhaltspunkte für die Unrichtigkeit der

Feststellungen bestehen.[69] Auch die auf einer Verständigung nach § 257c StPO beruhenden Feststellungen in einer strafgerichtlichen Entscheidung dürfen zur Grundlage einer behördlichen Beurteilung der betroffenen Persönlichkeit bei Entscheidungen über den Entzug einer ärztlichen Approbation gemacht werden, solange und soweit es nicht ernstlich zweifelhaft ist, dass das Strafgericht untersucht hat, ob das abgelegte Geständnis mit dem Ermittlungsergebnis zu vereinbaren ist, ob es in sich stimmig ist und ob es die getroffenen Feststellungen trägt, und dass das Strafgericht von der Richtigkeit des Geständnisses überzeugt gewesen ist.[70]

Ein Abweichen von den Feststellungen einer rechtskräftigen strafgerichtlichen Entscheidung kann aber ausnahmsweise dann geboten sein, wenn gewichtige Anhaltspunkte für deren Unrichtigkeit bestehen. Dies ist etwa dann der Fall, wenn Wiederaufnahmegründe im Sinne des § 339 StPO gegeben sind, die maßgeblichen tatsächlichen Feststellungen des Strafgerichts erkennbar auf einem Irrtum beruhen oder die Behörde oder die Verwaltungsgerichte ausnahmsweise in der Lage sind, eine für ihre Entscheidung erhebliche aber strittige Tatsache besser als das Strafgericht aufzuklären.[71]

Auch im Falle einer Verfahrenseinstellung nach § 153a Abs. 2 StPO können die strafrechtlichen Verfahrensakten von der Approbationsbehörde verwertet werden. Es darf aber nicht allein aufgrund der Zustimmung zur Einstellung nach § 153a Abs. 2 StPO und der Einstellung selbst davon ausgegangen werden, es sei nachgewiesen, dass die vorgeworfene Tat begangen wurde.[72]

Schließlich können sogar bei Einstellungen nach § 170 Abs. 2 StPO die im Strafverfahren gewonnenen Erkenntnisse approbationsrechtlich verwertet werden. Denn der Approbationswiderruf setzt nicht voraus, dass ein schwerwiegendes berufswidriges Verhalten die Grenze der Strafbarkeit überschreitet. Verwaltungsbehörde und -gericht sind bei ihrer Entscheidung über den Widerruf nicht auf eine strafgerichtliche Verurteilung angewiesen oder an staatsanwaltliche oder an strafgerichtliche Einstellungsentscheidungen gebunden.[73]

Zusammengefasst kann damit festgehalten werden, dass die Grundlage für das Approbationsverfahren im Strafverfahren gelegt wird. Insbeson-

---

69 *BVerwG*, Beschl. v. 16.2.2016 – 3 B 68.14; *OVG NRW*, Beschl. v. 22.11.2018 – 13 A 2079/18; *OVG Lüneburg*, Beschl. v. 28.7.2014 – 8 LA 145/13.
70 *OVG Lüneburg*, Beschl. v. 17.2.2015 – 8 LA 26/14.
71 *Bay VGH*, Urt. v. 25.9.2012 – 21 BV 11.340.
72 *BVerfG*, Beschl. v. 16.2.1991 – 1 BvR 1326/90.
73 *VG Köln*, Urt. v. 30.5.2017 – 7 K 1352/17.

re, wenn ein Geständnis abgegeben wird, hat dies weitreichende Konsequenzen für das Approbationsverfahren. Es ist in diesem Fall nicht damit zu rechnen, dass bei der Approbationsbehörde das Argument Gehör finden wird, das Geständnis sei allein deshalb erfolgt, um eine im Raum stehende härtere Bestrafung zu verhindern.

Gleiches gilt für die nicht seltene Situation, dass ein – aus isoliert strafrechtlicher Perspektive günstiger – Strafbefehl akzeptiert wird, um das Verfahren rasch und „geräuschlos", d.h. ohne öffentliche Hauptverhandlung zu beenden. Eine solche Motivation stellt die Richtigkeit und Verwertbarkeit der strafgerichtlichen Feststellungen nicht in Frage.[74] Auch hier muss davon ausgegangen werden, dass die Approbationsbehörde den dem Strafbefehl zugrunde liegenden Sachverhalt – regelmäßig weitgehend ungeprüft – übernimmt.

3. Handlungsmöglichkeiten des Verteidigers

Die gesamte Verteidigungsstrategie im Arztstrafverfahren ist von Beginn an auch unter approbationsrechtlichen Gesichtspunkten festzulegen. Das Ziel muss sein, dass am Ende des Strafverfahrens ein Ergebnis steht, welches auf der Grundlage der im vorstehenden Abschnitt II. skizzierten maßgeblichen Kriterien der approbationsrechtlichen Rechtsprechung weder Unwürdigkeit noch Unzuverlässigkeit begründet.

Nicht selten wird der Verteidiger aber auch nach Heranziehung der approbationsrechtlichen Rechtsprechung nicht verlässlich abschätzen können, ob ein bestimmter strafrechtlicher Verfahrensausgang approbationsrechtliche Konsequenzen haben wird. Dies ist eine Folge des Umstandes, dass es im Approbationsrecht eben keine „Automatismen" und „magischen Grenzen" gibt, sondern stets alle Umstände des Einzelfalls in den Blick zu nehmen sind. Insbesondere bevor irreversible „Fakten geschaffen" werden, also ein Geständnis abgegeben, eine Verständigung erfolgt oder ein Strafbefehl akzeptiert wird, muss alles versucht werden, um approbationsrechtlich auf die sichere Seite zu gelangen. Gelegentlich gelingt es, den zuständigen Sachbearbeiter der Approbationsbehörde zu einer Art Vorab-Einschätzung des relevanten Sachverhaltes zu bewegen. Häufig besteht allerdings keine Bereitschaft der Behörde, sich vor Abschluss des Strafverfahrens approbationsrechtlich festzulegen. Nachdem Strafgerichte aber gehalten sind, sich im Rahmen der Strafzumessungserwägungen mit drohenden

---

74 *Bay VGH*, Urt. v. 8.11.2011 – 21 B 10.1543.

approbationsrechtlichen Maßnahmen auseinanderzusetzen,[75] kann über entsprechende Beweisanträge versucht werden, eine Vernehmung des Vertreters der Approbationsbehörde in der Hauptverhandlung zu erreichen. Wird gegenüber dem Mitarbeiter der Approbationsbehörde dezent auf diese Möglichkeit hingewiesen und zugleich deutlich gemacht, dass eine Vorab-Einschätzung der Approbationsbehörde einen entsprechenden Beweisantrag entbehrlich machen würde, kann dies eventuell die Bereitschaft erhöhen, sich schon vor Abschluss des Strafverfahrens zu positionieren.

Die Abklärung approbationsrechtlicher Konsequenzen kann im Falle eines Strafbefehls erreicht werden, indem zunächst Einspruch gegen diesen eingelegt wird. Anschließend wird – ggfs. in Abstimmung mit dem Strafgericht – der Strafbefehl an die Approbationsbehörde übersandt und angefragt, ob auf dieser Grundlage mit einem Approbationswiderruf gerechnet werden muss. Wenn dabei zum Ausdruck gebracht wird, dass der Strafbefehl zwischen Staatsanwaltschaft, Gericht und Verteidigung abgestimmt wurde, kann dies die Bereitschaft der Behörde erhöhen, von approbationsrechtlichen Schritten abzusehen. Es sollte deshalb darauf hingewiesen werden, dass der gegen den Strafbefehl zunächst eingelegte Einspruch (nur) dann zurückgenommen und somit eine Hauptverhandlung entbehrlich werden wird, wenn seitens der Behörde zugesichert wird, dass kein Approbationswiderruf erfolgt.

Jenseits der Notwendigkeit, möglichst früh eine größtmögliche approbationsrechtliche Sicherheit zu erreichen, muss der Verteidiger stets versuchen, schon im Strafverfahren approbationsrechtliche „Pluspunkte" zu sammeln. Derartige Aktivitäten müssen sich nicht auf die Wiedergutmachung eines ggfs. entstandenen Schadens oder die Einigung mit Geschädigten beschränken. Insbesondere mit Blick auf eine drohende Unzuverlässigkeit bestehen häufig Möglichkeiten, die approbationsrechtliche Bewertung zu beeinflussen. In Abrechnungsbetrugskonstellationen etwa wird die Behörde berücksichtigen müssen, wenn der Arzt zukünftig (Prognoseentscheidung!) mit bestimmten Abrechnungsvorgängen nicht mehr befasst ist, etwa, weil er sich in einer Praxis, einem MVZ oder einer Klinik anstellen lässt. Steht die Falschabrechnung von im Rahmen einer sog. Ermächtigung erbrachten Leistungen im Raum, kann überlegt werden, ob der Arzt nicht zukünftig auf die Ermächtigung verzichtet.[76] Ein wegen sexuellen Missbrauchs o.ä. verurteilter Arzt kann zukünftig weibliche Patienten nur im Beisein Dritter (etwa einer Arzthelferin) oder von vornherein

---

75 *OLG Frankfurt a. M.*, Urt. v. 20.12.2017 – 1 Ss 174/17.
76 Vgl. die Fallkonstellation bei *VG Hamburg*, Urt. v. 23.1.2019 – 17 K 4618/18, n.v.

gar nicht behandeln. Auch wenn die Approbation zwar nicht mit einer entsprechenden Auflage versehen werden kann,[77] muss die Behörde bei ihrer Beurteilung berücksichtigen, wenn tatsächlich eine Situation vorliegt, in der die Annahme gerechtfertigt ist, der Arzt werde in Zukunft die berufsspezifischen Vorschriften und Pflichten nicht verletzen.

Deutlich schwieriger ist es, auf den Widerrufsgrund der Unwürdigkeit Einfluss zu nehmen. Hier wird sich vor allem positiv auswirken, wenn der Arzt glaubhaft Verantwortung für sein Fehlverhalten übernimmt und dies auch gegenüber der Behörde deutlich zum Ausdruck bringt. In geeigneten Konstellationen sollte versucht werden, eine persönliche Anhörung des Mandanten bei der Approbationsbehörde zu erreichen, damit diese sich einen eigenen unmittelbaren Eindruck verschaffen kann.

Ist absehbar, dass sich ein Approbationswiderruf nicht verhindern lässt, kann versucht werden, mit der Behörde eine Einigung über den Zeitpunkt der Wiedererteilung zu erreichen, wenn im Gegenzug keine Rechtsmittel gegen den Widerruf eingelegt werden. Oder der Arzt gibt die Approbation von vornherein „freiwillig" zurück und dokumentiert auf diese Weise Reue und Unrechtseinsicht, was sich wiederum günstig auf die Möglichkeit der Wiedererteilung auswirken wird.

IV. Fazit

Für den Arzt ist regelmäßig nicht die Verhängung einer strafrechtlichen Sanktion, sondern der Entzug der Approbation der absolute worst case. Nachdem die Grundlage für das Approbationsverfahren im Strafverfahren gelegt wird, muss der Verteidiger von Anfang an immer die approbationsrechtlichen Auswirkungen im Blick behalten. Dies gilt insbesondere, wenn ein Geständnis abgegeben oder ein Strafbefehl akzeptiert werden soll und sich eine Bindungswirkung für das spätere Approbationsverfahren ergibt.

Erschwerend ist zu berücksichtigen, dass die verwaltungsrechtliche Rechtsprechung bislang keine hinreichend sicheren Leitlinien zur Abschätzung approbationsrechtlicher Risiken entwickelt hat, es vielmehr stets auf alle Umstände des Einzelfalls ankommt. Dies bedeutet zum einen, dass es regelmäßig erforderlich sein wird, Kontakt zur Approbationsbehörde aufzunehmen, bevor weitreichende und später nicht mehr korrigierbare strategische Entscheidungen im Strafverfahren getroffen werden. Zum an-

---

77 *VG Oldenburg*, Urt. v. 31.1.2017 – 7 A 2236/15.

deren aber eröffnet die gebotene Berücksichtigung der Umstände des Einzelfalls auch Handlungs- und Gestaltungsmöglichkeiten, um die approbationsrechtliche Beurteilung zugunsten des Mandanten zu beeinflussen.

Beschränkung der strafrechtlichen Haftung auf eine schwerwiegende Verletzung der ärztlichen Aufklärungspflicht

Prof. Dr. Detlev Sternberg-Lieben

Entsprechend zu dem Voranschreiten der Medizin sind auch die Ansprüche der Patienten an Kunstfertigkeit und Sorgfalt des Arztes gestiegen. Gesundheit wird zunehmend als käufliches Gut betrachtet, welches der Arzt als vertragliche Leistung schuldet; in einer erfolglosen Therapie wird dann menschliches Versagen erblickt.

I. Ärztliche Behandlungsfehler und ihr zivilrechtlicher Nachweis

Ein Patient, der sich als Opfer eines ärztlichen Behandlungsfehlers sieht, muss für zivilrechtlichen Schadensersatz sowohl die ärztliche Sorgfaltspflichtverletzung als auch die Voraussetzungen der haftungsbegründenden und -ausfüllenden Kausalität darlegen und ggf. beweisen[1]. Insoweit helfen ihm in Bezug auf die Kausalität zwischen Sorgfaltspflichtverletzung und eingetretener Gesundheitsbeschädigung auch die Grundsätze des Anscheinsbeweises zumeist nicht weiter, da dieser nicht in Betracht kommt, sobald vom beklagten Arzt die ernsthafte Möglichkeit eines anderen als des vom Patienten angeführten typischen Geschehensablaufs dargetan wird. Somit konzentrieren sich entsprechende Arzthaftungsprozesse zumeist um den vom Patienten zu führenden Nachweis eines groben Behandlungsfehlers (§ 630h Abs. 5 BGB): Während § 630h Abs. 1 BGB lediglich die (schwer zu erschütternde) Vermutung für einen Arztfehler als solchen aufstellt, wenn sich ein voll beherrschbares Risiko verwirklicht[2], kehrt sich die zumeist prozessentscheidende Beweislast für die schadensbegründende Kausalität erst bei Vorliegen eines groben Behandlungsfehlers

---

1 Hierzu und zum Folgenden: *Katzenmeier*, Arzthaftung, 2002, S. 421 ff.; BeckOK/BGB-*Katzenmeier*, 47. Ed. 2018, BGB § 630h Rdnrn. 7 ff.; sowie *Frahm/Walter*, Arzthaftungsrecht, 6. Aufl. 2018, Rdnrn. 127 ff.
2 Also ein Risiko, das nach seinem Erkennen mit Sicherheit ausgeschlossen werden kann (vgl. BeckOK/BGB-*Katzenmeier*, 47. Ed. 2018, BGB § 630h Rdnr. 18 m.w.Nw. in Rdnrn. 21 ff.).

zulasten des Arztes um. Hiermit wurde von der Zivilgerichtsbarkeit der vom Bundesverfassungsgericht[3] bereits 1979 angemahnten Waffengleichheit der Parteien im Arzthaftungsprozess Rechnung getragen. Dem Strafrichter hingegen wäre eine derartige Beweislastverteilung zu Lasten des ärztlichen Täters verwehrt, da dem der in-dubio-pro-reo-Grundsatz entgegenstünde.

II. Hypothetische Einwilligung im Zivilrecht

Für eine Schadensersatzklage wegen Körperverletzung bestehen hingegen größere Erfolgsaussichten, wenn sie nicht auf einen Behandlungsfehler, sondern auf eine fehlende Einwilligung infolge mangelhafter Aufklärung gestützt wird: Insoweit trägt nämlich der Arzt die Beweislast sowohl für das Vorliegen der Einwilligung als auch für die zu ihrer Wirksamkeit erforderliche hinreichende Aufklärung seines Patienten. Das Geltendmachen einer Verletzung der Aufklärungspflicht erweist sich oft genug als verschleiernder Ersatz für vermutete, aber nicht hinlänglich beweisbare Behandlungsfehler: Die Aufklärungsfehlerrüge, die oftmals im laufenden Haftungsprozess nachgeschoben wird, wenn ein Behandlungsfehler sich nicht nachweisen lässt, hat sich zu einem regelrechten Auffangtatbestand entwickelt (*Christian Katzenmeier*[4]). In entsprechenden Arzthaftungsprozessen pflegt im Gegenzug regelmäßig ärztlicherseits die entlastende Behauptung aufgestellt zu werden, der Patient hätte dem Eingriff auch dann zugestimmt, wenn er hinreichend aufgeklärt worden wäre. Für die somit geltend gemachte hypothetische Einwilligung trifft den Arzt zivilrechtlich (!) die Darlegungs- und Beweislast, an deren Erfüllung nicht geringe Anforderungen gestellt werden, um das Selbstbestimmungsrecht des Patienten nicht zu unterlaufen[5]. Es ist Sache des Arztes, nachzuweisen, dass die medizinische Indikation kaum eine andere Entscheidung zuließ, als sich dem Eingriff zu unterziehen. Dem kann der Patient dann noch mit dem substantiierten Bestreiten entgegentreten, er hätte sich auch bei Erteilung der gebotenen ärztlichen Informationen in einem echten Entscheidungskonflikt befunden, ob er sich dem Eingriff unterziehen wolle oder nicht[6];

---

3 BVerfG 52, 131, 147.
4 *Katzenmeier*, Arzthaftung, 2002, S. 503; BeckOK/BGB-*Katzenmeier*, 47. Ed. 2018, BGB § 630h Rdnr. 32; ebenso *Frister/Lindemann/Peters*, Arztstrafrecht, 2011, 1. Kap. Rdnr. 21.
5 BGHZ 90, 103, 111; BGHZ 172, 1, 14.
6 BGHZ 90, 103, 112; BGH, NJW 1993, 2378, 2379.

legt er hierfür plausible Gründe dar, muss wiederum der Arzt nachweisen, der Patient hätte sich auch bei pflichtgemäßer Aufklärung dem Eingriff unterzogen. Dieser Nachweis gelingt in der forensischen Praxis in der Regel nicht.

III. Hypothetische Einwilligung im Strafrecht und Kritik an der Übernahme dieser Rechtsfigur

1. Übernahme in das Strafrecht

Die Übernahme dieser im zivilrechtlichen Arzthaftungsrecht entwickelten Rechtsfigur in das Strafrecht erfolgte zunächst in der Surgibone-Dübel-Entscheidung des 4. Strafsenats im Jahre 1995[7]. Es folgten weitere entsprechende Judikate (Bandscheiben-Fall 2003, Bohrerspitzen-Fall 2004, Liposektions- sowie Turboentzugs-Fall 2007, Magenspiegelung 2011)[8]. 2013 hielt der 1. Strafsenat eine hypothetische Einwilligung auch im Falle einer Neulandbehandlung für möglich.[9] Der Übernahme dieser (auch im Zivilrecht nicht völlig unumstrittenen[10]) Rechtsfigur in das Strafrecht durch die höchstrichterliche Rechtsprechung ist einschränkend gemein, dass sich dieses Einwilligungssurrogat jedenfalls ohne weitergehende Aufklärung nur auf eine lege artis vorgenommene Behandlung bezieht[11]. Umgekehrt sollte nach älterer Rechtsprechung[12] die hypothetische Einwilligung selbst dann zum Einsatz kommen, wenn der Patient bewusst über den Operationszweck getäuscht wurde (so bspw. in dem eben erwähnten Fall einer notwendigen Korrektur-Operation nach Verwechslung der Bandscheibenfächer[13]).

---

7 NStZ 1996, 34 m. Anm. *Rigizahn*, JR 1996, 72 u. *Jordan*, JR 1997, 32.
8 JZ 2004, 799 m. Anm. *Rönnau*; NStZ 2004, 442 m. Anm. *Puppe*, JR 2004, 470; NStZ-RR 2007, 340 m. Anm. *Sternberg-Lieben*, StV 2008, 190; NStZ 2008, 150 m. Anm. *Rönnau*, StV 2008, 465; NStZ 2012, 205.
9 NJW 2013, 1688, 1689.
10 Abl. bspw. *Giesen*, Arzthaftungsrecht, 1995, Rdnrn. 234, 475; and. mit der h.M. *Katzenmeier*, Arzthaftung, 2002, S. 367 ff.
11 *Sowada*, NStZ 2012, 1, 3.
12 And. BGH NStZ 2004, 442 (Bohrerspitzen-Fall); offengelassen aber von BGH, NJW 2013, 1688, 1689.
13 BGH JZ 2004, 799.

In der Literatur findet diese Rechtsprechung Unterstützung[14], wobei letztlich die für die objektive Zurechnung auf Tatbestandsebene entwickelten Zurechnungskriterien (Pflichtwidrigkeitszusammenhang) auf die Ebene der Rechtswidrigkeit übertragen werden, da – in den Worten *Christian Kühls*[15] – eine korrekte Aufklärung nichts gebracht hätte.

2. Bedenken

Der Eingemeindung dieser zivilrechtlichen Rechtsfigur in die strafrechtliche Entscheidungsfindung stehen aber beträchtliche Bedenken entgegen[16]:
a) Sieht man mit der Rechtsprechung die hypothetische Einwilligung letztlich als einen mehr oder weniger speziellen Rechtfertigungsgrund an, so würde mit ihr die spezifische Eigenheit der Rechtswidrigkeit im Verhältnis zum Tatbestand negiert: Der tatbestandliche Erfolg (Körperverletzung beim Patienten) wird durch das Verhalten des Täters (operativer Eingriff) und nicht durch das Fehlen hinreichender Aufklärung (als Voraussetzung einer rechtfertigen Einwilligung) verursacht; die objektiven Elemente eines Rechtfertigungsgrundes heben zusammen mit dem subjektiven Rechtfertigungselement nur das Unrecht des Erfolges auf. In der Formulierung von *Ingeborg Puppe*: Die tatsächlichen Voraussetzungen eines Rechtfertigungsgrundes verursachen den Erfolg nicht, sie heben das Unrecht des Erfolges auf; die Beziehung zwischen den Voraussetzungen eines Rechtfertigungsgrundes und dem Taterfolg ist eben nicht kausaler Natur, sondern das Ergebnis der Bewertung einer rechtfertigenden Sachlage[17]. Diese imaginierte Rechtfertigung[18] durch eine hypothetische Einwilligung verträgt sich auch nicht mit dem Grundsatz der Subsidiarität der mutmaß-

---

14 Zuletzt *Beulke*, medstra 2015, 67 ff.; weitere Nachweise bei Schönke/Schröder-*Sternberg-Lieben*, Strafgesetzbuch, 30. Aufl. 2019, § 223 Rdnr. 40g.
15 Strafrecht Allgemeiner Teil, 8. Aufl. 2017, § 9 Rdnr. 47a; krit. *Saliger*, Beulke-FS, 2015, S. 257, 266.
16 Nachw. zur abl. Literatur bei Schönke/Schröder-*Sternberg-Lieben*, Strafgesetzbuch, 30. Aufl. 2019, § 223 Rdnr. 40h; ferner (auch zum Folgenden) *Sternberg-Lieben*, Beulke-FS, 2015, S. 299, 301 ff.; *Sturm*, Die hypothetische Einwilligung im Strafrecht, 2015, S. 85 ff., passim.
17 *Puppe*, GA 2003, 764, 770; zust. *Gropp*, Schroeder-FS, 2006, S. 197, 206.
18 Mit der hypothetischen Einwilligung würde systemfremd eine Rechtfertigung bejaht, obgleich feststeht, dass die Voraussetzungen für eine Rechtfertigung (Einwilligung des Patienten) zum Zeitpunkt der Tat nicht vorlagen (*Gropp*, Schroeder-FS, 2006, S. 197, 206).

lichen Einwilligung[19], so dass Aufklärungsmängel – selbstbestimmungsfeindlich die Patientenautonomie hintanstellend – strafrechtlich weitgehend irrelevant zu werden drohen[20].

b) Wollte man statt einer Rechtfertigung auf einen Zurechnungsausschluss[21], letztlich gestützt auf rechtmäßiges Alternativverhalten[22], abheben, so ist dies ebenfalls nicht zielführend. Zwar könnte eine argumentative Anleihe bei dem zumindest vom Fahrlässigkeitsdelikt her bekannten Pflichtwidrigkeitszusammenhang möglich erscheinen: Dieser entfällt bekanntlich, wenn der Erfolg auch bei Anwendung pflichtgemäßer Sorgfalt nicht vermieden worden wäre[23]. Aber: In diese hypothetische Fragestellung dürfen nicht beliebig Faktoren und Umstände einbezogen werden. Lediglich der dem Täter vorwerfbare Tatumstand ist durch ein korrespondierendes sorgfaltsgemäßes Verhalten zu ersetzen; darüber hinaus darf an der konkreten Tatsituation nichts verändert werden[24]. Im Falle der hypothetischen Einwilligung wird aber keinesfalls lediglich ein pflichtwidriges Verhalten des Arztes (fehlerhafte Aufklärung) durch ein fiktiv sorgfaltsgemäßes (ordnungsgemäße Aufklärung bzw. Nicht-Operieren) ersetzt; vielmehr wird durch Hinzudenken einer zustimmenden Entscheidung des Patienten der zur Entscheidung stehende Sachverhalt unzulässig verändert[25].

---

19 Diese setzt bekanntlich voraus, dass eine Entscheidung des Betroffenen nicht oder nicht rechtzeitig erlangt werden kann und er auf seine Befragung nicht mit Sicherheit verzichtet hätte (Schönke/Schröder-*Sternberg-Lieben*, Strafgesetzbuch, 30. Aufl. 2019, Vorbem. §§ 32 ff. Rdnrn. 54).

20 Deshalb auch krit. *Frister/Lindemann/Peters*, Arztstrafrecht, 2011, 1. Kap. Rdnr. 40; *Gaede*, Limitiert akzessorisches Medizinstrafrecht statt hypothetischer Einwilligung, 2014, S. 40; *Roxin*, medstra 2017, 129, 131 (Marginalisierung der ärztlichen Aufklärungspflicht); *Sturm*, Die hypothetische Einwilligung im Strafrecht, 2015, S. 197 f., 277; s.a. *Mitsch*, JZ 2005, 279, 284.

21 So *Kuhlen*, Roxin-FS I, 2001, S. 331, 333; *ders.*, Müller-Dietz-FS, 2001, S. 431, 432; *ders.*, JR 2004, 227, 228.

22 So konstruktiv auch BGH(Z), NJW 2016, 3523, 3524.

23 Schönke/Schröder-Sternberg-Lieben/*Schuster*, Strafgesetzbuch, 30. Aufl. 2019, § 15 Rdnr. 174.

24 BGHSt 49, 1, 3 f.: "Hinwegzudenken und durch das korrespondierende sorgfaltsgemäße Verhalten zu ersetzen ist (…) daher nur der dem Täter vorwerfbare Tatumstand; darüber hinaus darf von der konkreten Tatsituation nichts weggelassen, ihr nichts hinzugedacht und an ihr nichts verändert werden." Somit entlastete in casu die Möglichkeit eines gewaltsamen Ausbruches die Ärzte einer psychiatrischen Klinik nicht, die einem Patienten pflichtwidrig Ausgang bewilligten; s.a. Schönke/Schröder-Sternberg-Lieben/*Schuster*, Strafgesetzbuch, 30. Aufl. 2019, § 15 Rdnr. 176.

25 *Saliger*, Beulke-FS, 2015, S. 257, 266; *Sowada*, NStZ 2012, 1, 10; *Sternberg-Lieben*, Beulke-FS, 2015, S. 299, 302 f.

c) Auch sind durch diesen strafrechtsfremden „Import" Kollateralschäden nicht auszuschließen, nämlich durch Anwenden der hypothetischen Einwilligung außerhalb ärztlicher Tätigkeit. So wird mitunter die Anwendung dieses Konstrukts bei der behördlichen Genehmigung[26], beim Untreue-Tatbestand[27] oder sogar auf alle einwilligungsfähigen Tatbestände vorgeschlagen.[28] Hierdurch würde jedoch die Gefahr der Schaffung heimlicher Antragsdelikte begründet[29] und letztlich – strafrechtsfremd – eine (noch dazu fiktive) nachträgliche Genehmigung mittelbar anerkannt[30]. Die drohenden Friktionen mit dem überkommenen Strafrecht macht *Jäger* deutlich[31]: Fährt das Opfer mit einem unerkannt betrunkenen Fahrer mit und wird hierbei durch einen alkoholbedingten Unfall verletzt, so würde gegenwärtig niemand behaupten, dass Zurechnung bzw. Rechtswidrigkeit ausgeschlossen seien, weil der Verletzte (möglicherweise) auch mitgefahren wäre, wenn er um die Trunkenheit des Fahrers gewusst hätte.

---

26 M. *Dreher*, Objektive Erfolgszurechnung bei Rechtfertigungsgründen, 2003, S. 129 ff.; *Garbe*, Wille und Hypothese - Zur Rechtsfigur der hypothetischen Einwilligung im Zivil- und Strafrecht, 2011, S. 259 ff.; zutr. abl. *Böse* ZIS 2016, 495, 503; *Mitsch*, Achenbach-FS, 2011, S. 299, 313 ff.; MüKo/StGB-*Schlehofer*, 3. Aufl. 2017, Vorbem. § 32 Rdnr. 236; nicht prinzipiell abl. *Sturm*, Die hypothetische Einwilligung im Strafrecht, 2015, S. 239 ff., 272.
27 OLG Hamm, NStZ-RR 2012, 374, 375 i.Z.m. einem Einverständnis des Treugebers; so auch *Hengstenberg*, Die hypothetische Einwilligung im Strafrecht - Zu den "Risiken und Nebenwirkungen" eines Transfers der Rechtsfigur aus dem Zivil- in das Strafrecht, 2013, S. 425; zurecht abl. M. *Schmidt*, Die Rechtsfigur der hypothetischen Einwilligung und ihre Übertragbarkeit auf die Untreue (§ 266 StGB), 2018, S. 343 ff. unter Betonung der geringeren Schutzbedürftigkeit des Vermögensbetreuungspflichtigen sowie des Fehlens einer dem Arzt-Patienten-Verhältnis vergleichbaren Informationsasymmetrie); *Sturm*, Die hypothetische Einwilligung im Strafrecht, 2015, S. 225 ff.
28 *Kuhlen*, Müller-Dietz-FS, 2001, S. 444, 451; s. a. *Edlbauer*, Die hypothetische Einwilligung als arztstrafrechtliches Haftungskorrektiv, 2009, S. 449 ff.; *Garbe*, Wille und Hypothese - Zur Rechtsfigur der hypothetischen Einwilligung im Zivil- und Strafrecht 2011, S. 337 ff.; abl. für Konstellationen tatbestandsausschließenden Einverständnisses: *Schwartz*, Die hypothetische Einwilligung im Strafrecht, 2009, S. 169 f. sowie grundsätzlich *Tag*, ZStW 127 (2015), 523, 548.
29 *Jäger*, Jung-FS, 2007, S. 345, 360.
30 *Gropp*, Schroeder-FS 2006, S. 197, 207; *Sowada*, NStZ 2012, 1, 6 u. 10; *Swoboda*, ZIS 2013, 18, 26; *Wiesner*, Die hypothetische Einwilligung im Medizinstrafrecht, 2010, S. 117.
31 Jung-FS, 2007, S. 345, 352 f.; zust. MüKo/StGB-*Joecks/Hartung*, 3. Aufl. 2017, § 223 Rdnr. 120.

Für einen Zurechnungs- oder Rechtswidrigkeitsausschluss durch eine Art „Heilung" des willensbeeinträchtigenden Aufklärungsmangels mittels „hypothetischer Einwilligung" sollte mithin im Strafrecht kein Raum sein.

d) Vorliegend ist – die Bedenken ergänzend – das Augenmerk noch auf die von der zivilrechtlichen Rspr. eingebaute Ausnahme im Falle hypothetischer Einwilligung zu richten: Der Patient muss ggfs. einen ernsthaften Entscheidungskonflikt bei (fiktiv) korrekt erfolgender Aufklärung nachvollziehbar geltend machen[32]. Dieser Ausweg überzeugt schon deshalb nicht, weil insoweit nicht unerhebliche Beweisprobleme angesichts möglicher „Rückschaufehler" des als Zeugen zu befragenden Patienten aufgeworfen werden[33]. Dessen Erinnerung an seine damalige Entscheidungssituation dürfte sich zumeist nicht ohne Berücksichtigung des Ergebnisses des ärztlichen Eingriffes bilden. Ein entsprechendes Risiko von Attributionsfehlern ist dem Arztrecht von der Konstellation her bekannt[34], dass der Rechtsanwender ein fahrlässiges Verhalten des Arztes feststellen muss und insoweit (auch) darauf abhebt, ob der Erfolg vorhersehbar und vermeidbar war[35]; exemplarisch ausgedrückt bereits 1919 von *Karl Binding*[36]: „Es liegt so nahe, das hinterher leicht Begriffene in ein vorher leicht Begreifliches umzudeuten." Ohnehin erscheint eine nachträgliche Feststellung, wie sich ein Patient vor dem Eingriff entschieden hätte[37], schon deshalb kaum möglich, da niemand verlässlich sagen kann, wie er sich in einem Konflikt entschieden hätte, in dem er gar nicht gestanden hat.

---

32 BGH, NJW 2005, 1364; OLG Dresden, MedR 2018, 817, 818.
33 Vgl. *Edlbauer*, Die hypothetische Einwilligung als arztstrafrechtliches Haftungskorrektiv, 2009, S. 424 ff. m.w.Nw.
34 *Arntz*, JR 2017, 253, 255 f.; *Steinbeck/Lachenmaier*, NJW 2014, 2086, 2089 ff.; Beispiele aus der Praxis bei *Jäger/Schweiter*, Schweiz. Ärztezeitung 85 (2005), 1940, 1941 f. Eingehend zum Einfluss kognitiver Täuschungen auf straf- und zivilrichterliche Entscheidungen aus rechtspsychologischer Sicht: *Schweizer*, Kognitive Täuschungen vor Gericht: Eine empirische Studie, 2005 (https://www.markschweizer.ch/wp-content/uploads/2017/09/schweizer_kognitive_t%C3%A4uschungen_vor_gericht.pdf; aufgerufen am 15.11.2018).
35 Vgl. *Duttge*, Zur Bestimmtheit des Handlungsunwerts von Fahrlässigkeitsdelikten, 2001, S. 11 ff.; *ders.*, MüKo/StGB-*Duttge*, 1. Bd., 3. Aufl. 2017, § 15 Rdnr. 3; *Kuhlen*, in: *Jung/Müller-Dietz/Neumann* (Hrsg.), Recht und Moral, 1991, S. 341, 358 f.; *Steinbeck/Lachenmaier*, NJW 2014, 2086, 2089 ff.; Schönke/Schröder-Sternberg-Lieben/*Schuster*, Strafgesetzbuch, 30. Aufl. 2019, § 15 Rdnr. 203a.
36 Die Normen und ihre Übertretung, Bd. IV (Die Fahrlässigkeit), 1919, § 312 (S. 646 f.).
37 *Sturm*, Die hypothetische Einwilligung im Strafrecht, 2015, S. 58, hebt zurecht hervor, dass es hierbei nur um den Nachvollzug dessen geht, was entschieden worden wäre, ohne dass es aktuell noch etwas entscheiden gibt.

e) Wollte man primär auf einen vernünftigen Patienten abstellen (Stichwort: er muss einen „ernsthaften Entscheidungskonflikt plausibel machen"), so würde das Selbstbestimmungsrecht des Patienten nicht hinreichend geschützt. Selbst wenn man nicht auf die Kunstfigur eines „vernünftigen Patienten" rekurriert[38], der sich regelmäßig entsprechend der vom Arzt gestellten medizinischen Indikation entscheiden würde, sondern auf die persönliche Entscheidungssituation des konkreten Patienten vor dem Eingriff abstellt, so würde dies doch nichts an dem Dilemma ändern: Die über die Voraussetzungen einer hypothetischen Einwilligung judizierenden Richter werden in ihre Überzeugungsbildung mangels gegenteiliger Anhaltspunkte die Erfahrung einfließen lassen, dass ein Kranker normalerweise einem sinnvollen medizinischen Eingriff zuzustimmen pflegt, der mit relativ hoher Wahrscheinlichkeit und bei relativ geringen Risiken zu einer nachhaltigen Verbesserung seiner Gesundheit zu führen verspricht bzw. dass Patienten üblicherweise einen dringlichen Eingriff konsentieren, der zur Abwendung schwerster Gefahren medizinisch zwingend erforderlich scheint und erhebliche Erfolgsaussichten hat[39]. Zu den Grundelementen individueller Selbstverantwortung gehört jedoch auch der Umstand, höchstpersönliche Entscheidungen sogar auf der Basis gefühlsbetonter bis irrationaler Aspekte treffen zu dürfen[40]. Nur der Betroffene hat im Licht seiner Vorstellungen gelungenen Lebens darüber zu entscheiden, ob das Eingehen eines Risikos vernünftig ist oder nicht. So betont auch das Bundesverfassungsgericht im Zusammenhang mit Eingriffen in die körperliche Integrität[41], dass die Bestimmung über die eigene leiblich-seelische Integrität zum ureigensten Bereich der Personalität des Menschen zählt und

---

38 Zurecht abl. die Zivilrechtsprechung: BGHZ 90, 103, 111 f.; BGHZ 172, 1, 15 f.; ebenso *Katzenmeier*, Arzthaftung, 2002, S. 348 f., 368 f.
39 Krit. auch *Geiß/Greiner*, Arzthaftpflichtrecht, 7. Aufl. 2014, Rdnr. C 144: „In Rechtswirklichkeit und Ergebnis wird die Aufklärungsfehlerhaftung (…) aus der Breite des Aufklärungsumfangs vor das Nadelöhr des ernsthaften Entscheidungskonflikts geführt und der Richter vor eine durchaus ungesicherte „Plausibilitätskontrolle", in der Gefahr, dass die Rechtsprechung im Ergebnis beim Entscheidungskonflikt nimmt, was sie im Aufklärungsumfang gibt."; zust. *Katzenmeier*, Arzthaftung, 2002, S. 499. S.a. *Frahm/Walter*, Arzthaftungsrecht, 6. Aufl. 2018, Rdnr. 221 (Tatrichter nicht gehindert, bei seiner Wertung den Gesichtspunkt „vernünftiger Patient" mit einfließen zu lassen, ohne dass diese Überlegung allein entscheidend sein kann).
40 *Paeffgen*, Rudolphi-FS, 2004, S. 187, 209.
41 BVerfG 52, 131, 175 (damals allerdings nur von einer Mindermeinung auf ein in Art. 2 Abs. 2 GG verankertes grundrechtlich garantiertes körperbezogenes Selbstbestimmungsrecht gestützt; inzwischen hat sich der 2. Senat des BVerfG der damaligen Mindermeinung angeschlossen: BVerfG 89, 120, 130; auch BVerfG 128,

er deshalb aus der Sicht des Grundgesetzes frei sei, seine insoweit maßgeblichen Maßstäbe selbst zu wählen und nach ihnen zu leben und zu entscheiden. Die Freiheitskonzeption des Grundgesetzes schreibt dem Bürger die Alleinzuständigkeit für sein "wohlverstandenes" Eigeninteresse zu. Hierzu gehört im Extremfall auch die "Freiheit zum Untergang"[42], da der erwachsene, freiverantwortlich handelnde Mensch dann eben alle, auch die weitreichenden Konsequenzen seiner Entscheidungen in Eigenverantwortung zu tragen hat[43].

f) Ein Letztes: Für eine vorsatzausschließende Fehlvorstellung des Arztes würde es ausreichen, dass der Arzt die Erteilung einer Einwilligung durch einen hinreichend aufgeklärten Patienten für möglich hielt und hierauf vertraute. Sobald eine medizinisch vertretbare Verfahrensweise im Raum steht, wäre eine ärztliche Behauptung, einem entsprechenden (Erlaubnistatbestands-)Irrtum erlegen zu sein, schwerlich zu entkräften[44], da dem Arzt nachgewiesen werden müsste, dass bei ordnungsgemäßer Aufklärung die Einwilligung unterblieben wäre; verbleiben Zweifel, so ist im Strafverfahren nach dem Grundsatz „in dubio pro reo" zu Gunsten des Arztes davon auszugehen, dass die Einwilligung auch bei ordnungsgemäßer Aufklärung erfolgt wäre[45]. Zwar wäre es durchaus vorstellbar, dass der Arzt sich nach § 229 StGB strafbar macht, sofern seine Fehlvorstellung auf Fahrlässigkeit beruht. Dieser ohnehin abgeschwächte Schutz des Patienten würde aber in den sicherlich keineswegs seltenen Fällen leerlaufen, in denen der in-dubio-pro-reo-Grundsatz (etwa in Bezug auf einen echten Entscheidungskonflikt beim Patienten im Falle ordnungsgemäßer Aufklärung) dazu führen würde, dass das Gericht vom objektiven Vorliegen der Voraussetzungen einer hypothetischen Einwilligung auszugehen hätte[46]. Das

---

282, 300 sieht eine medizinische Behandlung gegen den Willen des Betroffenen als Eingriff in dessen Grundrecht auf körperliche Unversehrtheit (Art. 2 Abs. 2 GG) an: Dieses Grundrecht schütze die körperliche Integrität des Grundrechtsträgers und damit auch das diesbezügliche Selbstbestimmungsrecht).

42 *v. Unruh*, DÖV 1974, 508, 513.
43 *Sternberg-Lieben*, in: *Hilgendorf* (Hrsg.), Robotik im Kontext von Recht und Moral, 2014, S. 119, 130.
44 Auch *Frister/Lindemann/Peters*, Arztstrafrecht, 2011, 1. Kap. Rdnr. 39, weisen darauf hin, dass der Arzt nur dann verurteilt werden kann, wenn das Gericht davon überzeugt ist, dass der Patient die Einwilligung bei ordnungsgemäßer Aufklärung nicht erteilt hätte, wofür der Nachweis eines ernsthaften Entscheidungskonflikts nicht ausreicht.
45 BGH NStZ-RR 2004, 16, 17.
46 Keine objektive Pflichtwidrigkeit des Arztes / Straflosigkeit des Versuchs beim Fahrlässigkeitsdelikt.

Überspielen des Selbstbestimmungsrechts des Patienten würde im Regelfall auch nicht durch Annahme einer dem Arzt immerhin noch drohenden Versuchsstrafbarkeit abgefedert werden können[47], da in (zumindest entsprechender) Anwendung von § 16 Abs. 1 StGB – wie auch sonst im Falle einer Fehlvorstellung des Arztes über die Voraussetzungen einer wirksam vom Patienten erteilten Einwilligung – bei ihm kein Tatentschluss vorläge[48]. Es bleibt also dabei, dass bei Annahme einer hypothetischen Einwilligung letztlich paternalistische Vorstellungen (doctor knows best) durch Unterlaufen der Patientenautonomie befördert zu werden drohen[49].

IV. Reduzierung ärztlicher Aufklärungslasten als Alternative zur hypothetischen Einwilligung

Die Notwendigkeit, überzogene strafrechtliche Sanktionen als Konsequenz mitunter übertriebener, von der Zivilrechtsprechung dekretierter Aufklärungspflichten zu beschränken, ist nicht zu bezweifeln.

Ausgeklammert soll hier die Frage bleiben, ob nicht allgemein die ärztliche Verantwortlichkeit im Strafrecht auf grobe Fahrlässigkeit reduziert werden sollte[50]. Hierfür spricht immerhin der Umstand, dass auch dem gewissenhaftesten Arzt auf längere Sicht geradezu unvermeidlich Fehler unterlaufen müssen, die je für sich vermeidbar wären. Eine aufs Ganze gesehen letztlich doch verschämte Zufallshaftung ist in Anbetracht des freiheitswahrenden Schuldprinzips nicht gerade unbedenklich.[51]

---

47 So aber *Kuhlen*, JR 2004, 227, 229 f.
48 *Sowada*, NStZ 2012, 1, 8; sowie *Albrecht*, Die „hypothetische Einwilligung" im Strafrecht, 2010, S. 464 ff., 477; *Edlbauer*, Die hypothetische Einwilligung als arztstrafrechtliches Haftungskorrektiv, 2009, S. 433 ff., 438; *Gaede*, Limitiert akzessorisches Medizinstrafrecht statt hypothetischer Einwilligung, 2014, S. 43 f.; *Puppe* JR 2004, 470, 471; *Rosenau*, Maiwald-FS, 2010, S. 683, 691; *Sternberg-Lieben* StV 2008, 190, 193; *Wiesner* Die hypothetische Einwilligung im Medizinstrafrecht, 2010, S. 123; s. a. *Mitsch*, JZ 2005, 279, 284 f.
49 *Duttge*, Schroeder-FS, 2006, S. 179, 182 f.
50 Schönke/Schröder-Sternberg-Lieben/*Schuster*, Strafgesetzbuch, 30. Aufl. 2019, § 15 Rdnr. 203a.
51 Krit. auch *Duttge*, Th. Fischer-FS, 2018, S. 201, 207.

1. „Einheit der Rechtsordnung" kein Hindernis zur Reduzierung der Aufklärungslasten (nur) im Strafrecht

Im Falle der Gemengelage von ärztlichem Aufklärungsfehler und hypothetischer Einwilligung sollte der Ausweg beschritten werden, die ärztlichen Aufklärungspflichten für den Bereich des Strafrechts zu reduzieren[52]. Ausgangspunkt der nachfolgenden Überlegungen ist die Erkenntnis, dass sich die hypothetische Einwilligung gerade deshalb etablieren konnte, weil die richterrechtlichen Anforderungen an die ärztlichen Aufklärungspflichten immer weiter ausgriffen und mitunter überspannt worden sind. Dieser Zusammenhang wird deutlich in einer Entscheidung des 6. Zivilsenats im Jahre 1984 (Aufklärung des Patienten über das Risiko einer Querschnittslähmung als Folge einer Strahlen-Behandlung des Rückgrats)[53]; dort warnte er im Zusammenhang mit der hypothetischen Einwilligung vor einem Missbrauch des Aufklärungsrechts für Haftungszwecke. Auch deshalb halte ich es für vorzugswürdig, anstelle der Implementierung eines im Strafrecht fragwürdigen Rechtsinstituts (hypothetische Einwilligung) die Grenzen gebotener ärztlicher Aufklärung im Strafrecht angemessen restriktiver zu bestimmen.

Dazu gilt es aber zunächst die Vorfrage zu beantworten, ob sich das Strafrecht insoweit überhaupt vom Zivilrecht und seinen Vorgaben lösen darf (Stichworte: Einheit der Rechtsordnung / Akzessorietät des Strafrechts).

a) § 630h Abs. 2 S. 2 BGB

Die durch das Patientenrechtegesetz im Jahre 2013 neu in das BGB eingefügte Vorschrift des § 630h Abs. 2 S. 2 BGB erzwingt keine Übernahme der hypothetischen Einwilligung in das Strafrecht, so dass sich die Frage also nach wie vor stellt. Bei dieser zivilrechtlichen Vorschrift handelt es sich - wie bereits ihre amtliche Überschrift ergibt - lediglich um eine Beweislastregelung für das Zivilverfahren. Diese BGB-Vorschrift ist im Übrigen integrativer Teil des Patientenrechtegesetzes 2013, welches die richterliche Er-

---

52 *Roxin*, medstra 2017, 129, 134 ff.; *Sternberg-Lieben*, Beulke-FS, 2015, S. 299, 305 ff.; Schönke/Schröder-*Sternberg-Lieben*, Strafgesetzbuch, 30. Aufl. 2019, § 223 Rdnr. 40i m.w.Nw. pro und contra; *Sturm*, Die hypothetische Einwilligung im Strafrecht, 2015, S. 86 ff.
53 BGHZ 90, 103, 112.

satzgesetzgebung im Arzthaftungsrecht mitsamt ihrem ausbalancierten zivilrechtlichen Beweislastsystem kodifizierte[54].

b) Einheit und Ausdifferenzierung der Rechtsordnung

Einer Reduzierung der Aufklärungspflichten im Strafrecht kann auch der Leitgedanke der „Einheit der Rechtsordnung" nicht durchschlagend entgegengehalten werden[55]. Die Rechtsordnung ist in einzelne Gebiete ausdifferenziert, die jeweils die auftretenden Interessenkonflikte nach den ihnen zugewiesenen Funktionen und Aufgaben zu lösen haben[56]. Deshalb bewährt sich die Einheit der Rechtsordnung[57] gerade auch dadurch, dass den unterschiedlichen Aufgaben und Maßstäben der Rechtsgebiete durch Differenzierung bei der Rechtswidrigkeitsbeurteilung Rechnung getragen wird, so dass ein Vorgang aus der (ggfs. unterschiedlichen) Perspektive des jeweiligen Teilbereichs beurteilt werden kann[58]: Einheit der Rechtsordnung als Widerspruchsfreiheit der Rechtsordnung. Eine sachwidrige Gleichbehandlung der Rechtsfolgen eines Sachverhaltes in verschiedenen, von ihrem Aufgabenbereich her abweichenden Regelungsbereichen ist nicht geboten, da auch aus dem Gleichbehandlungsgebot des Art. 3 Abs. 1

---

54 *Frister*, Strafrecht Allgemeiner Teil, 8. Aufl. 2018, 15/36; *Gaede*, Limitiert akzessorisches Medizinstrafrecht statt hypothetischer Einwilligung, 2014, S. 32 ff.; *Zabel*, GA 2015, 219, 222 f.; ebenso (vor Inkrafttreten des Patientenrechtegesetzes 2013) *Sowada*, NStZ 2012, 1, 8 f.
55 *Sternberg-Lieben*, Beulke-FS, 2015, S. 299, 304; Schönke/Schröder-*Sternberg-Lieben*, Strafgesetzbuch, 30. Aufl. 2019, Vorbem. §§ 32 ff. Rdnrn. 27 ff.; and. *Beulke*, medstra 2015, 67, 72; *Rosenau*, Maiwald-FS, 2010, S. 683, 698; *Wiesner*, Die hypothetische Einwilligung im Medizinstrafrecht, 2010, S. 178.
56 So deutlich *Felix*, Einheit der Rechtsordnung, 1998, S. 404: „Die Vorstellung der Einheit der Rechtsordnung wird begrenzt durch die Verschiedenheit der Zwecke der Rechtsnormen.". *Felix* belegt i.Ü. in ihrer Untersuchung, dass der Topos der Einheit der Rechtsordnung keine verfassungsrechtliche Untermauerung (also auch nicht aus dem Rechtsstaatsprinzip und dem Gleichbehandlungsgrundsatz des Art. 3 Abs. 1 GG) findet (aaO., S. 235 ff. sowie S. 266 ff.).
57 Krit. zu dieser "juristischen Allzweckwaffe" bereits *Henkel*, Prozessrecht und materielles Recht, 1970, S. 272: „(...) Forderung nach einheitlichen Kriterien der Rechtswidrigkeit für alle Bereiche des Rechts (...) eher ein vorgefasstes Bekenntnis als ein beweisbarer Grundsatz oder gar ein methodisch unbedenklicher Ausgangspunkt.".
58 *Felix*, Einheit der Rechtsordnung, 1998, S. 402, im Anschluss an *P. Kirchhof*, Unterschiedliche Rechtswidrigkeiten in einer einheitlichen Rechtsordnung, 1978, S. 37.

GG zwar das Gebot einer Gleichbehandlung wesentlich gleicher Personengruppen oder Sachverhalte, nicht aber der Zwang zur Gleichbehandlung eines identischen Sachverhalts in unterschiedlichen Teilrechtsgebieten entnommen werden kann[59]. Es muss vielmehr eine gegenseitige Abstimmung der in differenziert bewertenden Teilrechtsgebieten enthaltenen Aussagen erfolgen, die nach ihrer jeweiligen Funktion innerhalb der Gesamtrechtsordnung folgerichtig[60] bleiben müssen. Dies gilt nicht nur für vom Gesetzgeber vorgegebene Rechtsbegriffe[61], sondern erst recht für Rechtsbegrifflichkeiten, die von der Rechtsprechung sowie der Rechtswissenschaft entwickelt wurden.

Ist allerdings ein Verhalten nach den Vorgaben des Zivilrechts (entsprechendes gilt auch im Verhältnis des Öffentlichen Rechts zum Strafrecht) zulässig, so liegt ein auch strafrechtlich erlaubtes Verhalten vor[62]: Es wäre gerade unter dem Aspekt der Subsidiarität des strafrechtlichen Rechtsgüterschutzes höchst widersprüchlich, in einem nichtstrafrechtlichen Teilbereich der Rechtsordnung ein Verhalten für rechtmäßig einzustufen, eben dieses Verhalten durch Inkriminierung aber für grob sozialwidrig zu erklären[63].

---

59 *Felix*, Einheit der Rechtsordnung, 1998, S. 289.
60 Vgl. BVerfG(K) NJW 199662086; BVerfG 99, 246, 265 (jeweils zum Steuerrecht).
61 *Felix*, Einheit der Rechtsordnung, 1998, S. 227, die deutlich macht, dass eine bei der Auslegung zu berücksichtigende Verschiedenheit der Zweckbestimmung einzelner Teilrechtsgebiete zu unterschiedlichen Auslegungsergebnissen bei gleichlautenden Begriffen führen kann. Diese Konsequenz einer von der jeweiligen rechtsgebietsspezifischen Funktionsbedeutung eines Rechtsbegriffs vorgegebenen Divergenz ist ja auch von der Binnenordnung des Strafrechts her bekannt, denkt man nur an die bei den §§ 242, 168 StGB unterschiedliche Auslegung der Merkmale „aus dem Gewahrsam (...) wegnimmt" (vgl. Schönke/Schröder-Bosch/*Schittenhelm*, Strafgesetzbuch, 30. Aufl. 2019, § 168 Rdnr. 4).
62 So auch *Dössinger*, Strafrechtliche Haftungsrisiken von Mitgliedern des Aufsichtsrat in Aktiengesellschaften bei Compliance-Pflichtverletzungen des Vorstands, 2018, S. 309 f.
63 *Rönnau*, Leipziger Kommentar Strafgesetzbuch, 12. Aufl. 2006, Vorbem. § 32 Rdnr. 21; *Roxin*, Strafrecht Allgemeiner Teil, Bd. I, 4. Aufl. 2006, § 14 Rdnr. 32; Schönke/Schröder-*Sternberg-Lieben*, Strafgesetzbuch, 30. Aufl. 2019, Vorbem. §§ 32 ff. Rdnr. 27a.

c) Unterschied von zivilrechtlichem Schadensersatz und strafrechtlicher Sanktionierung

Eine strafbarkeitsbegründende Orientierung an der außerstrafrechtlichen Verhaltensordnung des Zivilrechts kommt nur dann in Betracht, wenn sie auch unter dem Blickwinkel strafbewehrten Rechtsgüterschutzes als angemessene Freiheitsverteilung begriffen werden kann:[64] Strafrechtliche Verhaltenspflichten dienen der Zurechnung persönlicher Verantwortlichkeit, während das Zivilrecht auf den Schadensausgleich abzielt und überdies auch an ganz andere Kriterien anknüpft, wenn es bspw. bei der Produkthaftung von einer durch wirtschaftliche Leistungsfähigkeit des Herstellers sowie Versicherbarkeit des Schadensrisikos geprägten Risikozuschreibung ausgeht[65]. Häufig geht es „nicht um den Schadensausgleich zwischen zwei Individuen, sondern um die Kostenverteilung zwischen Individuum und regressierender Versicherung bzw. um den Rückgriff im Verhältnis zweier Versicherungsträger (…), die ihrerseits unterschiedlich zusammengesetzte Versichertenkollektive repräsentieren" (*Gerhard Wagner*[66]). Dies rechtfertigt im Einzelfall Verhaltensanforderungen, die über die strafrechtlichen Anforderungen hinausgehen. Wenn daher auch im Allgemeinen eine – für die Rechtssicherheit sicherlich zuträgliche – Orientierung an der zivilrechtlichen Rspr. möglich ist, scheidet eine unbesehene Übernahme zivilrechtlicher Handlungsanforderungen in strafrechtlichen Zusammenhängen aus: Bei den im Zivilrecht geläufigen Zurechnungsprinzipien haben bisweilen soziale wie (volks)wirtschaftliche Verteilungserwägungen einen bestimmenden Einfluss auf die Bildung von Pflichten und führen zu einer Ausdehnung der Schadenshaftung[67]. Derartige Überlegungen „gehen zwar nicht in die Urteilsbegründung ein, aber in den Beratungszimmern um" (*Hans-Joachim Mertens*, 1978)[68]. Die Verhängung einer Strafe berührt aber zusätzlich zur Einbuße an Freiheit und/oder Vermögen den Wert- und

---

64 So in Bezug auf die Produkthaftung: Schönke/Schröder-Sternberg-Lieben/*Schuster*, Strafgesetzbuch, 30. Aufl. 2019, § 15 Rdnr. 216 m.w.Nw.
65 *Kuhlen*, Fragen einer strafrechtlichen Produkthaftung, 1989, S. 91 f., 150; Schönke/Schröder-Sternberg-Lieben/*Schuster*, Strafgesetzbuch, 30. Aufl. 2019, § 15 Rdnr. 216.
66 MüKo/BGB, Bd. 7, 7. Aufl. 2017, Vorbem. § 823 Rdnr. 47; zur „Überlagerung des Haftungsrechts durch die Sozialversicherung" s. *Kötz/Wagner*, Deliktsrecht, 13. Aufl. 2018, Rdnrn. 35 ff.
67 So bereits *Grünewald*, Zivilrechtlich begründete Garantenpflichten im Strafrecht?, 2001, S. 78 ff.; s.a. Esser/*Schmidt*, Schuldrecht, Bd. I Allgemeiner Teil, TB. 2, 8. Aufl. 2000, S. 170: Schaden als ökonomisches und soziales Verteilungsproblem.
68 AcP 178 (1978), 227, 236.

Achtungsanspruch des Betroffenen erheblich. Bereits die Einleitung eines Strafverfahrens kann im Einzelfall die berufliche Existenz des Arztes vernichten.

Ein entsprechend herzustellendes unterschiedliches Anforderungsprofil wird nicht nur bei der Produzentenhaftung (*Lothar Kuhlen*[69]) diskutiert. Auch bei der Einpassung von BGB-Garantenstellungen (etwa in den Bereichen der Verkehrssicherungspflichten oder auch familienrechtlicher Pflichten[70]) wird eine gleichsam more geometrico erfolgende Übertragung zivilrechtlicher Pflichten in das Strafrecht zwecks Begründung von Garantenpflichten problematisiert (*Anette Grünewald*[71]). Insoweit kann man etwa an den Beginn der Garantenhaftung im Falle des Arzt/Patienten-Verhältnisses denken: Möglicherweise stellt die Zusage eines ersten Termins oder das Einlesen der Versichertendaten bereits einen zivilrechtlichen Vertragsschluss mit entsprechender Pflichtenbegründung dar. Soll dies aber auch eine strafrechtliche Garantenstellung begründen? Diese dürfte doch erst mit dem ersten, gegebenenfalls auch lediglich fernmündlich erfolgenden, Arzt-Patienten-Behandlungskontakt und damit mit der Übernahme der Behandlung entstehen.

d) Vorliegend: Limitierte (asymmetrische) Zivilrechtsakzessorietät des Strafrechts

Bei einer derartigen Differenzierung zwischen Zivil- und Strafrecht kommt es zu einer limitierten Zivilrechtsakzessorietät[72]: Sicherlich darf ein zivilrechtlich materiell erlaubtes bzw. als noch vertretbar eingestuftes Verhalten strafrechtlich nicht sanktioniert werden. Umgekehrt gilt diese Gleichsetzung von Zivil- und Strafrecht aber gerade nicht: Das Strafrecht

---

69 Fragen einer strafrechtlichen Produkthaftung, 1989, S. 88 ff.; diff. *Spitz*, Strafrechtliche Produkthaftung - Übertragbarkeit zivilrechtlicher Betrachtungsweisen?, 2001, S. 463 ff.
70 Abl. bereits *Schünemann*, Grund und Grenzen der unechten Unterlassungsdelikte, 1971, S. 357.
71 Zivilrechtlich begründete Garantenpflichten im Strafrecht?, 2001, S. 65 ff., 119 ff.; s.a. *Seelmann*, in: *Schmidt* (Hrsg.), Vielfalt des Rechts - Einheit der Rechtsordnung?, 1994, S. 85, 96 f.
72 So deutlich *Gaede* bereits im Titel seiner Schrift „Limitiert akzessorisches Medizinstrafrecht statt hypothetischer Einwilligung" (2014); näher dann *ders.* auf S. 46 ff.

muss nicht all das sanktionieren, was vom Zivilrecht missbilligt wird[73]. Nicht alles, was zivil- oder öffentlich-rechtlich verboten ist, unterliegt strafrechtlicher Sanktionierung im Tatbestand; man denke an eine fahrlässige Sachbeschädigung. Dann ist es nur plausibel, sich einer rechtsgebietsspezifischen Differenzierung auch bei der Rechtsanwendung auf der Stufe der Rechtswidrigkeit nicht zu verschließen[74]; andernfalls würde sachwidrig Ungleiches gleich behandelt. Es handelt sich in diesen Fällen im Verhältnis des Strafrechts zum Zivilrecht also um eine asymmetrische Abhängigkeit. Vorliegend gilt dies ebenso wie etwa im Falle von § 266 StGB[75]: Dort verlangt das BVerfG bekanntlich eine gravierende Pflichtverletzung des Untreuetäters[76], so dass ein strafrechtsautonomes Kriterium zur einschränkenden Konkretisierung zu entwickeln ist. Die nicht-strafrechtlichen Ausgangspflichten werden hierdurch ebenso wenig geändert wie – um bei § 266 StGB zu bleiben - bei einer weiteren strafrechtlichen Restriktion des Untreue-Tatbestandes, nämlich bei Beschränkung der für seine Anwendung erforderlichen Vermögensbetreuungspflicht auf Pflichten, die wesentlich dem Schutz des zu betreuenden Vermögens dienen (*Thomas Hillenkamp*)[77].

Als weiteres Beispiel limitierter strafrechtlicher Akzessorietät soll hier der Blick auf den Bereich der Sterbehilfe i.w.S. gerichtet werden: Kann sich ein die Weiterbehandlung des Patienten einstellender Arzt hierbei auf eine wirksame Patientenverfügung i.S.v. § 1901a I BGB stützen, so ist er auch dann nicht aus §§ 212/216, 13 StGB zu bestrafen, wenn er das in §§ 1901b, 1904 BGB vorgesehene Verfahren nicht eingehalten hat[78]. Liegt

---

73 So im Ergebnis auch *M. Wagner*, Die Akzessorietät des Wirtschaftsstrafrechts, 2016, Rdnr. 121 (trotz seiner Betonung, dass das Verdikt der Rechtswidrigkeit von der Rechtsordnung nur einheitlich getroffen werden könne [Rdnr. 116]).
74 So zuletzt auch *Grünewald*, Leipziger Kommentar Strafgesetzbuch, 12. Aufl. 2019, § 223 Rdnrn. 76, 85.
75 So auch *Beulke*, Eisenberg-FS, 2009, S. 245, 252; *Dössinger*, Strafrechtliche Haftungsrisiken von Mitgliedern des Aufsichtsrat in Aktiengesellschaften bei Compliance-Pflichtverletzungen des Vorstands, 2018, S. 214 ff. (einschr. S. 324 f.: nur bei Fehlen einer ausdifferenzierten Primärrechtsmaterie); *Jahn/Ziemann*, ZIS 2016, 552, 558 f.; *Lüderssen*, Eser-FS, 2005, S. 163, 170.
76 BVerfG 126, 170, 211.
77 Wessels/*Hillenkamp/Schuhr*, Strafrecht Besonderer Teil 2, 41. Aufl. 2018, Rdnr. 748.
78 Schönke/Schröder-Eser/*Sternberg-Lieben*, Strafgesetzbuch, 30. Aufl. 2019, Vorbem. §§ 211 ff. Rdnr. 28j; zu einem übereinstimmenden Ergebnis gelangt die eingehende Untersuchung von *Borrmann*, Akzessorietät des Strafrechts zu den betreuungsrechtlichen (Verfahrens-)Regelungen der Patientenverfügung betreffend (§§ 1901a ff. BGB), 2016, S. 265 ff. (zsfd.).

eine einschlägige Patientenverfügung vor, so handelt der Arzt auf Basis der originären, unmittelbar gültigen Willensbekundung des Patienten und eben nicht auf Grundlage einer prozeduralen Rechtfertigung. Aber selbst bei Fehlen einer (einschlägigen) Patientenverfügung besteht keine Veranlassung, verfahrensverletzendes Verhalten des Arztes als strafwürdiges Tötungsverbrechen zu sanktionieren[79]: Handelt ein Arzt im Einklang mit dem (mutmaßlichen) Patientenwillen, so wird sein Verhalten nicht durch sein verfahrensgerechtes Bemühen um Übereinstimmung mit dem Patientenwillen, sondern infolge Übereinstimmung mit dem Patientenwillen legitimiert; das vom Arzt verübte Unrecht beschränkt sich mithin auf einen nicht strafwürdigen Verstoß gegen Verfahrensregularien.

2. *Notwendigkeit der Restriktion ärztlicher Aufklärungslasten*

a) Strafrecht als ultima ratio

Wenn mithin an ein- und denselben Sachverhalt das Strafrecht andere Verhaltensanforderungen als das Zivilrecht stellen darf, so muss umgekehrt gefragt werden, ob das Strafrecht sich nicht ggfs. von zivilrechtlichen Vorgaben sogar lösen *muss*. Hierfür kann in der Tat der Subsidiaritäts- bzw. in anderer Bezeichnung: der ultima-ratio-Grundsatz in Stellung gebracht werden, also das Verhältnismäßigkeitsprinzip[80]. In seiner ersten Entscheidung zur Pönalisierung des Schwangerschaftsabbruchs hat das BVerfG 1975 betont, dass der Gesetzgeber vom Mittel des Strafrechts „(nach) dem das ganze öffentliche Recht einschließlich des Verfassungsrechts beherrschenden rechtsstaatlichen Prinzip der Verhältnismäßigkeit (…) nur behutsam und zurückhaltend Gebrauch machen (darf)"[81]. Dies gilt es auch hier nutzbar zu machen[82]. Insoweit abschließend sei *Winfried Hassemer* (Minderheitenvotum im Inzesturteils des BVerfG 2008) zitiert[83]: „Strafrecht ist ultima ra-

---

79 *Rosenau*, Leipziger Kommentar Strafgesetzbuch, 12. Aufl. 2019, Vorbem. §§ 211 ff. Rdnr. 65; MüKo/StGB-*Schneider*, 4. Bd., 3. Aufl. 2017, Rdnr. 179 f.; *Sternberg-Lieben*, Roxin-FS II, 2011, S. 537, 552 ff.
80 Vgl. *Kaspar*, Verhältnismäßigkeit und Grundrechtsschutz im Präventionsstrafrecht, 2014, S. 244 ff.; *M. Wagner*, Die Akzessorietät des Wirtschaftsstrafrechts, 2016, Rdnrn. 787 ff.
81 BVerfG 39, 1, 47.
82 Skeptisch zur Direktionskraft des Ultima-Ratio-Grundsatzes allerdings *Gärditz*, JZ 2016, 641, 644 ff.
83 BVerfG 120, 224, 256.

tio, ist das letzte verfügbare Mittel, um einen Belang der Allgemeinheit zu schützen, und kommt deshalb nur in Betracht, wenn das inkriminierte Verhalten über sein Verbotensein hinaus in besonderer Weise sozialschädlich und für das Zusammenleben der Menschen unerträglich, wenn seine Verhinderung besonders dringlich ist."

b) Bestimmtheitsgebot (Art. 103 Abs. 2 GG)

Für eine Restriktion ärztlicher Aufklärungslasten im Strafrecht kann zusätzlich das Bestimmtheitsgebot in Stellung gebracht werden: In seiner Entscheidung zu § 266 StGB hat das BVerfG dessen Unbestimmtheit ja nur deshalb verneint, weil Unklarheiten über seinen Anwendungsbereich durch Präzisierung und Konkretisierung im Wege der Auslegung ausgeräumt werden könnten.[84] Diese höchstrichterlich vorgegebene Nachjustierung des Untreuestrafrechts legt allgemein gesprochen dem Strafrechtsanwender die verfassungsrechtliche Pflicht auf, unbestimmt formulierten Tatbeständen im Wege der Normkonkretisierung schärfere Konturen zu verleihen; hierbei ist darauf zu achten, keine Fälle zu erfassen, denen es unter Berücksichtigung des subsidiären Charakters des Strafrechts an Strafwürdigkeit und Strafbedürftigkeit mangelt. In Bezug auf § 266 StGB hat das Bundesverfassungsgericht die verfassungsrechtlich gebotene Restriktion dadurch vorzunehmen versucht, dass es an eine gravierende Pflichtverletzung des Untreuetäters anknüpft,[85] also ein eindeutig nicht mehr vertretbares Handeln gefordert. Hierauf wird zurückzukommen sein.

Sicherlich sind auch mit diesem Ansatz keine völlig eindeutigen Vorgaben zu erhalten: Das strafrechtliche Gebot der Gesetzesbestimmtheit setzt selbst einen unbestimmten Maßstab. Diese ihm eigene Unbestimmtheit macht es höchst anwendungsunsicher, obgleich es gerade dies für die Strafgesetze zu verhindern sucht[86]. Dies ändert aber nichts daran, dass eine Restriktion ärztlicher Aufklärungspflichten jedenfalls im Strafrecht durchaus möglich und bei Ablehnung der hypothetischen Einwilligung geradezu zwingend ist. Anderenfalls ginge der Anwendungsbereich des Strafrechts über den des Zivilrechts hinaus.

---

84 BVerfG 126, 170, 198 f.
85 BVerfG 126, 170, 211.
86 *Duttge*, Zur Bestimmtheit des Handlungsunwerts von Fahrlässigkeitsdelikten, 2001, S. 174.

Dieses Anknüpfen an die ultima ratio-Funktion des Strafrechts führt im Arztstrafrecht dazu, die schadensersatzorientierten Haftungsprinzipien des Zivilrechts nicht unbesehen zur Bestimmung der strafrechtlichen Verantwortlichkeit heranzuziehen[87]. Hierdurch kann der in der zivilgerichtlichen Praxis erkennbaren Neigung zu einer richterlichen Fortune-Korrektur durch Abstellen auf eine fehlerhafte Aufklärung anstelle eines Kunstfehlernachweises entgegengetreten werden. Im Strafrecht geht es eben nicht um den Ausgleich materieller Interessen eines schwer geschädigten Patienten auf der einen Seite, eines wirtschaftlich potenten Krankenhausträgers (bzw. eines ebensolchen Versicherungsunternehmens) auf der anderen Seite, sondern um die mit sozialethischer Missbilligung verbundene Verurteilung des behandelnden Arztes als Individuum.

c) Kein Verstoß gegen richterliche Gesetzesbindung

Die hier vorgeschlagene strafrechtsinterne Restriktion stellt i.Ü. keinen Verstoß gegen die Gesetzesbindung des Rechtsanwenders dar, dem ja eine Korrektur für verfehlt erachtete Entscheidungen des Gesetzgebers versagt ist: Die Aufklärungspflicht als Einwilligungsvoraussetzung ist *straf*gesetzlich weder dem Grunde nach noch im Umfang geregelt. Sie ist das Resultat einer an die zivilgerichtliche Judikatur anknüpfenden Strafgerichtsbarkeit, die dann aber auch nicht gehindert sein kann, den Umfang ärztlicher Strafbarkeit enger zuzuschneiden. Eine beim Umfang der ärztlichen Aufklärungspflicht ansetzende Zurücknahme des Strafrechts würde auch ohne gravierende Auswirkungen auf den stets im Blick zu behaltenden Patientenschutz bleiben: Die Gesamtheit der nicht-strafrechtlichen Vorgaben, also diejenigen des Zivilrechts sowie die des ärztlichen Berufsrechts[88], stellen auch ohne eine strafrechtliche Sanktionsandrohung einen wirksamen Schutz sicher. Rechtsgüterschutz durch Prävention ist eben keine ausschließlich strafrechtliche Domäne[89]. Dementsprechend hat auch der Gro-

---

87 So auch *Borrmann*, Akzessorietät des Strafrechts zu den betreuungsrechtlichen (Verfahrens-)Regelungen der Patientenverfügung betreffend (§§ 1901a ff. BGB), 2016, S. 108, 129 ff.
88 Zur erheblichen Bedeutung eines Approbationsentzuges vgl. den Beitrag von *Warntjen* in diesem Tagungsband „Aktuelle Entwicklungen des Medizinstrafrechts - 9. Düsseldorfer Medizinstrafrechtstag" (NOMOS-Verlag, 2019; S. 77 ff.).
89 Aus zivilrechtlicher Sicht: MüKo/BGB-G. *Wagner* Bd. 7, 7. Aufl. 2017, Vorbem. § 823 Rdnrn. 46 f.; vertiefend zur Verhaltenssteuerung durch das Privatrecht *ders.*, AcP 206 (2006), 352, 434 ff. mit dem Fazit (ebd. 469), dass (beim zivilrechtlichen

ße Senat in Zivilsachen dem Schmerzensgeldanspruch bereits 1955 ein quasi-pönales Element zugeordnet[90].

3. Einschränkung ärztlicher Aufklärungslasten im Strafrecht am Beispiel der Risiko-Einwilligung

Bei den ärztliche Aufklärungspflichten soll hier das Augenmerk auf die Risiko-Aufklärung[91] als in ihrem Umfang sicherlich problematischste gelegt werden: Der Arzt hat nicht nur aufzuklären über die häufigsten Risiken des Eingriffs, sondern auch über das schwerste in Betracht kommende Risiko, das dem Eingriff spezifisch anhaftet, aber auch über sich (sehr) selten realisierende Risiken, die für die weitere Lebensführung besonders belastend sind. Generell gilt, dass Umfang und Genauigkeit der erforderlichen Aufklärung umgekehrt proportional sind zur Dringlichkeit und zu den Heilungsaussichten des Eingriffs[92].

Der Umfang entsprechender Aufklärung konnte durch die Zivilrechtsprechung nicht klar und damit handlungsleitend konturiert werden: Wird einerseits eine Aufklärung „im Großen und Ganzen"[93] für hinreichend erachtet[94], so orientiert sich gerade die neuere Rechtsprechung an Besonderheiten des Einzelfalles und betont das Gewicht, das mögliche, nicht ganz außerhalb der Wahrscheinlichkeit liegende Risiken für den Entschluss des Patienten haben können, seine Einwilligung in die Operation zu erteilen oder auch nicht[95]; somit erhöhen sich die Anforderungen an den Umfang und die Detailgenauigkeit der Aufklärung je nach Vorliegen

---

Schadensersatz) „(…) Kompensation und Prävention keine Gegensätze [seien] (…)".
90 BGHZ(GS) 18, 149, 155 ff.
91 Hierzu *Geiß/Greiner*, Arzthaftpflichtrecht, 7. Aufl. 2014, Rdnr. C 41 ff.; BeckOK/BGB-*Katzenmeier*, 47. Ed. 2018, BGB § 630e Rdnr. 15.
92 *Frister/Lindemann/Peters*, Arztstrafrecht, 2011, 1. Kap. Rdnr. 16.
93 Zur Abgrenzung zur Grundaufklärung *Schenk*, Die medizinische Grundaufklärung, 2015, S. 65 ff., 133 ff.
94 BGHZ 90, 103, 108; BGHZ 168, 103, 108; BGH, NJW-RR 2017, 533, 534; *Frahm/Walter*, Arzthaftungsrecht, 6. Aufl. 2018, Rdnr. 196.
95 BGHZ 29, 176, 180 f.; 144, 1, 7; 166, 336, 342; OLG Köln, MedR 2017, 248, 249 m. Anm. *Gödicke*; OLG Dresden, MedR 2018, 817, 818; BeckOK/BGB-*Katzenmeier*, 47. Ed. 2018, BGB § 630e Rdnr. 15 (zurecht krit. zum Bedeutungsverlust der Komplikationsdichte als Abgrenzungskriterium in der Rspr. der letzten Jahrzehnte in Rdnrn. 16 f.).

spezifisch körperlicher oder sozialer Besonderheiten des betroffenen Patienten.

Zur Frage, wie eine Restriktion der Aufklärungspflichten im Strafrecht zu bewerkstelligen ist, wird in der Literatur ein „bunter Strauß" von Ansätzen vertreten[96], die hier nicht nachgezeichnet werden sollen. Stattdessen soll hier eine weitere „Blume" hinzugefügt werden[97].

a) Erster Filter: Rechtsgutsbezug (§ 223 StGB) der Aufklärungspflicht

Eine erste, für sich allein allerdings noch nicht hinreichende Einschränkung bietet der auch sonst im Bereich von Willensmängeln bei der Einwilligung vertretene – wenngleich keineswegs unumstrittene – rechtsgutsbezogene Ansatz[98]: § 223 StGB schützt das körperliche Wohl des Menschen, und zwar durch Schutz seiner körperlichen Integrität und seiner Gesundheit. Deshalb muss auch im Zusammenhang mit einem ärztlichen Heileingriff dem Patienten nur die hinreichende Einsicht darüber vermittelt werden, was während des Eingriffs mit seinem Körper geschieht (also beispielsweise Körperöffnung durch Operationsschnitt), wozu auch die mit dem Eingriff direkt verbundenen Risiken (bspw. Verletzung nahe gelegener Blutgefäße) zählen[99]. Ferner besteht eine rechtsgutsbezogene Aufklärungspflicht darüber, welche unmittelbaren körperlichen Auswirkungen dieser Eingriff entweder sicher (zB Organentfernung bzw. Amputation) oder möglicherweise (Risiko einer Lähmung) nachsichzieht. Aufklärungsmängel hingegen, die sich auf mögliche Spätfolgen beziehen, also auf die körperbezogenen Folgen des Eingriffs, die über die durch den Eingriff als solchen bewirkten körperlichen Veränderungen hinausgehen (bspw. spätere Unfruchtbarkeit nach einem Schwangerschaftsabbruch[100]), sind als nichtverletzende Nebenumstände (*Reinhard Merkel*[101]) von vornherein nicht geeignet, eine wirksame (rechtsgutsbezogene!) Einwilligung des Pati-

---

96 Nachw. bei *Roxin*, medstra 129, 134 f.; *Sternberg-Lieben*, Beulke-FS, 2015, S. 299, 309; Schönke/Schröder-*Sternberg-Lieben*, Strafgesetzbuch, 30. Aufl. 2019, § 223 Rdnr. 40i.
97 Bereits entwickelt in Beulke-FS, 2015, S. 299, 309 ff. sowie MedR 2019, 185, 188 ff.
98 Schönke/Schröder-*Sternberg-Lieben*, Strafgesetzbuch, 30. Aufl. 2019, Vorbem. §§ 32 ff. Rdnr. 46 m.w.Nw. auch zur Gegenauffassung.
99 Vgl. auch *Gaede*, Limitiert akzessorisches Medizinstrafrecht statt hypothetischer Einwilligung, 2014, S. 51 ff., 63 ff. (Eingriffsbezug).
100 Beispiel von NK-*Merkel*, StGB, 5. Aufl. 2017, § 218a Rdnr. 41.
101 NK-*Merkel*, StGB, 5. Aufl. 2017, § 218a Rdnr. 42.

enten in Frage zu stellen. Entsprechendes gilt i.Ü. für eine fehlerhafte Diagnose- oder Alternativen-Aufklärung, die nichts daran ändert, dass der Patient hinreichend weiß, worauf er sich bei dem ärztlichen Eingriff als solchem körper- und gesundheitsbezogen einlässt. Die in diesen Fällen gegebene Verletzung des Selbstbestimmungsrechts des Patienten kann über das zivilrechtliche Schadensersatzrecht ausgeglichen werden, einen Anwendungsfall der Körperverletzungstatbestände des StGB stellt sie nicht dar.

In Fällen, in denen der behandelnde Arzt arglistig über den eigentlichen Eingriffszweck getäuscht hat (bspw. im Bandscheiben- bzw. Bohrer-Spitzen-Fall)[102], liegt – im Anschluss an die allgemeine Einwilligungsdogmatik[103] – eine unwirksame Einwilligung auch dann vor, wenn hierdurch für den Einwilligenden eine Situation rechtsgutsbezogener Unfreiheit geschaffen wird, bspw. dann, wenn der Arzt vorspiegelt, eine in Wahrheit zur Behebung eines (verschwiegenen) Fehlers bei der Erstoperation (z.B. abgebrochene Bohrer-Spitze) indizierte Operation sei unerlässlich, da andernfalls wegen körperbedingter postoperativer Komplikationen eine Lähmung des Schultergelenkes drohe[104].

b) Zweiter Filter: Erforderlichkeit eines evidenten Aufklärungsmangels

Das Kriterium hinreichenden Rechtsgutsbezugs kann aber nur ein erster, für sich allein noch nicht genügender Filter sein. Zusätzlich ist noch ein zweiter Filter vonnöten: Gerade bei der Risikoaufklärung besteht rechtliche Ungewissheit über deren gebotene Reichweite. Dies ist im Grunde unvermeidlich, da hierbei auf die spezielle Situation des Patienten abzustellen ist. Deshalb sollten die genannten beiden Filter (hinreichender Rechtsgutsbezug der Einwilligung sowie Fehlen arglistiger Täuschung) durch das Erfordernis eines besonders gravierenden Aufklärungsmangels ergänzt werden[105] – sozusagen im Anschluss an die Überlegung des Bundesverfassungsgerichts zum Untreue-Tatbestand. In beiden Fällen handelt es sich um einen von der gesetzten Rechtsordnung nicht klar vorstrukturierten

---

102 BGH, JZ 2004, 799; NStZ 2004, 442.
103 Schönke/Schröder-*Sternberg-Lieben*, 30. Aufl. 2019, Vorbem. §§ 32 ff. Rdnr. 47.
104 Auch *Gaede* (Limitiert akzessorisches Medizinstrafrecht statt hypothetischer Einwilligung, 2014, S. 54 ff.) hält in entsprechenden Konstellationen die Einwilligung des Patienten für unwirksam.
105 So bspw. auch *Saliger*, Beulke-FS, 2015, S. 257, 269 f.; Schönke/Schröder-*Sternberg-Lieben*, 30. Aufl. 2019, § 223 Rdnrn. 40b, 40h; jeweils m.w.Nw.

Bereich, in dem strafrechtlich abgesicherte Handlungsvorgaben hinreichend zu präzisieren sind.

Dieser evidente Aufklärungsmangel könnte entsprechend zur groben Fahrlässigkeit bestimmt werden, womit auch ein gewisser Anschluss zur strafrechtswissenschaftlichen Diskussion um eine angemessene Reduzierung ärztlicher Sorgfaltspflichten in Bezug auf Behandlungsfehler hergestellt würde. Die einengende Konturierung des Umfangs der Risikoaufklärung sollte anhand des Leitmaßstabs der Grundaufklärung[106] erfolgen: Strafrechtsrelevant wären dann nur Verstöße gegen das Aufklärungsgebot (so der 6. Zivilsenat des BGH 1991)[107], dem Patienten einen zutreffenden Eindruck von der Schwere des Eingriffs und von der Art der Belastungen zu vermitteln, die für seine körperliche Integrität und Lebensführung auf ihn zukommen können; nicht erforderlich ist hingegen die exakte medizinische Beschreibung aller denkbaren Risiken und auch nicht die Angabe von Details zu den Risiken, die für die Entscheidung des Patienten im Blickpunkt stehen, sofern er einen Hinweis auf das schwerste möglicherweise in Betracht kommende Risiko erhalten hat. Fehlt eine derartige ärztliche Information über die statistisch häufigsten Risiken sowie hinsichtlich der für den jeweiligen Patienten schwerstmöglichen Beeinträchtigungen, dann sollte bei der strafrechtlichen Zuschreibung eines derartigen Aufklärungsmangels zusätzlich darauf geachtet werden, ob dem Arzt hierbei eine schwere Nachlässigkeit unterlief, er mithin dasjenige unbeachtet ließ, was jedem verständigen Arzt als aufklärungsrelevant eingeleuchtet hätte (wie bspw. eine mögliche Bewegungseinschränkung des kleinen Fingers bei einem Pianisten als zwar wenig wahrscheinliches Risiko, das aber für den Patienten von besonderer Wichtigkeit ist[108]). Damit könnten ggfs. auch Kriterien nutzbar gemacht werden, die die zivilrechtliche Judikatur zum „groben Behandlungsfehler" [109] entwickelt hat[110]. Schließlich sollte zum Schutze des Selbstbestimmungsrechts des Patienten ein grober Aufklä-

---

106 Zur Grundaufklärung eingehend *Schenk*, Die medizinische Grundaufklärung, 2015.
107 NJW 1991, 2346, 2347.
108 *Frahm/Walter*, Arzthaftungsrecht, 6. Aufl. 2018, Rdnr. 209.
109 Grober Behandlungsfehler als eindeutiger Verstoß gegen bewährte ärztliche Behandlungsregeln oder gesicherte medizinische Erkenntnisse: der Arzt begeht einen Fehler, der einem Arzt schlechterdings nicht unterlaufen darf (vgl. etwa BGHZ 172, 1, 10); weitere Nachw. bei *Frahm/Walter*, Arzthaftungsrecht, 6. Aufl. 2018, Rdnrn. 131 ff.; grundlegend *Katzenmeier*, Arzthaftung, 2002, S. 439 ff.; s.a. dens., Prütting- FS, 2018, S. 361, 363 f.).
110 *Roxin* hält demgegenüber diese Einschränkung letztlich für zu unbestimmt und will stattdessen darauf abstellen, dass eine (unterstellte) wahrheitsgemäße und

rungsfehler auch dann angenommen werden, wenn der Arzt seinen Patienten auf dessen ausdrückliches, weiter ausgreifendes Nachfragen zum Eingriffsrisiko eine eindeutig unzureichende Antwort erteilt[111].

V. Schlussbemerkung

Diese hier vorgeschlagene Restriktion soll dazu beitragen, dass auch im Bereich des Arztstrafrechts ein Unglück (nämlich dasjenige des nicht erfolgreich behandelten Patienten) nicht in ein Unrecht (nämlich in das eines Behandlungs- oder Aufklärungsfehlers) verfälscht wird.

---

vollständige Aufklärung den Patienten vor einen Entscheidungskonflikt gestellt hätte (medstra 2017, 129, 135 ff.). Insoweit bestehen m.E. aber die oben im Text (unter III.2.d, S. 101 f.) angeführten Bedenken.

111 Einem konkret geäußerten Informationsbedürfnis hat der Arzt stets nachzukommen: BeckOK/BGB-*Katzenmeier*, 47. Ed. 2018, BGB § 630e Rdnr. 20; s.a. *Steffen*, MedR 1983, 88, 89.

Wann ist die Zuführung von Patienten nach den §§ 299a, b StGB strafbar?
Aspekte gesundheitsrechtlicher Verunsicherung

Rechtsanwalt Dr. Andreas Penner

Korruption im Gesundheitswesen beeinträchtigt den Wettbewerb, verteuert medizinische Leistungen und untergräbt das Vertrauen von Patienten in die Integrität heilberuflicher Entscheidungen. Wegen der erheblichen (…) Bedeutung des Gesundheitswesens ist korruptiven Praktiken (…) mit den Mitteln des Strafrechts entgegenzutreten.[1]

Je imperativer die ökonomische Fuchtel dominiert, desto inhumaner wird Medizin' (…). Die erste Ursache der Ökonomisierung ist die Verbreitung des neoliberalen Gedankens, dass Märkte effizient arbeiten.[2]

Seit nunmehr drei Jahren gibt es die Straftatbestände der Bestechlichkeit und Bestechung im Gesundheitswesen, §§ 299a, b StGB. Seit ihrem Inkrafttreten haben sie eine zwiespältige Entwicklung genommen. Bis heute ist keine veröffentlichte Entscheidung eines Strafgerichtes ersichtlich, die den Tatbestand anwendet.[3] Auch die Zahl der Ermittlungsverfahren, die der Entscheidungsreife entgegensehen, scheint geringer als erwartet. Im Gegensatz dazu stehen die zahlreichen Veröffentlichungen, welche das nachhaltige Ringen um eine überzeugende Auslegung unter Beweis stellen. Zugleich sind sie Beleg für die praktische Relevanz.[4] Die Spuren des Tatbestandes in der Gestaltungspraxis sind unübersehbar, ebenso aber die Unsicherheiten in der Auslegung. Wann und unter welchen Voraussetzun-

---

1 BT-Drs. 18/6446, S. 1.
2 *Thielscher*, DÄ 2018 (43) A 1946.
3 Auch sonstige Entscheidungen sind rar. Beispiele sind OLG Köln, Urt. v. 07.12.2018, 6 U 95/18 (Verneinung Unrechtsvereinbarung im wettbewerbsrechtlichen Kontext durch Werbegaben Apotheker im Fall von Impfstoffbestellungen); LG Augsburg, Urt. v. 25.09.2018, 22 O 2736/17 (Streit um außerordentliche Kündigung eines Kooperationsvertrages vor Inkrafttreten der §§ 299a, b StGB mit gravierenden Differenzen zwischen Belegarztvergütung und DRG-Beteiligung – n. rkr. Anhängig OLG München, 27 U 3895/18).
4 Juris weist im April 2019 für die Suche nach den §§ 299a, b StGB 167 Aufsätze und 44 Kommentare/Bücher aus, welche auf die Regelungen als Norm Bezug nehmen.

gen namentliche eine Zusammenarbeit bei der Versorgung der Patienten noch möglich ist, ist unklar.

Von den Unsicherheiten zeugt die Bandbreite der Auffassungen in der literarischen Diskussion und die Bandbreite behördlicher Einschätzungen jenseits von Strafverfolgungsorganen, namentlich von Ärztekammern zur Interpretation der Zuweisung gegen Entgelt im Lichte des neuen Straftatbestandes. Deren Einschätzungen reichen je nach regionaler Zuständigkeit von der Bedenklichkeit praktisch jeglicher Zusammenarbeit über äußerst großzügige Maßstäbe bis hin zur grundsätzlichen Ablehnung von Bewertungen. Hinzu treten gravierend differierende Auffassungen in gleichen Regionen, z. B. zwischen Ärztekammer, KV und Behörden, die für Krankenhäuser zuständig sind. Im Gegensatz dazu stehen Äußerungen von Vertretern der Strafverfolgungsbehörden, die mitunter noch strengere Maßstäbe als die eben genannten akzentuieren, allerdings regional wiederum durchaus unterschiedlich.

Dabei geht die Bandbreite der Auffassungen über die üblichen Unsicherheiten erstmaliger Normanwendung hinaus. Zugleich fällt die Norminterpretation durchaus unterschiedlich aus – je nach Schwerpunkt der Tätigkeit des Rechtsanwenders im Strafrecht oder im Gesundheitsrecht. Dies ist bemerkenswert, zumal Straf- und Gesundheitsrecht gemäß der §§ 299a, b StGB in einer Wechselbeziehung zueinander stehen. Die strafrechtlichen Normen knüpfen an die gesundheitsrechtlichen Wertungen an. Auseinanderfallende Interpretationen sind dann ein Warnsignal. Möglicherweise wird ein Verhalten strafrechtlich sanktioniert, was nach gesundheitsrechtlicher Interpretation nicht sanktionsbedürftig ist, umgekehrt werden andere sanktionsbedürftige Verhaltensweisen übersehen. Freiraum würde an falscher Stelle genommen wie an falscher Stelle belassen. Das wäre nicht der erste Fall, in dem Bezugnahmen von Teilrechtsgebieten aufeinander für Akteure im Gesundheitswesen zu wenig befriedigenden Rechtsentwicklungen führen.[5]

Zu allgemeiner Unsicherheit in der Auslegung tritt Verunsicherung im Hinblick auf die Einheitlichkeit der Wertungen in den beiden Teilrechts-

---

[5] Aktuelles Beispiel ist – wenn auch „nur" mit finanziellen Folgen verbunden – das wenig gelingende Zusammenspiel zwischen Umsatzsteuerrecht und Gesundheitsrecht bei der Frage patientenindividueller Zubereitungen. Siehe hierzu jüngst die Entscheidungen des BGH vom 20.02.2019, VIII ZR 7/18, VIII ZR 66/18, VIII ZR 115/18 u. 189/18, sowie des BSG, Urt. v. 09.04.2019, 1 KR 5/19, die auf ein Urteil des BFH vom 24.09.2014, V R 19/11 und des EuGH vom 13.03.2014, Rs. C-366/12 zurückgehen. Zur dahinterstehenden Herausforderung im Zusammenspiel der Teilrechtsordnungen s. *Penner*, ZESAR 2017, 118 u. 207 ff.

ordnungen hinzu. Folglich lohnt sich, neben den vielen anderen Aufgaben, die der Straftatbestand stellt, ein Blick speziell auf diese Wechselbeziehung zwischen Straf- und Gesundheitsrecht: zuvorderst in seinem dogmatischen Anknüpfungspunkt und daraus folgende theoretische Risiken (s. u. A). Diese theoretischen Risiken können an praktischen Beispielen illustriert werden (s. u. B). Abzuschließen ist mit Vorschlägen, wie die Problematik im Prüfungsraster in vertiefter Weise Berücksichtigung finden kann (s. u. C).

A. Wechselbeziehung zwischen Straf- und Gesundheitsrecht

I. Asymmetrische Akzessorietät des Tatbestandes

Dogmatischer Ausgangspunkt der Wechselbeziehung zwischen Straf- und Gesundheitsrecht ist die bisher allgemein anerkannte sog. asymmetrische Akzessorietät des Korruptionstatbestandes[6]. Nach dem Wortlaut dieses Tatbestandes stehen die dort genannten Begehungsweisen dann unter Strafe, wenn durch sie *ein anderer im Wettbewerb in unlauterer Weise bevorzugt* wird. Eine Bevorzugung in diesem Sinne ist nach der Gesetzesbegründung die sachfremde Entscheidung zwischen mindestens zwei Wettbewerbern. Sie setzt Wettbewerb und Benachteiligung eines Konkurrenten voraus. Unlauter ist demnach die Bevorzugung, wenn sie geeignet ist, Mitbewerber durch Umgehung der Regelungen des Wettbewerbs und durch Ausschaltung der Konkurrenz zu schädigen.[7] Das ist nach der Begründung insbesondere der Fall, wenn bei bestehendem Wettbewerb eine Pflicht zur heilberuflichen Unabhängigkeit im Gegenzug für einen wirtschaftlichen Vorteil verletzt wird. Umgekehrt entfällt die Tatbestandsverwirklichung, wenn die Bevorzugung berufsrechtlich zulässig ist[8] oder sonstige gesundheitsrechtliche Normen zur Zulässigkeit führen[9].

Die zentrale Voraussetzung der Unlauterkeit bedingt folglich, dass die Regelungen des Wettbewerbs verletzt werden. Diese Regelungen ergeben sich wiederum aus den gesundheitsrechtlichen Bestimmungen. Damit lässt

---

6 Zur Herkunft des Begriffs mwN s. *Schneider* in: Bleicken/Zumdick, Erste Bestandsaufnahme, S. 57.
7 BT-Drs. 18/6446, S. 21; zustimmend die Literatur, z. B. *Rübenstahl/Teubner* in: Esser u.a., Wirtschaftsstrafrecht, § 299a Rn. 45.
8 BT-Drs. 18/6446, S. 21. Zum Wegfall der isolierten Erfassung von Berufspflichtverletzungen s. BT-Drs. 18/8106, S. 15 f.
9 BT-Drs. 18/6446, S. 20.

sich der Tatbestand als asymmetrisch akzessorisch zum Gesundheitsrecht charakterisieren. Zugespitzt: Was gesundheitsrechtlich erlaubt ist, kann im Grundsatz strafrechtlich nicht verboten sein. Umgekehrt präjudiziert eine Rechtsverletzung die Strafbarkeit. Indes ist nicht alles strafbar, was vom Gesundheitsrecht verboten ist.[10]

Also gibt es eine rechtsdogmatische Abhängigkeit der §§ 299a, b StGB in der Interpretation gesundheitsrechtlicher Normen,[11] namentlich der dortigen Wettbewerbsregelungen. Zudem gibt es eine Abhängigkeit von dem diesen Regelungen zu Grunde liegenden Wettbewerbsbegriff. Denn nach plausibler Auffassung dürfte auch bei Fehlen einer konkreten Norm die bloße Verletzung des Rechtsguts des freien Wettbewerbs als auch des Vertrauens in die Integrität heilberuflicher Entscheidungen unter Umständen ausreichen können.[12] Diese Akzessorietät zu konkreten Normen wie auch zu dem in den Normen zum Ausdruck gekommene Rechtsgüterschutz ist schlüssige Folge des Schutzzwecks der §§ 299a, b StGB, der jedenfalls im Schutz des wettbewerbsrechtlich strukturierten Ordnungsmechanismus und der Integrität heilberuflicher Empfehlungen zu sehen sein wird[13]. Diese Rechtsgüter sind auch immer wieder Anlass für gesundheitsrechtliche Normsetzungen.

II. Vermeintliche Schärfen und tatsächliche Unschärfen

Damit scheinen Gegenstand und Ziel des Tatbestandes klar konturiert zu sein, wie es dem ersten Satz der Gesetzesbegründung zu entnehmen ist, der hier einleitend zitiert wurde. Zwar kann sich die wettbewerbliche Unlauterkeit schon aus einer durchaus breiteren Auswahl ergeben: nämlich

---

10 Vgl. *Schneider* in: Bleicken/Zumdick, Erste Bestandsaufnahme, S. 56.
11 *Schneider* in: Bleicken/Zumdick, Erste Bestandsaufnahme, S. 56; *Dann/Scholz* NJW 2016, 2077, 2078; *Kubiciel*, WiJ 1/2016, 1, 5; *ders.* ZMGR 2016, 289, 291; *Momsen/Laudien* in: v. Heinschel-Heinegg in BeckOK StGB, § 299a Rn. 27; *Schuhr* in: Spickhoff, Medizinrecht, 3. Aufl., § 299a Rn. 44; *Meyer* NZWiSt 2018, 74, 79 f. Ebenso *Dannecker/Schröder* in: Kindhäuser/Neumann/Paeffgen, StGB, 5. Aufl., § 299a Rn. 153; *Rübenstahl/Teubner* in: Esser u.a., Wirtschaftsstrafrecht, § 299a Rn. 45, jeweils mit der grundsätzlich überzeugenden Einschränkung, dass der gesundheitsrechtlich eröffnete Gestaltungsspielraum in rechtmäßiger Weise ausgefüllt werden muss.
12 So im Grundsatz *Dannecker/Schröder* in: Kindhäuser/Neumann/Paeffgen, StGB, 5. Aufl., § 299a Rn. 149 u. 155, mit aber im Übrigen gesteigerten Anforderungen, fehlt ein expliziter Normverstoß (aaO Rn. 157 ff).
13 BT-Drs. 18/6446, S. 16. Zu den im Übrigen diskutierten Schutzzwecken s. u. C I.

aus einem konkreten Verstoß gegen eine Wettbewerbsregelung, aus der Umgehung einer solchen Wettbewerbsregelung wie aus der bloßen Verletzung des Rechtsguts des Wettbewerbs und dessen spezifischer gesundheitsrechtlicher Integritätserwartung. Gleichwohl ist immer Gegenstand und Zentralbegriff „der Wettbewerb im Gesundheitswesen", der vor Beeinträchtigung durch Korruption geschützt werden soll. Es scheint zugleich einfach zu sein, festzuhalten, wie „Wettbewerb" sein soll, um anhand des Ist des Wettbewerbs festzustellen, wann von diesem Ideal abgewichen wird. Ist Korruption ursächlich hierfür, ist der Straftatbestand erfüllt. Angesichts des umfassenden Normenkanons im Gesundheitsrecht, der trotz seiner Dynamik einen hoch ausdifferenzierten wie historisch über Jahrzehnte entwickelten Bestand aufweist, sollte die Bestimmbarkeit der normativen Maßgaben keine Probleme bereiten. Es sollten sich bestenfalls Abgrenzungsfragen stellen, die mit der Ziehung von Trennlinien stets verbunden sind. Zu erwarten wäre ein klar abgrenzbarer Teil zulässiger Gestaltungen, ein Teil offenbar unzulässiger Gestaltungen sowie ein schmalerer Graubereich, der die Grenzlinie umschließt.

Und in der Tat: Liest man strafrechtliche Veröffentlichungen, scheint man mitunter präzise zu wissen, wie Wettbewerb im Gesundheitswesen aussehen soll.[14] Jedenfalls soll die Operationalisier- und Konkretisierbarkeit unproblematisch sein, zumal die Notwendigkeit, eine gesundheitsmarktbezogene Pflicht zu verletzen, ein klares Kriterium sei.[15] Dieser Annahme der Eindeutigkeit oder zumindest Bestimmbarkeit wird mitunter widersprochen, z. B. wenn es um die Angemessenheit von Vergütungen im Rahmen von Kooperationen oder berufsrechtlichen Unklarheiten geht.[16] Doch gehen die Unschärfen nach diesseitiger Einschätzung weit darüber hinaus. Bereits die Gesetzesbegründung lässt nämlich erkennen, dass es bereits im Grundsätzlichen komplizierter werden kann: Zwar indiziert ein finanzieller Anreiz, der die Auswahl zwischen zwei Wettbewerbern im Gesundheitswesen beeinflussen kann, das Vorliegen einer rechtswidrigen Handlung. Indes ist dieser Rückschluss vom Einfluss finanzieller Erwägungen auf die Tatbestandserfüllung nicht stets gerechtfertigt. Am Beispiel von Wirtschaftlichkeitsvorgaben für die Arzneimittelauswahl räumt der Gesetzgeber nämlich ein, dass finanzielle Anreize für Auswahlentscheidungen nicht per se „verwerflich" sind. Das gilt jedenfalls, wenn sie dem wirt-

---

14 Exemplarisch: *Badle*, medstra 2017, 1 f.
15 So noch *Kubiciel*, WiJ 1/2016, 1, 5 f; *ders.* aber etwas abgemildert in ZMGR 2016, 289 ff, gleichwohl aber nur Auslegungsprobleme in Grenzbereichen anerkennend.
16 Siehe z. B. *Rübenstahl/Teubner* in: Esser u.a., Wirtschaftsstrafrecht, § 299a Rn. 46 f.

schaftlichen Wettbewerb und dem Interesse des Patienten bzw. der gesetzlichen Krankenversicherung dienen.[17] Es gibt also auch „gute" Anreize. Eben das zentrale Indizienpaar, nämlich der Vorteil für eine Auswahl, wird dadurch ambivalent. Und tatsächlich lässt sich eine Fülle von Beispielen finden, in denen die Auswahl zwischen Leistungen mit finanziellen Anreizen gesteuert werden: Wirtschaftlichkeitsboni für Laborleistungen, Richtgrößen für Arzneimittel, Richtgrößen für Heilmittel, Pauschalen für Sachkosten oder Arzneimittel etc. pp. Finanzielle Anreize sind tatsächlich ein Standardinstrument der Steuerung.

Mit solchen „guten" und „verwerflichen" Anreizen ist das Bild des Idealwettbewerbs schon weniger eindeutig. Weiterhin ist zu berücksichtigen, dass bereits das, was „Wettbewerb" idealerweise sein soll, komplex in der Definition ist.[18] Das gilt jedenfalls, wenn man über die bloße Mindestvoraussetzung hinausgeht. Diese Mindestvoraussetzung wird für § 299 StGB dahin konkretisiert, dass Wettbewerb die Entscheidung zwischen zwei Bewerbern bedingt.[19] Diese Entscheidung muss aber sodann „sachfremd" sein, um das Unlauterkeitsverdikt zu begründen.[20] Das verlangt eine Definition des Sachfremden, die voraussetzt, was in einer bestimmten Wettbewerbssituation sachgerecht ist. Das ist keineswegs einfach zu beantworten, wie später noch zu zeigen ist. Dabei hilft es auch nur bedingt weiter, von einem Primat des Selbstbestimmungsrechtes des Patienten auszugehen. Demnach könnten Empfehlungen, die dem Selbstbestimmungsrecht

---

17 BT-Drs. 18/6446, S. 19 unten/20 oben.
18 Die Definitionen sind nicht einheitlich. Vgl. zu den verschiedenen Ansätzen *Musil*, Wettbewerb in der staatlichen Verwaltung, Tübingen 2005, S. 13 f; *Grzeszick* in Isensee/Kirchhof, HStR IV, 3. Aufl., § 78 Rn 9. Exemplarisch dazu die Definition bei *Götze/Cacace/Rothgang*, ZSR 55 (2009), 149, 150 unter Rückgriff auf *Olten*: *„Wettbewerb auf Märkten bezeichnet ein ‚rivalisierendes Streben mehrerer Wirtschaftssubjekte, als Anbieter oder Nachfrager auf konkreten Märkten durch bestimmte Aktivitäten einen größeren (...) Erfolg als die Rivalen zu erzielen.'"*; und die bereits um funktionale Erwägungen angereicherte Definition bei *Meessen*, JZ 2009, 697, 701: *„Wettbewerb ist ein ergebnisoffenes, durch rechtliche und/oder außerrechtliche Regeln geregeltes Verfahren, bei dem zwei oder mehr voneinander unabhängige Akteure unter besonderer, wie auch immer motivierter Einsatzbereitschaft für die Ziele des jeweiligen Wettbewerbs untereinander vergleichbare Leistungen erbringen."* Abzugrenzen ist dieser Wettbewerbsbegriff von einem (formalen) Marktbegriff, unter dem alleine der „Ort" zu verstehen ist, an dem Nachfrager und Anbieter einer Leistung aufeinandertreffen, ungeachtet welche Regeln für den Austausch gelten und wer diese setzt (vgl. *Rixen* in Schmehl/Wallrabenstein [Hrsg.], Steuerungsinstrumente, Bd. 1, S. 109, 113; *Dettling*, GesR 2008, 169, 171).
19 BGH, Urt. v. 29.04.2015, 1 StR 235/14, Rn. 55.
20 BGH aaO.

Rechnung tragen, nicht unlauter sein.[21] Das leuchtet im Hinblick auf das Schutzgut der Integrität heilberuflicher Empfehlungen ein. Allerdings werden z. B. die nach der Gesetzesbegründung gebilligten Anreize wirtschaftlicher Art keineswegs an den unmittelbaren Patienteninteressen orientiert. Maßgeblich sind vielmehr Wirtschaftlichkeitsüberlegungen, die Interessen der Krankenkassen, Arbeitgeber und als Beitragszahler mitbetroffenen Versicherten. Deren Interessenlage fällt zum Zeitpunkt der Entscheidung aber nicht notwendigerweise mit der Interessenlage des Patienten in eins. Mithin gibt es also auch gebilligte wirtschaftliche Beeinflussungen, die im Widerspruch zum Patienteninteresse stehen.

Weiterhin dürfte ausgehend von der *Hayek*'schen Charakterisierung als „Entdeckungsverfahren" bei allen Unsicherheiten der Begriffsdefinition Einigkeit dahingehend bestehen, dass Wettbewerb kein statischer Zustand ist, sondern sich gerade dadurch auszeichnet, dass die Marktakteure gegen, aber auch miteinander beständig neue Wege zur Optimierung der Bedarfsbefriedigung suchen. Damit verschwimmt das Ideal des Wettbewerbs weiter. Auch Kooperationen zwischen Marktakteuren, die häufigster Gegenstand der Gestaltungsberatung im Zusammenhang mit den §§ 299a, b StGB sind, können danach zwar Wettbewerbsbeschränkungen mit sich bringen. Solche Kooperationen können aber zugleich Ausdruck und essentieller Bestandteil von Wettbewerb sein, weil sie die Versorgung verbessern.

Konsequenterweise ist für die Norm, welche im deutschen Recht unmittelbar gegen wettbewerbsbeschränkende Vereinbarungen im allgemeinen Wirtschaftsverkehr gerichtet ist, § 1 GWB, der Schluss gezogen worden, dass bisher keine subsumtionsfähige Definition für tatsächlich wettbewerbsbeschränkende Vereinbarungen gefunden worden ist. Nur Typenbildung ist möglich mit differenzierter Betrachtung der Kooperation unter Wettbewerbern.[22] Selbst die Vorstellung von Wettbewerb im Allgemeinen ist also nicht eindeutig. Eine dem ersten Eindruck nach formal feststellbare Beschränkung des Wettbewerbs bedarf jeweils der komplexen Gegenüberstellung der Vor- und Nachteile.[23]

---

21 *Schneider* in: Bleicken/Zumdick, Erste Bestandsaufnahme, S. 57; *Kubiciel*, WiJ 1/2016, 1, 7.
22 *Zimmer* in Immenga/Mestmäcker, Wettbewerbsrecht, 5. Aufl., § 1 GWB Rn. 207 f und Rn. 233 ff, mit einer Vielzahl an Beispielen differenzierter Bewertungen.
23 Ein Bild von den feinsinnigen Überlegungen dahinter vermitteln die Gruppenfreistellungsverordnungen (Block exemptions) der EU (s. z. B. ec.europa.eu/competition/antitrust/legislation/legislation.html).

Verworren wird das Bild, wenn man außerdem die Diskussion um Wettbewerb im Gesundheitswesen betrachtet. Bei dieser Betrachtung stellt sich bald die Frage, ob Wettbewerb im Gesundheitswesen überhaupt so funktionieren kann und soll wie in der freien Wirtschaft. Die besondere Schutzbedürftigkeit der Patienten in wirtschaftlicher Hinsicht, die allgegenwärtige Informationsasymmetrie sowie die regelmäßige Dreipoligkeit zwischen Patient, Leistungserbringer und Versicherung erschweren die Funktionsfähigkeit.[24] Breit vertreten ist zudem die Auffassung, dass Wettbewerb nicht so funktionieren darf wie in der freien Wirtschaft. Davon zeugt das zweite einleitende Zitat, das hier pars pro toto für die Diskussion um die Ökonomisierung per Wettbewerb ausgewählt wurde.

Fast drängt sich also die Frage auf, ob der Straftatbestand der §§ 299a, b StGB nicht etwas schützt, das nicht schützenswert ist. Das ist nicht der Fall. Die Besonderheiten im Gesundheitswesen erschweren aber das Verständnis des Zentralbegriffs des Wettbewerbs in den §§ 299a, b StGB. Tatsächlich begrenzt und konturiert der Gesetzgeber den Wettbewerb im Gesundheitswesen expansiv durch Marktzugangs- und Marktverhaltensregelungen. Der Kern, nämlich die Versorgung der Gemeinschaft gesetzlicher Versicherter, wird zudem durch die sog. gemeinsame Selbstverwaltung Strukturen unterstellt, die gemeinhin als Kartell-, Oligopol- und Monopolbildung Musterfälle wettbewerbsschädlicher Verhaltensweisen sind. Das erzeugt ein fundamentales Spannungsverhältnis zwischen allgemeinem Wettbewerbsideal und Gestaltungsidealen in der gesetzlichen Krankenversicherung. Die Wettbewerbsschädlichkeit einer Verhaltensweise in der freien Wirtschaft ist nach dieser Betrachtung nicht automatisch im Gesundheitswesen zu bejahen. Exemplarischer Ausdruck dieser Friktion ist die Entwicklung des § 69 SGB V, der zwischenzeitlich zur Grundnorm für den Rechtsrahmen der Leistungserbringung erstarkt ist.[25] Diese Regelung des § 69 SGB V ist Kulminationspunkt der Diskussionen über den „richtigen" Wettbewerb im Gesundheitswesen geworden. Die an dieser Norm seit der Jahrtausendwende stetig vorgenommenen Anpassungen und Justierungen durch den Gesetzgeber zeugen davon, dass sich der Gesetzgeber, die Rechtsprechung und die Rechtswissenschaft nicht minder im *Hayek*'schen Entdeckungsverfahren befinden als die Akteure im Gesundheitswesen selbst.

---

24 Zu der Vielzahl diskutierter Probleme s. *Penner*, Leistungserbringungswettbewerb in einer sozialen Krankenversicherung, S. 19 ff u. S. 166 ff mwN.
25 *Engelmann* in Schlegel/Voelzke, jurisPK-SGB V, 3. Aufl., § 69 Rn. 1.

III. Wieselwort Wettbewerb

Schon diese wenigen Überlegungen zeigen, dass das tatsächliche Ideal vom Wettbewerb im Gesundheitswesen jedenfalls differenziert, vielgestaltig bis brüchig und mitunter widersprüchlich ausgestaltet ist. Die aktuell zu Grunde liegenden Strukturen im Verhältnis zwischen Leistungserbringern und Krankenkassen sind geprägt durch oligopolistische bis monopolistische Kollektivverträge und zeigen das Gegenteil von Wettbewerb. Sie können als Anti-Wettbewerb charakterisiert werden. Die in diesem Rahmen noch verbleibenden wettbewerblichen Gestaltungsmöglichkeiten durch gesellschaftsrechtliche und schuldrechtliche Kooperation sind hoch reguliert und durch die wettbewerbswidrigen Ergebnisse des Anti-Wettbewerbs verzerrt. Damit findet auf dieser Ebene des Gestaltungswettbewerbes häufig ein Ausgleich statt, in dem versucht wird, die vom Anti-Wettbewerb kreierten Absurditäten und Schäden zu kompensieren. Daneben verbleibt in der dritten Dimension nur noch der Wettbewerbsraum der Patientenwahlfreiheit, sich für diesen oder jenen Leistungserbringer zu entscheiden. Auch dieser Raum ist jedoch vielfach eingegrenzt und durch eine Fülle von Feinsteuerungen auch gegenüber Leistungserbringern überlagert, um über die Leistungserbringer auf die Entscheidungen der Patienten einzuwirken. Eben auf der Ebene der Patientenwahlfreiheit bestehen nämlich anerkannte Wettbewerbsversagensrisiken[26] namentlich durch Tritt-Brett-Fahrer-Verhalten[27] und Informationsasymmetrien[28]. Diese Risiken sollen reduziert werden. Schließlich finden sich auch hier vielfach Ausweich- und Ausgleichmanöver, um Defiziten des Anti-Wettbewerbs auf der strukturellen Ebene zu entgehen.

Wettbewerb im Gesundheitswesen wird damit zu einer Art „Wieselwort", einem unklaren Begriff, der nur mehr als Hülle taugt, denn greifbaren normativen Inhalt hat. *Hayek*, der das englische Vorbild, das *„weasel word"*, in das Deutsche übertrug, hatte sich mit dieser Bezeichnung dereinst darüber beklagt, dass das Attribut des *Sozialen* in Begriffskombinationen wie z. B. der *sozialen Marktwirtschaft* zu einem Inhaltsverlust für den attribuierten Begriff führe, also im Beispiel einem Inhaltsverlust des Begrif-

---

26 Eingehend: *Breyer/Zweifel/Kifmann*, Gesundheitsökonomik, 6. Aufl., S. 179 ff.
27 Beispiel ist die Annahme, dass der Patient aufgrund der Übernahme der Kosten durch Dritte die Motivation zur Überprüfung der Wirtschaftlichkeit des Handelns seines Vertragspartners verliert. Der Vertragspartner, also z. B. ein Arzt, wird demnach vom Patienten nicht auf Wirtschaftlichkeit kontrolliert.
28 Beispiel hierfür ist die Annahme, dass der Patient einen Arzt, selbst wenn der Patient es wollte, wegen dessen überlegenen Wissens nicht kontrollieren könnte.

fes der Marktwirtschaft. Das wirke, wie ein Wiesel ein Ei aussauge: Das Ei bliebe äußerlich unbeschädigt, sei indes nur noch leere Hülle. Das Attribut *sozial* bewirke auf diese Weise z. B. auch, dass das Rechtsstaatsprinzip durch eine Verpflichtung auf das Sozialstaatsprinzip mehr oder weniger ausgesetzt würde.[29]

Nicht so drastisch in der negativen Konnotation, doch ebenso deutlich in der Wirkung, ergeht es dem Begriff des Wettbewerbs, wird er im Gesundheitswesen verwandt. Eine klare und in sich schlüssige Vorstellung für den Wettbewerb im Gesundheitswesen gibt es aus einer Vielzahl von Gründen nicht. Die Gründe hierfür liegen in der skizzierten schwierigen Mischung aus berechtigten sachlichen Erwägungen und historisch-überkommenen Strukturen. Zudem tritt die missbräuchliche Inanspruchnahme sachlicher Erwägungen und Strukturen namentlich zur Abwehr von Konkurrenz hinzu.

Dieser Charakterzug der Uneindeutigkeit des Wettbewerbs im Gesundheitswesen ist damit eine Herausforderung für die Auslegung des Korruptionstatbestandes. Wie Wettbewerb im Gesundheitswesen ausgestaltet ist und ausgestaltet sein sollte, ist komplex. Greift man nur auf die richtigen Beispiele zurück und verallgemeinert diese, lassen sich fast beliebige Ergebnisse begründen, wie Wettbewerb zu sein hat bzw. nicht zu sein hat. Das gelingt namentlich dann, wenn man die historischen Gründe für diese oder jene Gestaltung ausblendet, bei denen es regelmäßig nicht um Schutz von Patienten oder Schutz im Wettbewerb geht, sondern um Schutz vor Wettbewerb oder eine schlichte Gegenreaktion auf die negativen Folgen vorheriger Ausschaltung von Wettbewerb.[30] Kooperation kann dann schnell als Korruption etikettiert werden, wie auch umgekehrt das kooperative Deckmäntelchen über den korruptiven Kern ausgebreitet werden kann.

Die Uneindeutigkeit des Wettbewerbsbegriffs führt also dazu, dass selbst bei bester Absicht die Bewertung der Unlauterkeit im Sinne der §§ 299a, b StGB von eigenen Vorurteilen geprägt sein kann: Wie stellt sich der Urteilende selbst vor, wie Wettbewerb im Gesundheitswesen sein müsste? Danach werden die zahlreichen Versatzstücke passend zur eigenen Wertung ausgewählt und das ohne böse Absicht. Es wird allein dem eige-

---

29 *Hayek*, Die verhängnisvolle Anmaßung – Die Irrtümer des Sozialismus, Abs. B Band 7 der gesammelten Schriften in deutscher Sprache, 2012, S. 132.
30 Vgl. zur Entwicklungsgeschichte *Penner*, Leistungserbringerwettbewerb, S. 64 ff mwN.

nen Vorurteil gefolgt[31] oder dem vom Tatbestand provozierten Tunnelblick: Wer den Hammer des Korruptionsstrafrechtes in Händen hält, für den sieht die Welt der Gesundheitskooperation wie ein Nagel aus. Folglich unterliegt die Auslegung hier einer besonderen Verantwortung, um den Wettbewerbsbegriff nicht zum Wieselwort werden zu lassen, das bereitwilliges Gefäß eigener Wert- oder gar Vorurteile wird.

IV. Gesundheitspolitische Bedeutung und Risiko der Zuständigkeitsumkehrung

Ist man mit dieser uneindeutigen Funktion des Wettbewerbs im Gesundheitswesen vertraut, gebietet das Zurückhaltung bei der Feststellung dessen, was das Ideal von Wettbewerb im Gesundheitswesen ist. Zugleich erscheinen die Räume gerade für Gestaltungswettbewerb eng und orchideenhaft selten. Solche Restwettbewerbe dürften für die Fortentwicklung auch und gerade im Sinne der Patienten jedoch unerlässlich sein. Die sonstigen kollektivrechtlich verfassten Grundstrukturen mögen zwar für die Versorgung von massenhaft und standardisierbar zu erbringenden Versorgungsleistungen geeignet sein, sind aber strukturbedingt innovationsfeindlich, behindern Spitzenleistungen im Qualitätswettbewerb und fördern Unwirtschaftlichkeit sowie qualitative Unterversorgung. Besondere Bedarfe, namentlich wenn diese quantitativ selten auftreten oder überdurchschnittlichen Aufwand verursachen, fallen durch das Raster. Der verbleibende Spielraum für Fortentwicklung ist also gesundheitspolitisch kostbar. Stets sind verbleibende Gestaltungsspielräume aber ebenso dem Risiko ausgeliefert, missbraucht zu werden. Das macht die Unterscheidung von „gutem" und „verwerflichen" Wettbewerb sowie namentlich „guter" und „verwerflicher" Kooperation schwierig.

Auch deswegen sind aber Auffassungen, die eine Eindeutigkeit des Wettbewerbsideals postulieren, kritisch zu sehen, weil das Gesundheitswesen aus seiner Binnenperspektive eine solche Eindeutigkeit nicht hat. Tatsächlich entpuppen sich vereinfachende Idealvorstellungen als unterkomplex und schlicht schädlich, weil sie Restwettbewerb beeinträchtigen und Wertungen zu Grunde legen, die sich im Gesundheitswesen in der notwendigen Klarheit nicht wiederfinden. Das bringt außerdem das Risiko

---

31 Zu der zu Grunde liegenden Bestätigungstendenz (synonym: Bestätigungsfehler oder engl. confirmation bias) als Eigenschaft menschlicher Informationsverarbeitung auch im juristischen Feld *Schweizer*, Bestätigungsfehler – oder wir hören nur, was wir hören wollen, in: „Justice – Justiz – Guistizia", Schweizer Richterzeitung, 2007/3.

mit sich, dass sich die Verhältnisse umkehren. Dann schützt nicht das Strafrecht unter der Anknüpfung an dessen wettbewerbliche Maßgaben das Gesundheitsrecht vor Missbrauch. Vielmehr gestaltet dann das Strafrecht die wettbewerblichen Maßgaben für das Gesundheitsrecht zum Nachteil für die Versorgung um.[32] Solch eine Gestaltungsaufforderung ist dem Straftatbestand und dessen Begründung nicht zu entnehmen. Solch eine Gestaltung dürfte auch nicht gewollt sein.

V. Dialog zwischen den Disziplinen

Alleine entlastet dieser Befund nicht von der Aufgabe, im Dialog zwischen Straf- und Gesundheitsrecht das Bild dessen zu schärfen, wie Wettbewerb dem Normbestand des Sozial- und Gesundheitsrechtes nach ausgestaltet sein soll, um die Anwendung des Straftatbestandes zu präzisieren. Weder sollte die Strafbarkeit korruptiven Verhaltens an Uneindeutigkeiten gänzlich scheitern, noch sollte eine überschießende oder uneindeutige Strafbarkeit den verbleibenden Raum für Wettbewerb verschließen und seinerseits verfälschen. Nachfolgend wird deswegen anhand von Beispielen gezeigt, wo – aus strafrechtlicher Perspektive – das Gesundheitsrecht ggf. überraschend unentschieden und vielfältig im Wettbewerbsbild ist. Zugleich soll ein Vorschlag unterbreitet werden, wie man in der Anwendung des Straftatbestandes mit solchen Uneindeutigkeiten umgehen könnte. Im Idealfall wüchse aus strafrechtlicher Perspektive das Verständnis, dass manches noch deutlich komplizierter ist und differenzierterer Betrachtung bedarf, wie umgekehrt für das Gesundheitsrecht durch die Rezeption des Blicks von außen Klarheit in der eigenen Bewertung hinzugewonnen wird.

B. *Exemplarische Problemfälle*

I. *Vergütungsbestimmungen für die Gewinnverteilung in BAG*

Als erstes von zwei exemplarischen Feldern soll der Blick auf Vergütungsregelungen anhand gesellschaftsrechtlicher Kooperationen in Berufsaus-

---

32 Ähnlich *Wigge*, NZS 2015, 441, 451; *Rübenstahl/Teubner* in: Esser u.a., Wirtschaftsstrafrecht, § 299a Rn. 46. Beide aber vorrangig unter Bezug auf das Risiko, dass die Angst vor Strafverfolgung Innovationen hemmt, bis nicht Klarheit durch gerichtliche Entscheidungen herbeigeführt ist.

übungsgemeinschaften (BAG) gelenkt werden, die ein häufiger Gegenstand der Gestaltungspraxis sind und von den §§ 299a, b StGB berührt werden.

Eine solche gesellschaftsrechtliche Zusammenarbeit kann prima facie die Zuführung von Patienten im Gegenzug gegen wirtschaftliche Vorteile per Gewinnbeteiligung bewirken. Hierfür gibt es vielfältige Beispiele wie z. B. Beteiligungen an Herstellern von Medizinprodukten, bei denen die Gewinnbeteiligung direkt nach Menge von Zuführungen von Patienten bestimmt wird.[33] Neben solchen Regelfällen unstrittig illegaler Gestaltungen erreicht man mit dem Bereich tatsächlicher gemeinsamer Versorgungsleistungen aber einen Bereich, der weniger eindeutig in der Bewertung ist. Das verdeutlicht der Streit um die Gestaltung der berufsrechtlichen Beschränkungen für Teilberufsausübungsgemeinschaften, der durch die Entscheidung des BGH zu einer Ausweitung von Gestaltungsmöglichkeiten geführt hat und dies entgegen berufsrechtlichen Beschränkungen, die originär gegen die Zuweisung gegen Entgelt gerichtet waren.[34] Darin liegt bereits ein plastisches Beispiel, dass das Berufsrecht und damit hier einer der normativen Bezugspunkte der §§ 299a, b StGB keine Eindeutigkeit des Ergebnisses in sich trägt. Dieser BGH-Fall betraf hier zudem nicht nur eine Randfrage, sondern eine Kernfrage zum Anwendungsbereich der Beschränkungen bei Teilberufsausübungsgemeinschaften. Diese Kernfrage wurde im Fall wettbewerbsrechtlich ausdiskutiert. Hätte sie durch das Strafrecht ausgefochten werden müssen, wäre der Weg für die Betroffenen mit weit ausgreifenderen Einschränkungen verbunden gewesen.

Noch schwieriger wird die Bewertung für Vollberufsausübungsgemeinschaften, also Berufsausübungsgemeinschaften, bei denen die beteiligten Gesellschafter ihrer medizinischen Tätigkeit gemeinsam und ausschließlich in der Berufsausübungsgemeinschaft nachgehen. Für diese Fälle lässt sich mit guten Gründen vertreten, dass das Innenverhältnis kein Gegenstand der §§ 299a, b StGB sein sollte, ist doch die Berufsausübungsgemeinschaft der im Sinne der Wettbewerbsbestimmungen relevante Leistungserbringer. Die Gesellschafter im Verhältnis zu den Patienten sind dann keine anderen im Sinne des Tatbestandes (s. u. B II).

Folgte man diesem Verständnis jedoch nicht, wären die Mitgesellschafter andere im Sinne des Tatbestandes und deren Verhältnis zueinander Gegenstand der strafrechtlichen Überprüfung. Können innerhalb der Berufs-

---

33 Vgl. aus der Gesetzesbegründung BT-Drs. 18/6446 S. 19 unter exemplarischer Bezugnahme auf BGH, Urt. v. 13.01.2011, I ZR 111/08.
34 BGH, Urt. v. 15.05.2014, I ZR 137/12.

ausübungsgemeinschaft sodann – was medizinisch an sich höchst sinnvoll ist – koordinierte Versorgungsangebote aus einer Hand gebildet werden, also z. B. zwischen einem Haus- und einem Facharzt, kann der Gesellschaftsgewinn auch Vorteil des Hausarztes im Sinne des Straftatbestandes sein. Hat der Hausarzt typischerweise den Erstkontakt mit dem Patienten und schlägt nach Indikationsstellung die Fortführung der Behandlung auch beim fachärztlichen Kollegen vor, könnte dies wiederum als Zuführen betrachtet werden. Also müsste dann gefragt werden, wann der Vorteil des Gesellschaftsgewinnes als Gegenleistung für eine unlautere Bevorzugung verstanden werden muss. Hierzu wird zur Konkretisierung auf vertragsärztliche Honorarverteilungsregelung Bezug genommen[35] und auf Ausführungen des BSG im Urteil vom 25.03.2015, B 6 KA 24/14 R, Rn. 30, zur Gewinnverteilung für Teilberufsausübungsgemeinschaften[36]. Dort wird zur Bestimmung des § 33 Abs. 2 Satz 4 Ärzte-ZV, welche die Umgehung des Verbotes der Zuweisung gegen Entgelt per Teilberufsausübungsgemeinschaft enthält, ausgeführt:

> *Ebenso wenig lässt sich abschließend beurteilen, ob der Gewinn ohne Grund entgegen § 33 Abs. 2 Satz 4 Ärzte-ZV in einer Weise verteilt werden soll, die nicht dem **Anteil der persönlich erbrachten Leistungen** entspricht (…). Zwar ist die – für eine Umgehungskonstellation klassische – **pauschale Zuweisung eines prozentualen Gewinnanteils unabhängig vom eigenen Leistungsbeitrag** (…) nicht vorgesehen.*
> *Unabhängig hiervon gilt (…), dass durch entsprechende vertragliche Regelungen sichergestellt sein muss, dass die nichtoperativ tätigen Ärzte am Gesamtergebnis (nur) in dem **Verhältnis** beteiligt werden, in welchem der Wert der von ihnen **erbrachten Leistungen zum Wert der Gesamtleistungen** steht (…). **Verzichten** die von der Zuweisung profitierenden Ärzte ohne sachlichen Grund **auf Gewinn**, erhöht sich hierdurch - **unzulässigerweise** - der **Gewinnanteil** der zuweisenden Gesellschafter (…).*

Folglich wäre eine Gewinnverteilung im Innenverhältnis, welche sich nicht an den Umsätzen im Außenverhältnis oder jedenfalls an Erlösen fachidentischer Berufsausübungsgemeinschaften orientiert, möglicherweise bedenklich und dies insbesondere dann, wenn der – vom dispositiven

---

35 *Scholz/Treptow* in Beck'sches Formularburch Medizin- und Gesundheitsrecht, F II 2 Ziff. 7.
36 Ob die Entscheidung so zu interpretieren ist, dass sich die dortigen Ausführungen überhaupt auf Vollberufsausübungsgemeinschaften übertragen lassen, ist im Übrigen umstritten, s. *Pawlita* in: Schlegel/Voelzke, juris-PK-SGB V, 3. Aufl., § 95 Rn. 167.1.

Gesetzesrecht – vorgesehene Pro-Kopf-Verteilungsmaßstab, § 722 BGB, gewählt wird. Fachübergreifend könnte also die noch häufig vorkommende Verteilung nach Köpfen nicht ohne Gefahr der Strafbarkeit realisiert werden, da in ihr eben eine pauschale Zuweisung läge. Dieses Risiko einer solchen Beurteilung liegt bei fachgruppenübergreifenden Gestaltungen zudem keineswegs fern. Das beruht darauf, dass fachgruppenabhängig die Honorarumsätze bis hin zum Faktor 10 differieren. Auch wenn man sodann nur den Gewinn vor Steuern vergleicht, also nach Abzug der Kosten einen Vergleich vornimmt, ist der Faktor 5 zu finden. Die Spannbreite des Gewinns reicht von rund 60.000 Euro p. a. als Durchschnittsgewinn für Psychotherapeuten bis deutlich über 300.000 Euro p. a. als Durchschnittsgewinn für Radiologen.[37] Die Zusammenarbeit von Ärzten aus Fachgruppen mit typisiert unterschiedlichen Durchschnittsgewinnen wäre bei Pro-Kopf-Verteilung dann stets einem Kriminalisierungsrisiko ausgesetzt.

Indes stellt sich die Frage, ob eine trotz solcher Differenzen erfolgende Pro-Kopf-Verteilung tatsächlich eine Umgehung der Regelungen des Wettbewerbs durch Ausschaltung der Konkurrenz ist. Ein Fall eines Verstoßes gegen eine gesundheitsrechtliche Wettbewerbsbestimmung kann es nicht sein, weil es keine dezidierte Vorgabe für Gewinnverteilungen gibt. In Frage kommt nur die Umgehung des berufsrechtlichen Verbotes der Zuweisung gegen Entgelt oder eine Verletzung des Rechtsgutes des Wettbewerbs oder der Empfehlungsintegrität als solcher. Beide Varianten der Begründung per Umgehung bzw. Rechtsgutsverletzung liegen aber zumindest an der Grenze zirkulärer Argumentation. Liegt in einer Pro-Kopf-Gewinnverteilung tatsächlich eine Umgehung des Wettbewerbs zum Nachteil des nicht an der Berufsausübungsgemeinschaft (BAG) beteiligten Radiologen oder Kardiologen? Hätte der nicht an der BAG beteiligte Radiologe oder Kardiologe bei einer den vertragsärztlichen Honorarverteilungsbestimmungen folgenden Gewinnverteilung mehr Überweisungen erwarten können und dürfen? Stellt die Pro-Kopf-Gewinnverteilung also die Erwartung des Patienten an die Integrität seines Orthopäden oder Hausarztes in Frage, wenn er für die bildgebende Diagnostik bzw. Behandlung der Herzinsuffizienz an den Kollegen innerhalb der BAG verweist? Ist eine solche Rechtsgutverletzung auch dann noch anzunehmen, wenn die Pro-Kopf-Verteilung dem Gedanken entspringt, dass gemeinsamer Ertrag bei glei-

---

[37] Diese großen Spannbreiten zwischen den Berufsgruppen ergeben sich quellenunabhängig. Vgl. hierzu die Auswertungen des statistischen Bundesamtes (Fachserie 2 Reihe 1.6.1), des Zentralinstitutes für die kassenärztliche Versorgung in der Bundesrepublik Deutschland (Zi-Praxis-Panel) oder der Kassenärztlichen Bundesvereinigung (Honorarberichte).

cher Leistung auch gleichen Gewinn rechtfertigen soll, erst recht, wenn er eben der Zusammenarbeit entspringt, weil das Ganze mehr ist als die Summe seiner Teile? Liegt also in den Vergütungsunterschieden zwischen manchen vor- und nachgelagerten Disziplinen mithin eine Art Wettbewerbsgrundsatz, die nicht durch eine abweichende Gewinnverteilung innerhalb einer Berufsausübungsgemeinschaft ausgeglichen werden darf?

Zu einem solchen Ergebnis dürfte man nur kommen können, wenn in den Ursachen für die Vergütungsunterschiede zumindest irgendein Ausdruck eines Leistungswettbewerbes zu finden wäre. Um namentlich diese Frage nach dem wettbewerblichen Gehalt von Vergütungsbestimmungen näher zu beleuchten, lohnt sich der Blick in die Rechtsprechung des Bundessozialgerichtes, welche sich mit Vergütungsunterschieden des Vertragsarztrechtes befasst. Hierzu führt es, einer langen Folge von Urteilen entspringend, in einer Entscheidung vom 08.12.2010, B 6 KA 42/09 R, zusammenfassend in den Rn. 20 ff aus:

> *Die Klägerin kann höheres Honorar nicht unter dem Gesichtspunkt der Angemessenheit der Vergütung (…) beanspruchen. SG und LSG haben zu Recht darauf hingewiesen, dass (...)* **ein subjektives Recht auf höheres Honorar** *(...) erst dann in Betracht kommt, wenn (...)* **kein ausreichender finanzieller Anreiz** *mehr besteht, vertragsärztlich tätig zu werden, und deshalb in diesem Bereich die* **Funktionsfähigkeit** *der vertragsärztlichen Versorgung* **gefährdet** *ist.*
>
> *Ebenso wenig besteht ein Anspruch auf höheres Honorar nach dem (...) Grundsatz der* **Honorarverteilungsgerechtigkeit**, *den die Klägerin dadurch verletzt sieht, dass der Einkommensabstand zwischen Fachärzten für Haut- und Geschlechtskrankheiten und anderen Fachärzten unangemessen hoch sei.*
>
> *Der Grundsatz der Honorarverteilungsgerechtigkeit garantiert* **kein gleichmäßiges Einkommen** *aller vertragsärztlich tätigen Ärzte. Das Gleichbehandlungsgebot (...) gebietet nicht, dass die Überschüsse (...) identisch sein müssen. Der Gesetzgeber hat die seit jeher bestehenden* **Unterschiede in den Ertragschancen** *der einzelnen Fachgruppen zu keinem Zeitpunkt zum Anlass einer grundlegenden Neuausrichtung (...) genommen.*
>
> *Bei der Beurteilung, ob eine gegen den Grundsatz der Honorarverteilungsgerechtigkeit verstoßende flächendeckend unzureichende Vergütung (...) vorliegt, sind neben den Einnahmen aus vertragsärztlicher Tätigkeit auch die* **Einnahmen aus privatärztlicher sowie sonstiger Tätigkeit zu berücksichtigen.**

Aus dieser ständigen Rechtsprechung[38] folgt, dass die Vergütungsunterschiede jedenfalls keine Konsequenz von Wettbewerb oder irgendeines sonstigen Gerechtigkeitsgehaltes sind. Sie geben bestenfalls Auskunft darüber, dass fachgruppenspezifisch die Vergütung nicht so niedrig ausfällt, dass die Funktionsfähigkeit der vertragsärztlichen Versorgung nicht gefährdet ist, sie also nicht gänzlich unangemessen niedrig ist. Das gilt zudem nur für die Gesamtbetrachtung aller Erlöse. Für die Sachgerechtigkeit der Vergütung einer einzelnen Leistung folgt daraus nichts. Hier wird die Überprüfung auf Angemessenheit oder auch nur Gefährdung der vertragsärztlichen Versorgung mit Bezug auf einzelne Vergütungstatbestände generell abgelehnt.[39]

Darüber hinaus sind die Honorarverteilungsregelungen, ohne dass hier Raum wäre, auf die Hintergründe vertieft einzugehen, Ausfluss des Gegenteils von Wettbewerb. Sie entstehen nicht durch Wettbewerb, sondern fußen auf gesetzlichen Monopolstellungen der Kassenärztlichen Vereinigungen, die teils nach bloßer Arithmetik einfacher Mehrheiten im Innenverhältnis entscheiden, teils aufgrund Zwang zur Einigung mit dem auf Seite der Krankenkassen geschaffenen Monopol, dem Spitzenverband Bund der Krankenkassen, vgl. u. a. §§ 87, 87a, 87b SGB V. Hinzu treten z. B. nach wie vor bestehende Begrenzungen des Stimmengewichtes für eben die finanziell am ungünstigsten gestellte Berufsgruppe der Psychotherapeuten, § 80 Abs. 1 Satz 2 SGB V. Ein Schutz von Minderheiten durch die Rechtsprechung findet dabei nicht statt abgesehen vom höchst voraussetzungsreichen Ausnahmefall der Gefährdung der vertragsärztlichen Versorgung. Wettbewerb wird hier nicht einmal versucht zu simulieren.

Hinzu tritt, dass in Berufsausübungsgemeinschaften mitunter keine triviale Zuordnung der für die vertragsärztliche Leistung erlangten Vergütung zu einem höchstpersönlichen Leistungsanteil möglich ist. Dem stehen Überlagerungen durch Budgetierungsregelungen für die sog. Regelleistungsvolumina entgegen, die für eine Berufsausübungsgemeinschaft insgesamt berechnet werden und sich einer einfachen Zurechnung zu einzelnen Mitgliedern entziehen. Begrenzt wird die Gesamtleistung, nicht die des einzelnen Mitgliedes. Zugleich wird – ohne Differenzierung – die Ausgestaltung von Berufsausübungsgemeinschaften vergütungsrechtlich befördert, § 87 Abs. 2 Satz 2 SGB V, wie auch für Vollberufsausübungsgemeinschaften nicht die spezifischen Bestimmungen bestehen, welche der Umge-

---

38 Siehe nachfolgend u. a. BSG, Urt. v. 11.12.2013, B 6 KA 6/13, Rn. 42.
39 Vgl. z. B. BSG, Urt. v. 20.10.2004, B 6 KA 30/03 R, Rn. 26 ff.

hung des Verbotes der Zuweisung für Vollberufsausübungsgemeinschaften entgegenwirken sollen, vgl. § 33 Abs. 2 Ärzte-ZV.

Folglich erscheint es nicht überzeugend, die Vergütungsbestimmungen des Vertragsarztrechtes für die Bestimmung des Lauterkeitsbegriffes der §§ 299a, b StGB heranzuziehen, weil diese umgangen würden, setzten sich deren wettbewerbsferne Inhalte nicht in Verteilungsregelungen im Innenverhältnis einer Gesellschaft fort.

Nichts anderes gilt für die GOÄ, die Gebührenordnung für Ärzte, welche im Wesentlichen die Vergütung für ambulante privatärztliche und stationäre wahlärztliche Leistungen bestimmt. Auch hier kann nur, ohne in die Details gehen zu können, festgehalten werden, dass die Differenzen zwischen den Berufsgruppen, die aus der GOÄ folgen, keinen tieferen Gehalt haben. Hiergegen sprechen u. a. die schon lange überholten Grundlagen für die Ermittlung von Kosten, die sich je nach Fachgruppe und der dort eingetretenen oder nicht eingetretenen Effizienzgewinne drastisch positiv wie negativ auf aktuelle Erlöse auswirken können. Hinzu tritt die Vielzahl jüngerer medizinischer Methoden, die von der GOÄ nur bedingt adäquat erfasst werden. Schließlich sind die wahlärztlichen Bestimmungen von diversen Anomalien bei der Berechnung belastet, die u. a. im Zusammenhang mit den Bestimmungen der §§ 6a GOÄ, 19 KHEntgG stehen. Zu Korrekturen sieht sich die Rechtsprechung zudem regelmäßig außerstande.[40]

Die nach der GOÄ erzielten Erlöse sind damit ebenfalls kein geeigneter Anknüpfungspunkt für die Bemessung einer höchstpersönlichen Leistung. Etwas verzerrungsärmer erschiene dagegen die Kalkulation von Fallpauschalen in der stationären Versorgung, da diese eine größere Nähe zu tatsächlichen Ist-Kosten aufweist, die den Krankenhäusern jeweils entstehen. Allerdings können daraus keine Erkenntnisse für ambulante Leistungen gewonnen werden und auch den Fallpauschalen liegen Durchschnittsbetrachtungen zu Grunde, die nicht ohne weiteres übertragbar sein müssen.

Also gibt es in den gesetzlichen Regularien kaum einen einfachen und unbestechlichen Anknüpfungspunkt, sondern nur je Vergütungssysteme mit je eigenem Zweck und einer eigenen Historie. Je nach zu Grunde liegender Systematik kann die Nutzbarkeit für die Frage der angemessenen Bewertung einer Leistung im Sinne des Lauterkeitsmerkmals damit prima facie eingeschränkt bis sogar ausgeschlossen sein.

Folglich bleibt es im hohen Maße begründungsbedürftig, ob eine gesetzliche oder aufgrund Gesetz fußende Vergütungsbestimmung zwecks

---

40 Beispielhaft: BGH, Urt. v. 13.05.2004, III ZR 344/03 Rn. 17 ff.

Bestimmung der Angemessenheit der Vergütung einer eigenen Leistung im Rahmen des Merkmals der Lauterkeit herangezogen werden soll. Dabei bleibt allein strikt zu den Fällen abzugrenzen, bei denen keine eigene Leistung, sondern nur die Zuweisung Gegenstand der potenziellen Unrechtsvereinbarung ist. Für diese Fälle stellt sich die Frage einer angemessenen Vergütung nicht, sodass es auf die gesetzlichen Bestimmungen für Vergütungsregelungen nicht ankommt. Erst bei einer eigenen Leistung kann es auf die Angemessenheit mit ankommen. Dann ist aber festzustellen, dass gesetzliche Vergütungs- und Verteilungssysteme regelmäßig nicht dem Schutz des Wettbewerbs und der Gewährleistung der Integrität ärztlicher Empfehlungen dienen, wobei das hier gewählte Beispiel keineswegs ein Sonderfall ist. Auch für den zweiten, hoch umstrittenen Bereich der Angemessenheitsprüfung, nämlich die Kooperation zwischen Ärzten und Krankenhäusern, lässt sich Gleiches feststellen: Die gesetzlichen Systeme sind aus den zuvor genannten Gründen jedenfalls uneindeutig, sodass daraus gerade kein hinreichend eindeutiger Maßstab folgt.[41]

II. Abgrenzung zulässiger von unzulässigen Kooperationen

Ein weiteres im hohen Maße relevantes Problemfeld im Bereich der Kooperationen liegt in der eben offengelassenen Fragestellung, wann das Innenverhältnis zwischen Kooperationspartnern dem Anwendungsbereich der §§ 299a, b StGB unterfällt. Diese Frage stellt sich namentlich dann, wenn eine gegenüber dem Patienten von Beginn an koordinierte Leistung bei Erkennbarkeit der Zusammenarbeit angeboten wird und der Patient dieses Angebot wegen dieser Koordination annimmt. Dann könnte die aus Gründen besserer Bedarfsdeckung erzielte Vergrößerung des Patientenklientels und damit verbesserte Vergütungsmöglichkeit Anknüpfungspunkt für eine Strafbarkeit nach §§ 299a, b StGB sein. Erfolg am Markt würde mit Strafbarkeit sanktioniert.

Die Generierung eines solchen koordinierten Angebotes kommt namentlich bei gesellschaftsrechtlicher Zusammenarbeit in Betracht, wie sie eben für die Vollberufsausübungsgemeinschaft beschrieben wurde. Indes ist sie auch bei schuldrechtlicher Kooperation möglich, sei es z. B. im Rahmen einer selektivvertraglichen Zusammenarbeit aufgrund § 140a SGB V, im Rahmen der spezialfachärztlichen Versorgung nach § 116b SGB V oder

---

41 Vgl. *Bohle* in: Huster/Kaltenborn, Krankenhausrecht, 2. Aufl., § 9 Rn. 33; *Eisele* in: Schönke/Schröder, StGB, 30. Aufl., § 299a Rn. 31.

auch wenn z. B. der konkrete Arzt identisch bleibt, also ambulant behandelt und selbst operiert. Das ist bei vielen Fällen der Kooperation zwischen niedergelassenem Arzt und Krankenhäusern der Fall. Dann ändert sich für den Patienten in der Person nichts. Ist der Arzt außerdem Belegarzt, ändert sich für die ärztlichen Leistungen nicht einmal der Vertragspartner für den Patienten. Die natürliche Person und der formale Vertragspartner bleiben identisch. Mithin stellt sich die Frage, ob der Wettbewerb zwischen Dritten und die Integrität der Unabhängigkeit der Empfehlung beeinträchtigt sein kann.

Dogmatischer Anknüpfungspunkt hierfür ist erneut der Begriff der Unlauterkeit im Zusammenhang mit dem im Tatbestand vorgelagerten Begriff des „anderen".[42] Denn erfasst werden nach dem Tatbestand allein Zuweisungen an andere, wobei diese anderen im Wettbewerb miteinander stehen müssen (s. o. A II). Die Empfehlung weiterer eigener Leistungen, also z. B. eines Ultraschalls, einer Lungenfunktionsuntersuchung, einer ambulanten Herzkatheteruntersuchung etc. zu Diagnosezwecken sowie die Durchführung eigener Behandlungsmaßnahmen, wird nicht erfasst. Gleichwohl sind diese Empfehlungen für sich selbst mit einem Vorteil verbunden, der die Integrität einer solchen Empfehlung in Frage stellen und im Hinblick auf ein Konkurrenzverhältnis mit Dritten problematisch sein kann.

Dennoch sind die §§ 299a, b StGB kein allgemeiner Straftatbestand für Unwirtschaftlichkeit aus Eigeninteresse. Es besteht zwar ein Konkurrenzverhältnis mit Dritten, aber im konkreten Fall nicht zwischen Dritten. Geschützt wird indes nur der Wettbewerb zwischen Dritten sowie die Integrität der Empfehlung für solche Dritte, nicht auch der Wettbewerb zwischen dem Empfehlenden und Dritten und auch nicht die Integrität der Empfehlung für sich selbst. Nur wenn es um die Durchführung von Leistungen durch verschiedene Dritte bzw. den Bezug von verschiedenen anderen geht, ist der Straftatbestand eröffnet. Das führt nicht zur Billigung zu Unrecht selbstinduzierter Nachfrage. Diese wird durch eine Vielzahl gesundheitsrechtlicher Bestimmungen kontrolliert und sanktioniert. Auch ist die eigene Empfehlung ohne ausreichende Indikation nicht per se straflos, kommen dafür – so Täuschungselemente mit einhergehen – Betrugstatbestände in Frage. Für die Abgrenzung der §§ 299a, b StGB verbleibt also

---

42 Mitunter werden die nachfolgenden Problemstellungen auch am Tatbestandsmerkmal des Zuführens diskutiert, was die koordinierte Leistungserbringung aber nicht würdigt.

eine Trennlinie für die Beschreibung des Anwendungsbereiches des Tatbestandes.

Für die Beschreibung dieser Trennlinie sind der Wortlaut des Gesetzes und die Gesetzesbegründung nur bedingt ergiebig. Denkbar wäre, dass anderer i.S.d. der §§ 299a, b StGB jede andere natürliche Person ist. Ebenso denkbar wäre, dass anderer nur eine Rechtspersönlichkeit ist, der man nicht angehört. Im erstgenannten Fall könnte also z. B. Korruption innerhalb von Berufsausübungsgemeinschaften oder zwischen einem angestellten Arzt und dessen anstellenden Arzt stattfinden, im zweitgenannten Fall nicht, weil der Patient im Fall z. B. einer Berufsausübungsgemeinschaft die Rechtspersönlichkeit nicht wechselt, besteht doch ein einheitlicher Behandlungsvertrag mit der Berufsausübungsgemeinschaft. Noch weitergehender könnte man eine wirtschaftliche Betrachtung vornehmen und den „anderen" bei wirtschaftlicher Identität verneinen, also z. B. wenn der Patient für die Fortsetzung der Behandlung die Rechtspersönlichkeit wechselt, aber die Gesellschafter beider Rechtspersönlichkeiten identisch sind. Dem entgegengesetzt könnte man jedoch selbst bei Identität der natürlichen, juristischen oder wirtschaftlichen Person danach unterscheiden wollen, ob z. B. ein Wechsel des Sektors stattfindet, also von ambulanter Behandlung nach stationärer Behandlung oder zurück oder von akutstationärer zu rehabilitativer Behandlung etc.

Für diese Konstellationen ist bisher eine Vielfalt von Auffassungen über die gesamte Bandbreite denkbarer Interpretationen hinweg festzustellen.[43] Die Begründbarkeit dieser oder jener Interpretation erscheint aber nicht einfach. Sofern auf die natürliche Person abgestellt wird, dürfte es konsequenterweise z. B. auf eine Änderung der Rechtspersönlichkeit nicht ankommen. Die umfassend diskutierten Fälle der Kooperation zwischen niedergelassenen Ärzten und Krankenhäusern wären – soweit ambulant Behandelnder und Operateur personenidentisch – dann von vornherein keine Fälle des Straftatbestandes. Umgekehrt ist bei einem Abstellen auf die Rechtspersönlichkeit nur schwer zu erklären, warum für den Fall des Wechsels eines Behandlers innerhalb der Rechtspersönlichkeit gleichwohl eine Strafbarkeit in Betracht kommen sollte und deswegen z. B. Fragen der Gewinnverteilung zu diskutieren wären. Gleiches gilt für Gestaltung von

---

43 S. z. B. *Dann*, KriPoZ 2016, 169, 174 f; *ders.* in: Plagemann, Münchener Anwaltshandbuch Sozialrecht, 5. Aufl., Rn 55 ff mwN; *Eisele* in: Schönke/Schröder, StGB, 30. Aufl., § 299a Rn. 32; *Dannecker/Schröder* in: Kindhäuser/Neumann/Paeffgen, StGB, 5. Aufl., § 299a, Rn. 176; KV Bayern, Rechtsabteilung, Erlaubte Kooperationen versus Korruption – dort insbesondere S. 5 f u. S. 8 zu BAG und S. 15 ff zu Arzt + Krankenhaus.

Belegarztverhältnissen zum Krankenhaus, obgleich hier für die ärztlichen Leistungen natürliche und Rechtsperson identisch bleiben. Nur auf wirtschaftliche Identitäten abzustellen, scheint vielfach als noch fernliegender angesehen zu werden, zumal dies aus der Perspektive der Patienten nur bedingt zu durchdringen sein kann, also er vermeintlich eine Integrität wie bei der Empfehlung zwischen fremden Dritten erwarten darf. Allerdings ist auch festzustellen, dass unterschiedliche Rechtspersonen bei wirtschaftlicher Identität aus ganz anderen Gründen bestehen[44] und keineswegs zwecks missbräuchlicher Herstellung eines Eindrucks einer unabhängigen Empfehlung wie zwischen fremden Dritten kreiert sind. Dann in den Korruptionstatbestand gedrängt zu werden, obgleich man ihn gerne vermeiden würde, indes nicht vermeiden kann, ist nicht überzeugend.

Das zeigt, dass die Definition des „anderen" im Sinne der §§ 299a, b StGB aus sich heraus nicht eindeutig gelingt. Vielmehr liegt auch hier nahe, sich an der Akzessorietät zu orientieren. Eine Unlauterkeit könnte anzunehmen sein, wenn Kooperationen unter Bruch oder Umgehung gesundheitsrechtlicher Bestimmungen erfolgen oder die Rechtsgüter des Wettbewerbs oder der Empfehlungsintegrität als solche verletzt sind. Es käme darauf an, wann und unter welchen rechtlichen Voraussetzungen eine Zusammenarbeit möglich ist. Ausdrücklich zulässige Gestaltungen könnten schon vom Vorliegen der Voraussetzung des „anderen" freigestellt sein, weil sich aus den gesundheitsrechtlichen Bestimmungen ablesen lässt, dass die weiteren Leistungen nicht als fremde Leistungen, sondern als eigene Leistungen betrachtet werden. Danach könnte z. B. eine Vollberufsausübungsgemeinschaft vom Begriff des „anderen" ausgenommen sein wegen des durchgehend als einheitlich behandelten Behandlungsverhältnisses, was sich von den Bestimmungen der §§ 630a ff BGB über die Vergütungs- bis hin zu den Wirtschaftlichkeitsbestimmungen des Vertragsarztrechts erstreckt.[45] Die Rückausnahme für Teilberufsausübungsgemeinschaften erklärte sich dann daraus, dass diese den Wechsel vom Behandlungsverhältnis aus der Praxis eines Mitgesellschafters in die Teilberufsausübungsgemeinschaft hinein betrifft, also weiterhin auf die Zuführung zwischen verschiedenen rechtlichen Personen abstellt. Dementsprechend könnte für die Selektivverträge nach § 140a SGB V angenom-

---

44 Beispiel: Vermeidung der Gewerbesteuerpflichtigkeit durch Anstellung eines fachfremden Arztes, der stattdessen in einem MVZ beschäftigt wird, dessen Gesellschafter aber identisch mit denjenigen der BAG sind, die damit das Leistungsspektrum erweitern.
45 Vgl. zur allg M z. B. BSG, Urt. v. 14.12.2011, B 6 KA 31/10 R, Rn. 20; *Wigge* in Schnapp/Wigge, Hb. Vertragsarztrecht, 3. Aufl., § 6 Rn. 25.

men werden, dass von Rechts wegen die Leistung aus einer Hand angenommen wird. Umgekehrt würde zwar die Zusammenarbeit zwischen niedergelassenem Vertragsarzt und Krankenhaus prinzipiell zulässig sein, wie z. B. § 20 Abs. 2 Satz 2 Ärzte-ZV, § 2 Abs. 2 Satz 2 Nr. 2 KHEntgG im Allgemeinen oder Bestimmungen wie § 115a Abs. 1 Satz 2 SGB V zeigen. Als einheitliche Leistung stellte sich dies trotz etwaiger Personenidentität dann aber nicht dar.

So einfach lassen sich die Ergebnisse indes nicht ermitteln. Bei Berufsausübungsgemeinschaften stolperte man z. B. darüber, dass nach der Rechtsprechung gleichwohl je verschiedene Leistungserbringer im Sinne des Vertragsarztrechtes tätig sind, nämlich jeder der Gesellschafter als ein Leistungserbringer. Etwaige Angestellte sind indes wieder keine gesonderten Leistungserbringer, sondern der Berufsausübungsgemeinschaft zuzurechnen, obgleich diese Berufsausübungsgemeinschaft selbst an sich kein Leistungserbringer ist. Wählt die zu Grunde liegende Gesellschaft dagegen die Gestaltungsmöglichkeit als MVZ, ist dieses MVZ der einheitliche Leistungserbringer und nicht mehr der einzelne Gesellschafter.[46]

Sollten diese Differenzierungen nun ausschlaggebend sein für die Definition des „anderen" im Sinne der §§ 299a, b StGB? Das ist fraglich. Denn zwar gibt es für diese Differenzierungen vertragsarztrechtlich jeweils Begründungen. Diese sind aber kein Ausdruck eines wettbewerbsrechtlich strukturierten Ordnungsmechanismus, der strafrechtlich geschützt werden soll. Sie sind auch nicht Ausdruck einer spezifischen Abgrenzung zwischen Vorliegen einer Empfehlung zwischen fremden Dritten und dem Vorliegen einer Selbstempfehlung. Vielmehr liegen hier andere Gründe vor, die ihre dogmatischen Grundlagen im Zulassungsrecht haben, das die Zuordnung und Voraussetzungen für die Erteilung von Versorgungsaufträgen bestimmt, ohne Ausdruck eines überlegten Ordnungsmechanismus zu sein.

Solche Überlegungen ließen sich beliebig fortsetzen. Namentlich für das Feld der sektorenübergreifenden Versorgung ist festzustellen, dass die Maßgaben hierfür häufig von wettbewerbsfremden Motiven getragen sind. Ausgangspunkt ist eine historischen Zufällen geschuldete formale Trennung zwischen ambulanter und stationärer Versorgung, die lange Zeit fortgeschrieben wurde. Sodann traten diverse Durchbrechungen hinzu, z. B. durch „Hineindefinieren" ambulanter Leistungen in den stationären Bereich, Erstreckungsmöglichkeiten in den je anderen Bereich bis hin zur

---

46 S. BSG, Urt. v. 04.05.2016, B 6 KA 24/15 R, Rn. 13 bis 15.

Schaffung ausdrücklicher Kooperationsmöglichkeiten[47] sowie eines gemeinsamen „dritten Sektors". Dieser dritte Sektor ist die ambulante spezialfachärztliche Versorgung, § 116b SGB V. Die Genese dieser Bestimmung zeigt exemplarisch das Spannungsfeld auf, das aus der versorgungspolitisch gebotenen Fortentwicklung der Zusammenarbeit über bisherige formale Grenzen hinweg folgt. Diese Entwicklung ist mitunter auf erbitterten Widerstand in politischer und in rechtlicher Hinsicht gestoßen. Dieser Widerstand war vor allem zwecks des Schutzes vor Wettbewerb motiviert. Der Konflikt mündete dann in einer vom Gesetzgeber ausdrücklich teils optionalen, teils sogar verpflichtend vorgesehenen Kooperation über die Sektorengrenzen hinweg, um die im Mittelpunkt stehenden anspruchsvollen Erkrankungsbilder zu bewältigen.[48]

Mithin gibt es ein Bündel unterschiedlicher gesundheitsrechtlicher Motive als Antwort auf die Frage, warum eine Kooperation notwendig ist und keine Versorgung aus einer Hand möglich ist. Gleiches gilt für die Kooperationsbedingungen. Diese Maßgaben sind allerdings – soweit es die Frage des Wettbewerbes betrifft – regelmäßig nicht dadurch motiviert, dass man eine Notwendigkeit der Trennung zwecks Gewährleistung möglichst vieler Schnittstellen mit einer Auswahl unter Dritten sähe. Der für die §§ 299a, b StGB maßgebliche Zweck spiegelt sich im gesundheitsrechtlichen Normbestand nicht wieder. Diesem Normbestand kann kaum ein sinnvoller wettbewerbsrechtlicher Ordnungsmechanismus entnommen werden. Das Gegenteil trifft zu. Das wird plastisch, stellt man die „Ideale", die hier im Raum stehen, einander gegenüber:

Betrachtet man manche Auffassungen zu §§ 299a, b StGB, entsteht der Eindruck, dass das Ideal der Gesundheitsversorgung in der (vereinfachten) Versorgungskette über Hausärzte (HA), Fachärzte (FA) und Krankenhäuser (KH) wie folgt aussähe:

---

47 Die Entwicklung knapp zusammenfassend *Heberlein*, SGb 2018,618, 619 f.
48 Zu den Konflikten vor der Neufassung vgl. z. B. LSG NRW, Beschl. v. 13.04.2011, L 11 KA 109/10 B ER; demgegenüber abweichend BSG, Urt. v. 15.03.2012, B 3 KR 13/11 R; zur Fortentwicklung *Penner* ZMGR 2012, 16 ff; zur dogmatischen Einordnung der Neufassung z. B. *Noftz* in Hauck/Noftz, SGB V, § 116b Rn. 22 ff.

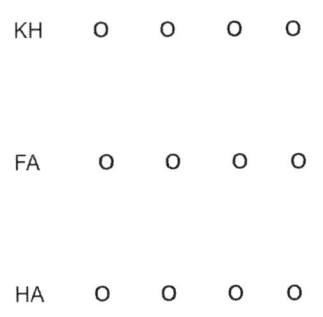

Wann ist die Zuführung von Patienten nach den §§ 299a, b StGB strafbar?

KH O O O O

FA O O O O

HA O O O O

Es gibt eine möglichst große Zahl an jeweiligen Leistungserbringern, die nicht durch vertragliche Beziehungen miteinander verflochten sind und nur enge und standardisierte Versorgungsfelder bewältigen. Bei unterstellter ausreichender Information über die Qualität der je nachgelagerten Versorgung bzw. parallel tätigen Spezialisten erfährt der Patient über die jeweiligen Empfehlungen vom für ihn bestmöglichen Leistungserbringer und wechselt ohne Verlust in der ganzheitlichen Versorgung und ohne Verlust für die Koordination der Versorgung von Praxis zu Praxis, von dort zum Krankenhaus und nachfolgend wieder zurück. Wettbewerb realisiert sich durch die Qualität der Versorgung und der Information dieser Qualität.

Tatsächlich erscheint das Bild über die diversen gesetzlichen gesellschaftsrechtlichen und sonstigen schuldrechtlichen Kooperations- sowie Leistungserbringungsmöglichkeiten in der Realität aber wie folgt:

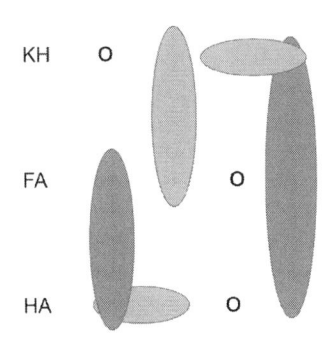

KH O

FA O

HA O

Es gibt vertikal agierende Gesellschaften bis über die Sektorengrenzen hinweg (z. B. KH-Träger, der KH und MVZ betreibt), Gesellschaften zwischen hausärztlichen und fachärztlichen Leistungserbringern sowie jeweils zwischen Leistungserbringern gleicher Stufen (z. B. BAG, MVZ) sowie weiterhin diverse schuldrechtliche Kooperationen, z. B. für die ambulante spezialfachärztliche Versorgung, prästationäre Behandlung und ambulante Operationen, sektorenübergreifende Behandlung in Gestalt besonderer Versorgungsverträge, SAPV, belegärztliche Kooperation, sonstige schuldrechtliche Kooperationen und Unterstützung stationärer Einrichtungen bei deren Versorgung durch Konsiliarleistungen, Organisation ambulanter Leistungen in stationären Einrichtungen, ambulante Leistungen durch stationäre Einrichtungen etc.

All dies sind keine Abweichung gegen das obige „Ideal", sondern Abweichungen, weil das obige Ideal je isolierter Versorgung hinter dem erhofften Nutzen zurückbleibt. Besonders anschaulich kann dies dem Sondergutachten 2012 des Sachverständigenrates für das Gesundheitswesen entnommen werden. Auszüge daraus sind hier wiedergegeben:

> *Deutsches Gesundheitswesen (...) Über-, Unter- und Fehlversorgung (...). Dabei bilden die **Schnittstellen** zwischen den Leistungssektoren und hier vor allem die **mangelnde Integration** zwischen der ambulanten und der stationären Gesundheitsversorgung eine der **zentralen Schwachstellen** (...) Gesundheitliche Leistungserstellung erfolgt vielfach an der falschen Stelle, **ohne hinreichende sektorenübergreifende Koordination**, bei mangelnder Transparenz für die Nutzer und **ohne funktionsgerechte wettbewerbliche Rahmenordnung** (...).*
>
> *Zahlreiche **Schnittstellenprobleme behindern eine kontinuierliche, sektorenübergreifende Versorgung** und erhöhen damit die Wahrscheinlichkeit von **Versorgungsbrüchen** (...). Sie sind mit einem erhöhten Risiko von **Komplikationen** im weiterbehandelnden Sektor verbunden, die **Auswirkungen auf den Krankheits- und Versorgungsverlauf, die Rekonvaleszenz und die Patientenadhärenz** haben können. Weitere mögliche Folgen sind **Chronifizierung** von Krankheiten und (Wieder-) Einweisungen in den akut-stationären bzw. pflegerischen Sektor (...) **Schnittstellenprobleme** vor allem zwischen dem stationären und ambulanten Sektor und hier besonders bei der Aufnahme und Entlassung aus dem Krankenhaus (Entlassungsmanagement)(...). Hierbei vor allem **Probleme in der sektorenübergreifenden Kommunikation** sowie in der sektorenübergreifenden Arzneimitteltherapie (Umstellung von ambulanter Medikation auf stationäre) (...) **Probleme in der sektorenübergreifenden Qualitätssicherung** (Qualitätsmanagement) (...). Interne und externe Qualitätssicherung (inkl. Qualitätsmanagement) wurden in den unterschiedlichen Sektoren des Gesundheitswesens getrennt entwickelt, dadurch entstehen **Reibungspunkte und Kommunikationshindernisse, insbesondere an der Schnittstelle. Die unterschiedlichen gesetzlichen Regelungen verstärken die bestehenden Ungleichheiten***

noch (...). **Zu wenige Optionen** *für den niedergelassenen Bereich für den Eintritt in die* **sektorenübergreifende Versorgung** *an der Schnittstelle im Gegensatz zu Optionen für Krankenhäuser an der ambulanten Versorgung teilzunehmen (...). Gesetzliche Konstruktion der hausarztzentrierten Versorgung* **widerspricht sowohl ordnungspolitischen Vorstellungen vom Wettbewerb der Organisationsformen** *als auch der Integrationsidee einer sektorenübergreifenden Versorgung.*

Damit ergibt sich der gleiche Befund wie für die Vergütungsregelungen. Die Rezeption von Regelungen für die Konturierung von Kooperationsformen ist einerseits unerlässlich, um der Akzessorietät Genüge zu tun. Andererseits bedarf die Rezeption stets des differenzierten Blicks auf die spezifischen Zwecksetzungen der gesundheitsrechtlichen Norm und deren Erheblichkeit für den Schutz von Wettbewerb und Integrität heilberuflicher Empfehlungen für Leistungen Dritter. Besondere Vorsicht ist gegenüber etwaigen Verallgemeinerungen geboten. Insbesondere die Annahme eines kooperationsbeschränkenden Ideals lässt sich kaum stützen. Insbesondere sind die Vorteile von Kooperationen zu berücksichtigen. Dem abstrakten Verlust von unabhängigen Empfehlungen für Leistungen Dritter ist der Vorteil aus der Zusammenarbeit gegenüber zu stellen. Dabei hat der Gesetzgeber, so er eingreift, häufig zugunsten der Kooperationsmöglichkeit eingegriffen,[49] was plausible Folgerung aus den eben dargestellten versorgungspolitischen Erkenntnissen ist.

Namentlich soweit man auf der Basis der §§ 299a, b StGB schon Kooperationen als solche in Frage stellte, wäre das mit dem Akzessorietätserfordernis kaum vereinbar. Gleiches gilt für besondere Voraussetzungen für die Billigung einer Kooperation dem Grunde nach, wie z. B. durch die sog. Zwei-Stufen-Theorie geschehen. Diese Theorie verlangt einen besonderen Vorteil in Gestalt eines manifesten ökonomischen Nutzens selbst bei im Übrigen angemessener Vergütung.[50] Solch ein Erfordernis ist einer konkreten gesundheitsrechtlichen Norm nicht zu entnehmen, insbesondere auch nicht den nächstliegenden Bestimmungen des § 20 Abs. 2 Satz 2 Ärzte-ZV und § 2 Abs. 2 Satz 2 Nr. 2 KHEntgG. Ferner lässt sich – unabhängig von etwaigen spezifischen strafrechtlichen Bedenken – keine Gesamtanalogie in diese Richtung, ein etwaiges Regel-Ausnahme-Verhältnis oder sonst

---

49 S. z. B. bzgl. der Kooperation bei AOP und prä- und poststationären Leistungen, §§ 115a Abs. 2 Satz 1, 115b Abs. 1 Satz 4 SGB V, zur vorherigen Diskussion bereits mit strafrechtlichen Implikationen *Kölbel*, NStZ 2011, 195, 197 ff. Die gleiche Entwicklung zeigt die Einfügung des § 2 Abs. 3 KHEntgG.
50 *Schneider*, medstra 2016, 195, 199 ff; zustimmend *Badle*, medstra 2017, 1, 2.

eine vergleichbare Tendenz entnehmen.[51] Des Weiteren gibt es keine evidenten Erkenntnisse über – bei im Übrigen korrekter Kooperationsgestaltung – Beeinträchtigungen der Rechtsgüter der §§ 299a, b StGB.

Schließlich kann nicht festgestellt werden, dass solche Kooperationen einem etwaigen wettbewerbsrechtlich strukturierten Ordnungsmechanismus zuwiderlaufen, so es denn einen solchen Mechanismus gibt. Im Zweifel ist das Bestehen eines schlüssigen Wettbewerbskonzeptes nämlich zu verneinen. Ohnehin beseitigt eine tendenziell kooperationsfreundliche Haltung den Wettbewerb nicht. Vielmehr verbreitern sich die Optionen. Neben die fortbestehende Möglichkeit, je Einzelleistungen in Anspruch zu nehmen, tritt die Möglichkeit, koordinierte Leistungen in Anspruch zu nehmen. Es besteht dann der Wettbewerb zwischen Einzelleistungs- und Kooperationskonzepten. Darüber hinaus entsteht innerhalb der Kooperationskonzepte auf einer vorgelagerten Stufe ein Wettbewerb um das beste Angebot einer koordinierten Leistung. Wettbewerb wird also nicht ausgeschaltet, sondern nur anders ausgestaltet und verbreitert. Wird zugleich transparent, dass die Empfehlung für die Versorgung innerhalb der Kooperation nicht den Anschein einer unabhängigen Empfehlung für Dritte in Anspruch nimmt, wird der Schutzwzeck des Korruptionstatbestandes nicht verletzt. Das Innenverhältnis bliebe danach für die Leistungen innerhalb der Kooperation nur darauf kontrolliert, dass keine unzulässigen Anreize für Empfehlungen zwischen den Kooperationspartnern für Inanspruchnahmen außerhalb der Kooperation gesetzt werden (z. B. Vergütung eines niedergelassenen Arztes für ambulante Operationen im KH, die einen Vorteil für Einweisungen in das Krankenhaus für stationäre Leistungen gewähren).

Insbesondere kann aus dieser Perspektive nicht vorgehalten werden, dass die Kooperationspartner darauf zielen, gemeinsam mehr Patienten zu behandeln, als dies jeder alleine tun würde. Das würde den Erfolg in der Bedarfsdeckung zum Anknüpfungspunkt für eine Strafbarkeit werden lassen. Die Steigerung der Patientenzahl ist dann berechtigte Folge, wenn und soweit die Versorgung verbessert wird. Daraus folgt wiederum ein wirtschaftlicher Effekt für die Beteiligten, nämlich einen größeren Kuchen zur Verteilung zur Verfügung zu haben. Würde man das mit dem Strafrecht verbieten, behinderte man gerade die Realisierung des medizinischen Mehrwertes. Dementsprechend wird dem Grundgedanken des frei-

---

51 Vgl. zur gesundheitsrechtlichen Paralleldiskussion solcheiner Erforderlichkeitsprüfung am Beispiel von Honorarärzten *Wigge* in Schnapp/Wigge, Hb. Vertragsarztrecht, 3. Aufl., § 6 Rn. 301 ff.

en Wettbewerbs durch das Belassen solcher Spielräume nicht widersprochen, sondern dieser realisiert. Angesichts der Maßgabe der erkennbar koordinierten Behandlung verletzt das nicht die Integritätserwartung des Patienten. Er kann vielmehr selbst entscheiden, ob er das koordinierte Modell bevorzugt oder – wofür im Einzelfall gute Gründe sprechen können – das Modell je isolierter Behandlungen.

Medizinisch ist es also möglich, dass das Ganze mehr ist als die Summe seiner Teile, die koordinierte Behandlung medizinisch besser als das unkoordinierte Nebeneinander. Dieser hinreichend normativ wie empirisch gestützte Befund, der tendenziell eher die Regel als die Ausnahme ist, kann nicht übergangen werden. Soweit deswegen im Korruptionstatbestand das Vorliegen eines anderen verneint wird, bleibt allerdings das Missbrauchsrisiko. Dem kann man dogmatisch mit dem Umgehungsfall, wie er im Unlauterkeitsbegriff enthalten ist, gerecht werden. Fehlt z. B. die Chance auf einen medizinischen Nutzen der koordinierten Zusammenarbeit oder sind die Kooperationskonditionen so ausgestaltet, dass sie nur durch Zuweisungen jenseits der Felder der koordinierten Zusammenarbeit begründet sein können, ist das Vorliegen eines „anderen" aufgrund von Umgehung zu bejahen. Die erleichterte Verneinung des „anderen" aufgrund der anspruchsvollen Voraussetzung, eine Umgehung zu belegen, wird der grundsätzlichen Billigung der koordinierten Zusammenarbeit gerecht – die autonomiesichernde Erkennbarkeit für den Patienten stets vorausgesetzt. Andernfalls müsste man den Begriff des „anderen" maximal eng fassen und im Zweifel alternativ bei Wechsel des konkreten Behandlers (auch bei Identität des Vertragspartners) oder Wechsel des Vertragspartners (auch bei Identität des Behandlers) oder Wechsel der typisierten Behandlungsleistung, z. B. gemäß Zulassungsstatus, bejahen (auch bei Identität des Behandlers und des Vertragspartners zum Patienten). Es bliebe dann dem Unlauterkeitsmerkmal überlassen, unter Konkretisierung des Wettbewerbsideals und der Indizien für dessen Be- oder Missachtung eine Entscheidung zu finden. Das erscheint als prima facie kooperationsfeindlich, was der gesundheitsrechtlichen Grundtendenz widersprechen würde.

C. Schlussfolgerungen für das Prüfprogramm

Damit ließ sich unter Berücksichtigung der Akzessorietät anhand gesundheitsrechtlicher Normen zeigen, dass der durch die Akzessorietät gebotene Rückgriff einer differenzierten Sichtweise auf die jeweiligen Schlussfolgerungen aus gesundheitsrechtlichen Bestimmungen bedarf. Wie schon andernorts aus gesundheitsrechtlicher Perspektive unter Bezugnahme auf die

Gesetzesbegründung hervorgehoben, bedarf es eines korruptionsspezifischen Unrechtsgehaltes.[52] Mithin bedürfte es für diesen Ausschnitt der Prüfung des Tatbestandsmerkmals der Unlauterkeit neben der Verletzung bzw. Umgehung der jeweils spezifischen gesundheitsrechtlichen Norm (1), der Feststellung der Schutzzwecke dieser Norm (2), die sodann identisch mit den Schutzzwecken der §§ 299a, b StGB sein müssten (3). Schließlich bedürfte es der Feststellung eines qualifizierten Normverstoßes oder einer qualifizierten Umgehung (4).

Wird die Unlauterkeit sodann auf die Verletzung der Rechtsgüter des Wettbewerbes bzw. der Integrität heilberuflicher Empfehlungen selbst gestützt, bedürfte es einer Rechtsanalogie, die sich auf hinreichend eindeutige und – insbesondere – widerspruchslose gesundheitsrechtliche Normen stützen lässt (1), für welche wiederum Schutzzwecke (2) identisch zu §§ 299a, b StGB festzustellen sind (3) sowie ein qualifizierter Normverstoß (4). Dazu müsste mangels Eindeutigkeit des Verstoßes gegen eine konkrete Norm ein Verstoß gegen den Kernbereich der zu Grunde gelegten Wertungen nachgewiesen werden. Ein Spielraum, autonom entgegen andere oder widersprüchliche Wertungen oder entgegen verbleibende Gestaltungsmöglichkeiten als Quasi-Wettbewerbsgesetzgeber im Gesundheitsrecht entscheiden zu können, sollte nicht verbleiben.

Hierzu sei abschließend noch auf drei aus gesundheitsrechtlicher Perspektive besonders zu beachtende Punkte hingewiesen:

I. Klärungsbedarf bei den Schutzzwecken

Kommt es nach den vorstehenden Ausführungen darauf an, dass identische Schutzzwecke vorliegen, kann auch diese Voraussetzung vertiefter Prüfung bedürfen und zwar sowohl im Hinblick auf die jeweiligen gesundheitsrechtlichen Bestimmungen als auch die strafrechtlichen Bestimmungen. Die Bestimmung der Zwecke im Gesundheitsrecht ist nicht immer selbstverständlich und zugleich erscheint die Diskussion der Schutzzwecke der §§ 299a, b StGB nicht abgeschlossen. Dies zeigt sich bei einer systematischen Gegenüberstellung, die – ohne Anspruch auf Vollständigkeit – nachfolgend vorgenommen wurde. Diese Gegenüberstellung ordnet in der linken Spalte typische Schutzzwecke gesundheitsrechtlicher Bestimmungen und stellt diesen im Rahmen der §§ 299a, b StGB diskutierte

---

[52] *Geiger*, CCZ 2016, 172, 176 unter Verweis auf die Begrifflichkeit an einer Stelle der Gesetzesbegründung, BT-Drs. 18/6446, S. 22.

Schutzzwecke gegenüber. Gekennzeichnet wird dabei auch, welche Zwecksetzungen im Allgemeinen strittig sind:

1. Gesundheitsrecht	2. §§ 299a, b StGB
Patienten	
Patientengesundheit	(-)[53]
Patientenautonomie	(+) bzgl. Auswahl Dritter (str.)[54], (-) Indikation f. Drittleistung (str.)[55],
Leistungserbringer	
Berufszugang und -ausübung, Freiberuflichkeit	(-)[56]
Angemessenheit der Vergütung	(-)[57]
Allgemeingüter	
Wirtschaftlichkeit	(-)[58]
	(+)[59]
Wettbewerb	

---

[53] Kein geschütztes Rechtsgut von §§ 299a, b StGB, deswegen nur mittelbare Schutzwirkung: *Schuhr* in: Spickhoff, Medizinrecht, 3. Auflage 2018, § 299a StGB, Rn. 8; *Dannecker/Schröder* in: Kindhäuser/Neumann/Paeffgen, StGB, 5. Aufl., § 299a, Rn. 43.

[54] Bejahend: *Hohmann* in: Münchener Kommentar zum StGB, 3. Auflage 2019, § 299a StGB; Rn. 1; *Dannecker/Schröder* in: Kindhäuser/Neumann/Paeffgen, StGB, 5. Aufl., § 299a Rn. 33. Ablehnend: *Dann/Scholz* NJW 2016, 2077 f.

[55] Ablehnend: *Eisele* in: Schönke/Schröder, StGB, 30. Aufl., § 299a Rn. 39.

[56] Zwar wird der Wettbewerb geschützt (s. u.). Das bewirkt auch einen Schutz zugunsten von Wettbewerbern, jedoch nur als Reflex. Gesundheitsrechtsnormen, die den Berufszugang und die Berufsausübung regeln, sind demnach danach zu untersuchen, ob neben diesen subjektiven Schutzzwecken der Wettbewerb um Patienten im Allgemeinen tatsächlich geschützt werden soll. Dementsprechende wird nur ein mittelbarer Schutz realisiert: *Dannecker/Schröder* in: Kindhäuser/Neumann/Paeffgen, StGB, 5. Aufl., § 299a, Rn. 44.

[57] Zwar bewirkt die Angemessenheitsprüfung im Rahmen von Unrechtsvereinbarungen einen Schutz der Vertragspartner, jedoch ebenfalls als Reflex. Deswegen können die vielfältigen Regelungen, welche die Vergütungen im Verhältnis zu Patienten und Kostenträgern regeln (s. o. B I), nicht als Normen zum Schutz des fairen Wettbewerbs um Patienten betrachtet werden.

[58] Kein Rechtsgut von § 299a, b, nur mittelbarer Schutz: *Dannecker/Schröder* in: Kindhäuser/Neumann/Paeffgen, StGB, 5. Aufl., Rn. 43; *Schuhr* in: Spickhoff, Medizinrecht, 3. Auflage 2018, § 299a StGB, Rn. 18; *Dann* in: Plagemann, Münchener Anwaltshandbuch Sozialrecht, 5. Auflage 2018, § 21, Rn. 6; *Momsen/Ladien* in: Heintschel-Heinegg, BeckOK StGB, Stand: 01.02.2019, § 299a StGB; Rn. 8; *Eisele* in: Schönke/Schröder, Strafgesetzbuch, 30. Auflage 2019, § 299a StGB; Rn. 2.

[59] *Schuhr* in: Spickhoff, Medizinrecht, 3. Auflage 2018, § 299a StGB, Rn. 8; *Dann* in: KriPoZ 3/2016, S. 169; *Dann/Scholz*, NJW 2016, 2077, 2077; *Krüger*, NZWiST

Angesichts der durchaus relevanten Differenzen zeigt sich, dass nicht vorschnell von der Verletzung einer beliebigen gesundheitsrechtlichen Norm auf die Unlauterkeit im Sinne der §§ 299a, b StGB geschlossen werden sollte.

II. Vorhersehbarkeit

Damit ist angesichts der häufigen Uneindeutigkeiten gesundheitsrechtlicher Normen die Relevanz der Vorhersehbarkeit hervorzuheben, die auf den Gedanken der Gesetzlichkeit wie auch der Subsidiarität gestützt werden kann. Das OLG Düsseldorf hatte hierzu in einem Verfahren, das die Auslegung der GOÄ im Rahmen des § 263 StGB im Beschl. v. 10.01.2017, IIII-1 Ws 482/15, Rn. 22 behandelt, ausgeführt:

*Falsch ist die mit der Rechnungslegung verbundene Behauptung einer ärztlichen Leistungserbringung nur dort, wo sie keinen Bezug zu tatsächlichen Vorgängen mehr aufweist, weil sie sich als Missachtung des **eindeutigen und klaren Kernbereichs der in Bezug genommenen GOÄ-Norm** darstellt. Ist diese Vorschrift allerdings in ihren Randbereichen mehrdeutig und kann die Privatliquidation insoweit auf eine vertretbare Auslegung zurückgeführt werden, so enthält sie keine unwahre Tatsachenäußerung im Sinne von § 263 Abs. 1 StGB, sondern eine bloße Rechtsbehauptung, der keine strafrechtliche Relevanz zukommt.*

Dieser Gedanke sollte, wie schon in der strafrechtlichen Literatur zu §§ 299a, b StGB vertreten[60] und für § 266 StGB vom Bundesverfassungsgericht hervorgehoben[61], aus gesundheitsrechtlicher Perspektive auf die §§ 299a, b StGB übertragen werden. Eine Unlauterkeit besteht danach nur, wenn sie sich als Missachtung einer eindeutigen und klaren Norm des Gesundheitsrechtes darstellt, die ebenso eindeutig Wettbewerbszwecken bzw. der Integrität im Wettbewerb Dritter dient.

2017, 129, 130; *Passarge*, DStR 2016, 428, 483; *Dannecker/Schröder* in: Kindhäuser/Neumann/Paeffgen, StGB, 5. Aufl., § 299a, Rn. 28.
60 *Rübenstahl/Teubner* in: Esser u.a., Wirtschaftsstrafrecht, § 299a Rn. 46 f mwN; *Kubiciel*, ZMGR 2016, 289, 291.
61 BVerfG, Beschl. v. 23.06.2010, u. a. 2 BvR 2559/08, Rn. 110. Danach soll die Strafbarkeit auf klare und deutliche (evidente) Fälle pflichtwidrigen Handelns beschränkt werden.

III. Schlüssigkeit

Schließlich sei angesichts der vielen Widersprüchlichkeiten innerhalb des Gesundheitsrechtes ein Urteil des Bundesverfassungsgerichtes vom 30.07.2008, u. a. 1 BvR 3262/07, angeführt. Dort ist unter den Rn. 120 ff dargestellt:

> *Es ist Sache des **Gesetzgebers**, in Bezug auf den jeweiligen Lebensbereich darüber zu entscheiden, **ob, mit welchem Schutzniveau und auf welche Weise** Situationen entgegengewirkt werden soll, die nach seiner Einschätzung zu Schäden führen können. (...)*
> *Da die **Gesundheit und erst recht das menschliche Leben zu den besonders hohen Gütern zählen**, darf ihr Schutz auch mit Mitteln angestrebt werden, die in das Grundrecht der **Berufsfreiheit empfindlich eingreifen** (...).*
> *Dies **hindert ihn** angesichts des ihm zukommenden Einschätzungs-, Wertungs- und Gestaltungsspielraums jedoch **nicht**, ein Schutzkonzept zu wählen, bei dem der Schutz der Gesundheit (...) im Ausgleich mit den Freiheitsrechten (...) **weniger stringent verfolgt wird**.*
> *Die Wahl eines solchen Schutzkonzepts (...) bleibt allerdings nicht ohne **Folgen für die Prüfung** der Verhältnismäßigkeit der gleichwohl noch **verbleibenden Grundrechtseingriffe**. (...) In dieser Hinsicht ist es der Gesetzgeber, der im Rahmen der verfassungsrechtlichen Vorgaben darüber bestimmt, **mit welcher Wertigkeit die von ihm verfolgten Interessen der Allgemeinheit in die Verhältnismäßigkeitsprüfung eingehen** (...).*
> *Hat sich der Gesetzgeber aufgrund des ihm zukommenden Spielraums zu einer **bestimmten Einschätzung des Gefahrenpotenzials entschlossen**, auf dieser Grundlage die betroffenen Interessen bewertet und ein Regelungskonzept gewählt, **so muss er** diese Entscheidung auch **folgerichtig weiterverfolgen**.*
> *Gefahreinschätzungen sind nicht schlüssig, wenn identischen Gefährdungen in demselben Gesetz unterschiedliches Gewicht beigemessen wird.*

Diese Entscheidung betraf den Nichtraucherschutz und verdeutlicht, wo auch bei im Rede stehenden Schutz für die Gesundheit die Verantwortlichkeit für schlüssige und klare Bestimmungen liegt, nämlich beim Gesetzgeber. Verstöße gegen mehrdeutige, unklare und inkohärente Normgefüge sollten folglich keine Grundlage für §§ 299a, b StGB sein. Klare, vorhersehbare und in sich schlüssige Anforderungen zu schaffen, ist Sache des Gesetzgebers und der Selbstverwaltung im Gesundheitswesen, nicht der Strafgerichte.

D. Fazit

Die Bestimmung der §§ 299a, b StGB ist auch über drei Jahre nach deren Inkrafttreten eine Herausforderung in der Interpretation und eine Herausforderung für die tagtägliche Vertragsgestaltung im Gesundheitsrecht. Dabei werden unterschiedliche Perspektiven und Akzentsetzungen bemerkbar, je nach straf- oder gesundheitsrechtlicher Prägung des Normanwenders. Dies ist aufgrund der Akzessorietät der §§ 299a, b StGB zu gesundheitsrechtlichen Bestimmungen bedenklich. Mögliche Gründe für diese Unterschiede können in der unterschiedlichen Wahrnehmung liegen, welche Maßgaben für den Wettbewerb und die Integrität heilberuflicher Empfehlungen dem Normenbestand zu entnehmen sind. Diese Maßgaben sind meist weniger eindeutig als es dem ersten Eindruck nach sein mag. Gründe hierfür liegen in der Historie, aber auch in aktuellen gesundheitspolitischen Bedürfnissen und Erkenntnissen. Daraus ergibt sich beispielsweise, dass gesetzliche Vergütungsregelungen regelmäßig untauglich sind, Angemessenheiten im Sinne der §§ 299a, b StGB zu bestimmen. Weiterhin ergibt sich, dass Kooperationen in der Regel medizinisch sinnvoll sind, gerade mit dem Zweck des Erfolgs im Wettbewerb und als Ausdruck des Wettbewerbs.

Daraus folgt die Notwendigkeit, den Lauterkeitsbegriff der §§ 299a, b StGB anspruchsvoll und differenziert zu handhaben unter besonderer Berücksichtigung der Schutzzwecke, Uneindeutigkeiten und Unschlüssigkeiten gesundheitsrechtlicher Bestimmungen.

Autorenverzeichnis

Prof. Dr. Dr. h.c. Thomas Hillenkamp
Emeritierter Professor für Strafrecht und Strafprozessrecht an der Universität Heidelberg
Direktor des Instituts für Deutsches, Europäisches und Internationales Medizinrecht und Bioethik der Universitäten Heidelberg und Mannheim

Thomas Hillenkamp hat nach dem Studium der Rechtswissenschaften an den Universitäten Freiburg, Hamburg und Göttingen die Erste Juristische Staatsprüfung im Jahre 1967 abgelegt. Nach der Promotion im Jahre 1970 legte er 1972 vor dem Landesjustizprüfungsamt in Hannover die Zweite Juristische Staatsprüfung ab. Nach der Habilitation im Jahr 1980 in Göttingen folgten Stationen als Professor in Bonn und Osnabrück, bis er 1987 einem Ruf nach Heidelberg folgte, wo er bis September 2013 einen Lehrstuhl für Strafrecht und Strafprozessrecht innehatte. Von 1999 bis 2003 war er stellvertretendes Mitglied der Ethikkommission der Landesärztekammer Baden-Württemberg. In der Zeit von 1989 bis 1993 betrieb er als Beauftragter der baden-württembergischen Landesfakultäten und späterer Gründungsdekan die Neugründung einer Juristischen Fakultät in Dresden. Für seine erfolgreichen Bemühungen verlieh ihm die Technische Universität Dresden im Jahre 1995 die Ehrendoktorwürde.

Korrespondenzanschrift:
Prof. Dr. Dr. h.c. Thomas Hillenkamp
Lotzestraße 14
37083 Göttingen
E-Mail: hillenkamp@jurs.uni-heidelberg.de

Annika Hille
Rechtsanwältin, Freshfields Bruckhaus Deringer

Annika Hille studierte Rechtswissenschaften an der Westfälischen Wilhelms-Universität Münster. Nach ihrem Rechtsreferendariat in Düsseldorf und London begann sie ihre Tätigkeit als Rechtsanwältin für Freshfields Bruckhaus Deringer LLP in Düsseldorf. In ihrer Tätigkeit berät und verteidigt sie nationale und internationale Unternehmen und Individualpersonen in allen Bereichen des Wirtschaftsstrafrechts, unter anderem im Bereich der Pharmazeutischen Industrie, der Medizinprodukte und des Gesundheitswesens. Annika Hille untersucht und bewertet strafrechtliche Vorgänge und berät bei unternehmensinternen Untersuchungen.

Korrespondenzanschrift:
Annika Hille
Freshfields Bruckhaus Deringer LLP
Feldmühleplatz 1
40545 Düsseldorf
E-Mail: annika.hille@freshfields.com

Dr. Maximilian Warntjen
Rechtsanwalt, Fachanwalt für Medizinrecht, Fachanwalt für Strafrecht
D+B Rechtsanwälte

Nach dem Studium der Rechtswissenschaften an den Universitäten Freiburg, Paris und München promovierte Maximilian Warntjen an der Universität Göttingen im Jahre 2007. Von 2009 bis 2013 war er als Rechtsanwalt in einer medizinstrafrechtlich ausgerichteten Kanzlei in München tätig. Seit 2014 ist er assoziierter Partner bei D+B Rechtsanwälte, seit 2017 Partner. Maximilian Warntjen ist Fachanwalt für Medizinrecht sowie Fachanwalt für Strafrecht. Sein Schwerpunkt liegt vor allem in der Verteidigung in Arztstrafsachen, ferner vertritt er Ärzte in berufs- und disziplinarrechtlichen Verfahren. Maximilian Warntjen ist zudem Mitglied der Arbeitsgemeinschaften für Strafrecht und Medizinrecht im DAV und Lehrbeauftragter für Strafrecht im Masterstudiengang Medizinrecht, LL.M. an der Dresden International University (DIU).

Korrespondenzanschrift:
Dr. Maximilian Warntjen
D + B Rechtsanwälte Partnerschaft mbB
Kurfürstendamm 195
10707 Berlin
E-Mail: warntjen@db-law.de

Prof. Dr. Detlev Sternberg-Lieben

Vormals Lehrstuhl für Strafrecht und Strafprozessrecht an der Technischen Universität Dresden, Leiter der Forschungsstelle Medizinstrafrecht

Detlev Sternberg-Lieben studierte Rechtswissenschaft an der Freien Universität Berlin und wurde dort nach der Tätigkeit als wissenschaftlicher Mitarbeiter 1984 promoviert. Von 1985 an war er im Berliner Justizministerium tätig. Hier betreute er die Berliner Mitwirkung an der Gesetzgebungsarbeit des Bundes zunächst auf dem Gebiet des öffentlichen Rechts unter Einschluss des Strafrechts und zuletzt als Referatsleiter in der Fachabteilung für Strafrecht. Nach seiner Habilitation im Jahr 1995 in Tübingen und Lehrstuhlvertretungen an den Universitäten Bonn, Berlin (Humboldt-Universität), Jena und Dresden wurde er im Jahr 1997 auf den Lehrstuhl für Straf- und Strafprozessrecht an der Universität Dresden berufen. Seit dem 01.10.2016 ist er Inhaber der dortigen Senior-Professur. Detlev Sternberg-Liebens Forschungsschwerpunkt liegt neben der Strafrechtsdogmatik und dem Verhältnis von Straf- und Strafverfahrensrecht zum Verfassungsrecht auf dem Gebiet des Medizinstrafrechts.

Korrespondenzanschrift:
Prof. Dr. Detlev Sternberg-Lieben
Bergstraße 53
01069 Dresden
E-Mail: detlev.sternberg-lieben@tu-dresden.de

Dr. Andreas Penner

Rechtsanwalt, PPP Rechtsanwälte

Andreas Penner studierte Rechtswissenschaften an der Universität Heidelberg, an welcher er 2001 die Erste Juristische Prüfung ablegte. Nachfolgend war er wissenschaftlicher Mitarbeiter bei Prof. Dr. Dr. Gerrick v. Hoyningen-Huene in Heidelberg und begann dort seine Promotion bei Prof. Dr. Görg Haverkate. Nach dem Referendariat in Wuppertal promovierte er 2009 zum Leistungserbringungsrecht in der GKV bei Prof. Dr. Stefan Huster am Institut für Sozial- und Gesundheitsrecht an der Universität Bochum. Seine Dissertation wurde mit dem Dissertationspreis der Gesellschaft zur Förderung der sozialrechtlichen Forschung ausgezeichnet. Seit 2007 ist er mit Tätigkeitsschwerpunkten im Gesundheits- und Wirtschaftsrecht als Rechtsanwalt tätig. In seiner Tätigkeit hat er vor allem Unternehmen im Gesundheitsrecht beraten, u.a. Arztpraxen, Krankenhäuser und Verbände. Er ist Gründungspartner von PPP Rechtsanwälte und leitet den Standort Düsseldorf, den er aufgebaut hat. Seit 2013 ist Andreas Penner zudem Lehrbeauftragter für Sozial- und Gesundheitsrecht der Juristischen Fakultät der Universität Bochum.

Korrespondenzanschrift:
Dr. Andreas Penner
Ungelsheimer Weg 8
40472 Düsseldorf
E-Mail: penner@ppp-rae.de